LA MANAGER ET LE PHILOSOPHE

DES MÊMES AUTEURS

OUVRAGES D'ISABELLE BARTH

Le Management de la diversité. Enjeux, fondements et pratiques (collectif), L'Harmattan, 2007.
Souci de soi, souci de l'autre et quête d'insouciance dans les organisations, L'Harmattan, 2008.
Regards actuels sur la société contemporaine. La pensée de Georg Simmel, L'Harmattan, 2009.
Le Management commercial, Dunod (coll. « Management Sup »), 2010.
Nouvelles Perspectives en management de la diversité (collectif), EMS (coll. « Gestion en liberté »), 2010.
Quoi de neuf en entreprise ? La vente, Éditions universitaires européennes, 2011.
Management et Religions. Décryptage d'un lien indéfectible (collectif), EMS (coll. « Gestion en liberté »), 2012.
Homo Mercator. Grandeurs et servitude du marchand au cours des siècles, Presses académiques francophones, 2012.

OUVRAGES DE YANN-HERVÉ MARTIN

L'Ange au sourire, Les Nouveaux Auteurs, 2008.
Meurtres sur échiquier, Les Nouveaux Auteurs, 2011.
La Saveur de la vie ou la grâce d'exister, Salvator, 2012.

Isabelle Barth
Yann-Hervé Martin

La Manager et le Philosophe

Femmes et hommes dans l'entreprise : les nouveaux défis

LE PASSEUR
ÉDITEUR

www.lepasseur-editeur.com

ISBN : 978-2-36890-068-0

INTRODUCTION

La manager et le philosophe : un dialogue inédit

Rien ne semblait prédestiner le monde de la philosophie et celui du management non seulement à se rencontrer, mais à prendre le temps de cheminer ensemble pour nourrir un dialogue authentique et que nous espérons fécond. À vrai dire, il y a à peine quelques années de cela, un projet comme celui-ci aurait sans doute été accueilli d'un côté comme de l'autre comme une idée saugrenue. Il faut bien avouer que pour de nombreux philosophes, le monde de l'entreprise était considéré comme un univers cynique, peuplé d'individus bornés et soucieux de leur seul profit. Quant aux managers et aux cadres d'entreprises, ils voyaient au mieux dans les philosophes des idéalistes déconnectés du monde réel, de ses contraintes et de ses urgences. Ils auraient sans doute ri de bon cœur à une représentation des *Nuées*, comédie antique que l'on doit à Aristophane et qui présentait Socrate suspendu au-dessus de la scène dans une sorte de grand panier appelé le « pensoir » pour débiter d'étranges et incompréhensibles propos, bien au-dessus des menues affaires de l'humanité ordinaire, livrée à ses tâches, à ses inquiétudes et à ses obligations courantes.

À quelque chose malheur est bon, la « crise » est passée par-là, remettant en cause les certitudes les mieux assurées, faisant bouger les vieilles frontières, obligeant chacun à inventer des coopérations inédites, des espaces nouveaux de réflexion et d'analyse. Et la « crise » n'a pas affecté seulement les milieux économiques. Parce qu'elle est aussi une crise culturelle, elle a touché le monde des philosophes, les obligeant à se demander si une philosophie hautaine et coupée des affaires communes pouvait encore faire sens et apparaître comme autre chose qu'une survivance étrange d'un passé archaïque.

On pourrait croire que ce projet est né de la rencontre intempestive de deux personnes. Ce serait oublier qu'à son origine, ce sont deux institutions qui se sont rapprochées, la Faculté de philosophie et l'École de management de Strasbourg, lorsqu'il fut décidé d'ouvrir une série de cours communs à ces deux espaces de formation *a priori* si éloignés l'un de l'autre. L'aventure eut un certain succès et les rencontres personnelles sont venues ensuite, presque naturellement, comme une sorte d'évidence. Mais pour essayer de comprendre ce que cette rencontre avait de nécessaire, sans doute est-il indispensable de clarifier le champ propre de chacune des disciplines qui l'ont souhaitée, voulue et réalisée.

La gestion est, au sens académique, une science toute neuve qui date de seulement quelques décennies. Elle est fille du droit et de l'économie, mais elle s'affirme de plus en plus comme une discipline carrefour empruntant largement à la sociologie, l'ethnologie, l'histoire et la philosophie. Son terrain d'action est l'entreprise, ou plus généralement, toutes les organisations « gérées ». Un club de football, un hôpital, une troupe de théâtre, sont des groupes humains présentant des caractéristiques qui font sens en gestion. Quels en sont les ingrédients ? Un projet commun, des acteurs contribuant à ce projet, une recherche de performance économique (produire de la richesse, des emplois, de la valeur ajoutée) et sociale (avoir un bon climat social, veiller au développement des personnes qui composent l'organisation). L'idée qui sous-tend la gestion et sa version plus proactive, le management, est celle de l'optimisation de l'utilisation de ressources, qu'elles soient naturelles, financières, économiques, matérielles, humaines. L'art du management consiste à mobiliser ces ressources selon une trajectoire planifiée, pour réaliser le projet prévu, tout en veillant au plus complet respect de ces ressources.

La science de la gestion se distingue des autres sciences humaines et sociales par son projet d'être une science de l'action, c'est-à-dire d'aller au-delà de l'interprétation des phénomènes qu'elle observe et des explications qu'elle peut en donner. Elle veille à construire des modalités et des outils afin que ces recherches trouvent leurs implications managériales, c'est-à-dire une mise en action pertinente et ayant du sens pour les entreprises. Pour cette raison, la science de la gestion n'a jamais pu se contenter de mathématiser son espace propre, de produire des chiffres et des statistiques. Il lui a bien fallu prendre en compte, le qualitatif, les émotions, les ressentis, les discours des personnes, leur vie tout simplement.

En effet, devant les dégâts collatéraux des crises vécues au fur et à mesure des « Trente Piteuses » (on peut citer les récessions en cascade, la catastrophe des *subprimes*, le pillage de l'environnement naturel, la fracture de la finance et de l'économie, le divorce entre développement économique et développement social), il est du devoir des chercheurs en sciences de gestion de se poser les bonnes questions et d'accepter d'être interpellés. Il n'est pas trop tard, même si les générations à venir nous poseront irrémédiablement la question : « Où étiez-vous lors des fusions-absorptions, des délocalisations, du sous-emploi, de la financiarisation des entreprises, de la disparition des lieux de production, de la montée en puissance du stress, des maladies professionnelles, des risques psychosociaux ? »

Cette interpellation, qui est aussi une salutaire remise en cause, ne peut être conduite par les seuls chercheurs en gestion. Ils savent qu'il leur faut désormais avoir recours à des collaborations, des méthodes, des outils autres que ceux qu'ils savaient employer jusqu'à présent. Il leur est nécessaire d'apprendre à prendre du recul, à oublier les statistiques, les équations structurelles, le « management Excel » comme les schémas qui désarticulent l'objet qu'on observe et le mettent en pièces. Pour nous, il était nécessaire d'avoir recours à d'autres modes de penser, de chausser d'autres lunettes, pour mieux regarder cet étrange petit monde du management. L'évidence nous est apparue qu'il fallait faire appel à la philosophie.

La philosophie, si elle est une discipline très ancienne, ne saurait se réduire à une sorte de musée des idées où on rencontrerait Platon, Aristote, saint Augustin, Descartes et quelques autres. L'histoire de la philosophie, si elle est indispensable, est autre chose que la philosophie en actes, toujours vivante et innovante, parce que nécessairement en prise sur son temps. Hegel écrivait que « la chouette de Minerve ne prend son envol qu'à la tombée de la nuit ». La chouette, c'est la philosophie, et il voulait dire par là que le discours philosophique ne peut pas précéder les événements historiques. C'est quand ils ont eu lieu qu'elle peut entreprendre de les penser, non pas dans l'urgence des analyses médiatiques, mais dans la patience des examens critiques.

Critique, la philosophie l'est non pas parce qu'elle ne se plairait que dans l'opprobre mesquine, comme une sorte de mégère éternellement insatisfaite. Elle l'est parce qu'elle entend toujours prendre du recul par rapport aux évidences du sens commun, toutes ces choses si bien connues qu'elles en deviennent trop mal pensées. C'est pourquoi, au moins depuis Socrate, elle ne prétend pas être un savoir de plus, voire au-dessus des autres, mais un moyen d'affronter les ignorances, les doutes, les approximations, les préjugés et les idées toutes faites.

Pour cela, elle a inventé une méthode à laquelle elle est toujours demeurée fidèle : penser par concepts, investir les notions grâce auxquelles nous parlons et pensons d'une rigueur rationnelle indispensable à la compréhension du réel. Il ne suffit pas d'énoncer les mots « respect », « réussite », « courage » ou « efficacité » pour comprendre immédiatement ce qu'ils nous donnent à penser. Il est en effet des mots qui chantent plus qu'ils ne parlent et la philosophie est à cet égard une grande « désenchanteresse ». D'une certaine façon, elle brise les communions magiques, elle bouscule les évidences triviales, elle rappelle des vérités oubliées et dénonce des illusions parfois confortables et rassurantes.

On pourrait croire que son univers propre est celui des idées sublimes, mais on oublierait alors que la philosophie n'est philosophique qu'à penser le réel, dans toutes ses dimensions. Et la réalité ne se limite pas aux concepts qui ne sont que des outils. Elle intègre le tout de ce qui est, y compris l'ordre des affaires humaines, des rituels sociaux, des angoisses communes, des aspirations ordinaires, des engagements quotidiens. À ce titre, elle ne pouvait pas se tenir durablement éloignée de cet univers de la gestion et du management au sein duquel des hommes agissent et s'investissent pour produire des richesses utiles à tous. On ne saurait prétendre penser le monde quand on snobe ses ressources élémentaires.

Restait alors à trouver une méthode pour mettre en partage des types de discours, des habitudes et des exigences propres à l'une et l'autre discipline, la philosophie et le management. Il nous a vite semblé évident que la seule méthode possible devait consister à nouer un vrai dialogue, c'est-à-dire un dialogue capable d'affronter sans détours d'éventuels désaccords ou malentendus. Pour dialoguer, il faut d'abord consentir à s'entendre, à laisser la parole d'un autre se déployer, à l'accueillir avec bienveillance, à en prendre soin pour, enfin, lui répondre. Un dialogue de ce type n'est pas un débat, même si le terme est à la mode. Car un débat, c'est toujours un peu un combat, un affrontement qui exige un vainqueur entre les deux partis qui s'opposent. Bien entendu, ce n'est ni l'affrontement ni la victoire que nous avons recherchés ici, puisque nous n'avons été mus que par le souci de penser ensemble (ce que veut dire, au sens le plus fort, « dialoguer ») des notions susceptibles à la fois d'intéresser le manager et d'être prises en charge par le philosophe. L'objectif est de proposer un éclairage au lecteur, de l'inviter à la vigilance, à regarder différemment ou sous d'autres facettes des phénomènes bien établis, de réfléchir à des impensés, de repartir avec d'autres questions encore.

Une précaution importante s'impose cependant : la lecture ne doit pas être linéaire ni continue. Il faut aller « piocher » de-ci de-là une idée, une définition, un auteur, une illustration, pour mieux la confronter à sa propre vision et à sa propre pratique. C'est ainsi que ce dialogue ne se réduira pas un dialogue entre deux personnes, mais à une mise en partage bien plus large des expériences et des pensées. À chacun, de cette façon, de s'approprier ce qui lui convient le mieux, pour avancer sans se mentir, sans trucage et sans faux-semblants sur le chemin qu'il a choisi.

1

Réussir sa vie Du « Connais-toi toi-même » au « *coaching* de soi » ?

Réussir sa vie : un nouveau mantra du management ?

Isabelle BARTH – S'il y a une injonction non négociable dans le monde de l'entreprise, une croyance qui résiste aux décennies qui passent, aux crises, aux modes managériales, c'est bien la réussite. Qui pourrait, dans le monde de l'entreprise, envisager d'être un perdant[1], un *loser*, ou tout simplement un médiocre ? Qui pourrait s'avouer sans projets ? sans ambitions ? sans perspectives de développement ?

À part quelques discours de posture, qui se veulent à contre-emploi, peu de voix s'élèvent pour s'affirmer dans le renoncement à la trajectoire ou le refus de tout type de progression. Le discours managérial officiel n'intègre tout simplement pas le projet de non-réussite, même

1. Nous avons fait le choix de n'employer que la forme masculine qui inclut alors tous les genres.

s'il peut admettre, pour mieux les corriger, l'échec ou le ratage.

Lire le projet stratégique des écoles de management, quelles qu'elles soient et où qu'elles soient à travers le monde, est édifiant : avec une étonnante synchronisation, toutes entonnent le chœur de la réussite pour de futurs managers à haut potentiel, lesquels sont promis aux destinées les plus prestigieuses. Même si le mot n'est pas explicitement prononcé, il est toujours lové au cœur des professions de foi des institutions qui forment les nouvelles générations de cadres et de managers qui présideront aux destinées des entreprises et des organisations de demain, et répéteront inlassablement ce mantra de la réussite.

Si la réussite est un impensé du management, elle n'est pas sans difficultés dans la « vraie vie » des entreprises et sa quête produit son lot de stress, de désespérance, de mal-être, de malaises psychosociaux, de recours à des psychotropes…

Yann-Hervé MARTIN – C'est vrai, la notion de « réussite » correspond moins à une idée claire de ce que serait, par exemple, une vie authentiquement humaine, qu'à un ensemble de représentations parfois confuses et approximatives auxquelles se mêlent bien des passions et des ambitions. À ce titre, on peut en effet parler de croyance, c'est-à-dire d'une conviction commune qui se trouve rarement adossée à un savoir. Tout le monde veut réussir sa vie et, pourtant, on ne se demande pas vraiment ce qu'est une vie réussie.

La réussite est donc bien un impensé du management, comme vous le dites avec justesse, mais l'affaire se complique quand on prend conscience que la vie elle-même pourrait bien être le grand impensé de notre tradition occidentale. On s'est parfois demandé en quoi consistait la vie politique, ou la vie philosophique, ou comment vie privée, vie publique ou vie professionnelle devaient converger ou, au contraire, être fortement distinguées. La biologie s'est toujours préoccupée de penser le vivant, mais la vie elle-même est toujours restée comme en réserve derrière ces grandes préoccupations.

Du coup, cette expression apparemment simple, « réussir sa vie », vient buter sur trois questions qu'il faudrait au moins se poser.

La première : quelle est cette vie que je veux réussir ? S'il s'agit simplement de ma vie professionnelle, ou même de ma vie sentimentale et affective, cela ne fait jamais le tout de ma vie. Car la vie, c'est ce que j'ai toujours déjà reçu sans condition de mérite (ma naissance n'est pas une récompense). Elle n'est pas d'abord ce que je fais, mais un toujours-déjà-là à partir duquel je peux m'engager, agir, faire des projets. Il faut déjà s'assurer et se réjouir d'être bel et bien vivant pour « réussir sa vie ».

La deuxième, qui en découle : que veut dire « réussir » dans cette expression ? Je comprends bien ce que signifie ce verbe quand je parle de réussir un salto arrière, ou que je l'applique à une augmentation de mon chiffre d'affaires, due à mes efforts ou à une stratégie opportune. Mais la vie n'est pas une opération de ce type. Encore une fois, elle n'est pas d'abord ce que je dois construire, un challenge à réussir, mais ce à partir de quoi il m'est possible d'agir et de viser des perspectives. La vie en moi précède toujours mes projets, mes succès et mes échecs.

La troisième, enfin : comment la vie devient-elle « ma » vie ? Ce pronom personnel est-il l'indice d'un égoïsme trivial (l'important, c'est mon succès) ou fait-il signe vers ce que je dois accomplir pour que cette vie qui m'est donnée devienne ma vie telle que je l'aurai façonnée, configurée, orientée ?

I. B. – Poser la question de façon plus générale est, en effet, essentiel et nous permet d'examiner le point de vue du management.

Tout d'abord, la réussite vue par le management est toujours fondée sur la notion de performance, réussir implique « être performant ». Cette performance étant de plus en plus identifiée comme individuelle, chacun est maintenant perçu comme comptable et promoteur de sa propre performance, ce qui peut être épuisant.

Ensuite, cette performance est polymorphe, évolutive et prend des visages différents selon les époques. On observe ainsi un déplacement des critères même de performance. Actuellement, il ne s'agit plus d'être seulement performant dans sa vie professionnelle, mais aussi dans sa vie personnelle. On peut faire l'hypothèse que le raisonnement managérial et gestionnaire a envahi le compartiment de la vie privée. Réussir sa vie signifierait maintenant être performant dans tous les domaines. Réussir, c'est *tout* réussir : sa carrière certes, mais aussi sa vie amoureuse, familiale, l'éducation de ses enfants, ses vacances, ses loisirs…

Enfin, si les champs de la performance se multiplient, les objectifs assignés sont aussi de plus en plus exigeants, on vise maintenant l'« épanouissement », et, du fait d'Internet et des réseaux sociaux ou autres relais de communication et d'information, chacun se lance dans une comparaison inépuisable et effrénée avec la planète entière.

On observe donc la tendance lourde dans nos pays industrialisés et socialement avancés, d'une réussite qui serait liée à la « performance de soi », relevant de sa propre responsabilité, touchant à tous les compartiments de la vie et avec des exigences sans cesse grandissantes, car soumises à la comparaison perpétuelle dans un environnement sans limites.

Il est important de développer ces trois points pour bien comprendre ce que le discours gestionnaire installe derrière l'idée de réussir sa vie. La philosophie aidera à une salutaire prise de recul, à chacun ensuite de construire son propre chemin, ses propres convictions. En effet, s'il y a un accord commun des deux champs disciplinaires mobilisés dans cet ouvrage, c'est bien l'enjeu que chacun puisse se poser les bonnes questions et faire des choix au mieux, même s'ils restent fragiles et provisoires.

Y.-H. M. – Il y a là, en effet, beaucoup à penser. On pourrait se dire, par exemple, qu'il est moins fatigant de se laisser vivre que de se battre pour réussir sa vie. Et quelles que soient nos ambitions, il est vrai que le discours de la performance implique des conduites qui peuvent être épuisantes. D'une part, comme vous le dites, parce qu'il s'agit de tout réussir, carrière, vie amoureuse, loisirs ; d'autre part, parce que notre réussite ne nous apparaît jamais totale, ni même suffisante. Les parts de marché que j'ai conquises ne me dispensent nullement d'en conquérir de nouvelles. La promotion dont j'ai bénéficié ne m'empêche pas d'œuvrer pour une autre promotion encore. Il y a là une dynamique que vous pointez de façon pertinente quand vous évoquez le jeu des comparaisons. Rousseau, au XVIIIe siècle, avait su voir que la vie sociale met en présence les uns des autres des individus qui aspirent à être considérés et qui apprennent à estimer leur valeur propre aux regards qui leur sont renvoyés. Il écrit, en évoquant une fête villageoise dans le célèbre *Discours sur l'origine et les fondements de l'inégalité*, que « chacun commença à regarder les autres et à vouloir être regardé soi-même, et l'estime publique eut un prix ». Sous le regard d'autrui, il devient important d'être le plus beau, le plus fort, le mieux considéré, bref, d'avoir du succès. Mais ce qui apparaît spontanément comme une condition d'épanouissement peut vite tourner au cauchemar : à ce jeu infini des comparaisons, on perd toujours quelque chose de la paix que pourrait nous enseigner celui qui se réjouit d'être soi, plutôt que de se désespérer de n'avoir pas assez. Ironiquement, ou tragiquement, la course à l'épanouissement personnel est souvent cause d'insatisfaction. À chercher toujours le bonheur, on s'interdit de le goûter. Blaise Pascal le disait mieux que moi : « Ainsi, nous ne vivons jamais, mais nous espérons de vivre, et nous disposant toujours à être heureux, il est inévitable que nous ne le soyons jamais » (*Pensées*, frag. 47-172).

Quel lien peut-on faire entre performance et réussite ?

I. B. – Le discours gestionnaire pose l'hypothèse que réussir sa vie professionnelle est un antécédent du bonheur. Les chercheurs travaillant sur cette thématique montrent par leurs études qu'il existe un cercle vertueux de la réussite, comme son lien étroit avec la performance par la médiation de la motivation. La démonstration est en quatre temps ; premier temps : un salarié performant (c'est-à-dire produisant une performance reconnue et se sentant performant) sera motivé pour créer encore plus de performance ; deuxième temps : cette performance participe de sa satisfaction au travail ; troisième temps : la satisfaction au travail est un bon antécédent de la satisfaction hors travail ; quatrième temps : cette satisfaction l'amène à être plus performant encore, CQFD.

L'objectif dans l'entreprise est de manager des individus performants individuellement pour créer de la performance collective (se traduisant par moins d'absentéisme, plus de productivité, de meilleurs résultats) et donc de la réussite.

Il est important de dire à ce stade que le discours du management n'est pas forcément caricatural ou réducteur, comme on se plaît à le répéter : la performance en management ou en gestion inclut depuis longtemps à la fois l'économique et le social, et ce, de façon indissociable. Le management en général exclut maintenant de sa grammaire l'hypothèse de pousser la performance économique (qui plus est financière) au détriment de la performance sociale. Le consensus est maintenant fait que la performance d'une entreprise ne peut être pérenne et en croissance qu'à la condition d'être globale, et qu'économique et social ne soient que les deux faces d'un même projet. Cela n'efface nullement des comportements opportunistes et destructeurs, plus nombreux qu'on ne le souhaiterait et qui viennent s'inscrire en contre-exemples de ce cadre de pensée, sans toutefois le mettre en cause intrinsèquement.

Y.-H. M. – Non seulement la performance d'une entreprise ne peut être pérenne qu'à condition d'être globale

– je me réjouis de ce que vous la présentez comme un consensus –, mais ma vie elle-même ne peut-être réussie que dans une perspective tout aussi globale. Cela ne signifie certes pas qu'il faut tout réussir, ce qui serait évidemment impossible, mais que la condition de cette réussite est de s'envisager soi-même dans l'intégralité de son être. Pour des raisons pratiques, ou analytiques, je peux bien entendu distinguer ma carrière, ma vie affective, mes loisirs, mes croyances, mes engagements, mes activités sportives... mais moi, c'est tout cela simultanément. En réalité, ma vie privée n'est pas séparée de ma vie professionnelle. L'une a un impact sur l'autre et le professionnel que je suis est en même temps un ami, un époux (ou une épouse), quelqu'un qui a des convictions particulières, qui est malade ou bien portant... En clair, je ne suis un professionnel qu'à être d'abord un homme, et ma vie ne peut-être réussie que si elle est vécue à hauteur d'homme, dans toutes les dimensions, intellectuelle, spirituelle, artistique, affective, qui sont constitutives de mon humanité. C'est ce qu'un philosophe comme Jacques Maritain désignait comme un « humanisme intégral », un souci de la vie bonne qui engage tout ce qui fait notre humanité et qui implique une méfiance à l'égard de certains cloisonnements. Il ne faut pas tout mélanger, certes, mais il est des façons de séparer vie privée et vie professionnelle qui ne font que me diviser contre moi-même. Il n'est pas nécessaire d'être schizophrène pour être un cadre ou un employé efficace.

Pourquoi dit-on en management : « Quand on veut, on peut » ?

I. B. – Pour que nous avancions dans notre réflexion, j'aimerais insister sur l'importance donnée à la volonté et à l'intention en entreprise. Malgré des évolutions certaines, qui prennent de plus en plus en compte les émotions dans le monde du travail, il reste en entreprise et en sciences du management la vision d'un homme (ou d'une femme) rationnel, doté d'intentions stratégiques et d'une capacité à construire son avenir, ses capacités, ses compétences. Dans le discours managérial, l'environnement n'est pas subi, il est là pour être modelé, comme les contraintes sont faites pour être transformées en opportunités.

On a pu constater, ces dernières années, que la notion d'individualisation des parcours dans la vie professionnelle est de plus en plus présente. Même dans des cadres d'analyse interactionnistes (entre l'homme et l'entreprise), c'est sur l'individu que pèse maintenant la construction de sa carrière, l'élaboration de son projet professionnel, la consolidation de son portefeuille de compétences, son employabilité. Cette responsabilité vis-à-vis de sa vie professionnelle s'est encore accentuée avec la dilution des collectifs de travail et les nouvelles configurations des organisations. En effet, ces nouvelles configurations se caractérisent par quatre phénomènes. Tout d'abord, la remise en cause du statut : il faut sans cesse prouver sa légitimité, car le titre ne suffit plus. Ensuite vient la reconfiguration de l'expertise : on passe d'une expertise dite verticale, venant du sachant, à une expertise horizontale, entre pairs autoproclamés. On observe aussi la péremption de l'expérience : l'obsolescence guette tous les salariés et la « mise à jour » des connaissances et des compétences est obligatoire. Le quatrième phénomène est la primauté à l'affectif, quand la bonne relation prend la place de la hiérarchie, plaçant les individus dans un exercice de conviction constant pour être toujours « au niveau » et « progresser ».

Chaque salarié est devenu sa propre petite entreprise et n'a à compter que sur lui-même, dans ses réussites comme dans ses échecs. On observe alors la mise en œuvre de techniques, de méthodes, de *process*, censés améliorer les choses quand une personne est considérée comme « pas au niveau », qui partent tous du postulat d'une dimension adaptative de l'individu à l'entreprise, un des phénomènes les plus aboutis de ces procédés étant le *coaching* sur lequel je reviendrai plus avant.

Y.-H. M. – Je note deux choses importantes dans ce que vous dites là. La première relève du caractère individualiste de l'engagement dans une équipe. Il va de soi que si on laisse de côté le cas particulier de l'entreprise individuelle, le travail professionnel est en général un travail d'équipe, et je suis d'ailleurs souvent surpris de l'intérêt, feint ou réel, que l'on porte aux qualités sociales d'un candidat à une école de management ou à un emploi dans une entreprise. Il faut savoir travailler en équipe. Mais là où l'injonction devient paradoxale, c'est qu'il faut en même temps s'affirmer comme un individu performant, comme un *leader*, faire la preuve permanente de ses compétences personnelles. L'individu invité à collaborer est le même que celui qu'on épingle au tableau d'honneur, et le soin qu'il met à servir le collectif ne doit surtout pas le conduire à oublier, comme vous le dites, qu'il est à lui-même sa propre petite entreprise.

Cette injonction paradoxale peut avoir quelque chose de névrogène quand on demande à cet individu d'être le premier comptable de ses échecs comme de ses réussites, puisque les unes comme les autres doivent bien avoir une dimension collective : un individu peu performant est parfois celui qui ne trouve pas, dans son milieu de travail, les conditions de mise en œuvre de ses qualités propres et il va de soi que les qualités d'un groupe ne sont jamais la somme des qualités individuelles de ses membres.

C'est en fait la notion d'individu qui me semble, ici, suspecte. L'individualité est une notion numérique : être un *individu,* c'est être *un* individu, une unité singulière au sein d'une multitude. Cette notion, je crois, ne rend pas bien compte du mystère et de la dignité de l'homme qui n'est pas d'abord un individu, mais une personne. Et être une personne, ce n'est pas être écartelé entre aspirations individuelles et performances collectives, c'est exister comme être de relation. Pour le dire autrement, un homme concret n'est pas tantôt un individu, tantôt un membre d'une équipe. Sa vie n'est vraiment humaine et ne peut être réussie à ce titre que dans le jeu des relations qu'il entretient avec ses semblables. C'est toujours d'autrui que je reçois la confirmation de mon humanité, de ma dignité et de mes qualités. C'est pourquoi il m'est impossible de réussir seul. La figure du *self-made-man* est à ce titre un mythe absurde.

Vous dites aussi que l'environnement n'est pas subi, qu'il doit être modelé. On touche peut-être là à ce qui permet de comprendre comment la vie en moi devient ma vie. La vie, en effet, c'est d'abord ce qui m'advient indépendamment de toute demande. Non seulement je n'ai pas choisi de naître, mais je n'ai pas choisi de naître dans tel pays, dans telle famille, à telle époque. À l'événement – il faudrait peut-être dire l'avènement – de la vie en moi correspond donc un environnement avec lequel il me faut bien composer. Et composer avec lui, ce n'est pas le subir, mais le modeler, s'appuyer sur lui, se construire soi-même en le configurant. Si la vie est d'abord ce qui m'arrive, ma vie est ensuite ce que je fais de ce qui m'est arrivé. Je ne choisis pas plus mon cadre de vie que je ne choisis une conjoncture économique. Mais vivre, c'est transformer le donné en moyen d'action. La personne humaine irréductible à un individu est en même temps un acteur, moins au sens d'une posture trompeuse, qui consisterait à jouer un rôle, que d'un être qui n'est ce qu'il est qu'en agissant. En transformant le monde, chacun se transforme soi-même. Vivre humainement, ce n'est pas nécessairement être un entrepreneur. Mais c'est toujours être entreprenant.

Que penser du déni de l'échec dans l'entreprise ?

I. B. – Pour terminer ce tour d'horizon, il nous faut parler du phénomène de la « théâtralisation de l'entreprise ». Des chercheurs en ethnologie d'entreprise (on peut citer Pierre Legendre) ont analysé le phénomène de théâtralisation des entreprises. Ils montrent combien le discours de l'entreprise se veut systématiquement positif. L'observation et le décryptage de mises en scènes de l'entreprise, de sa stratégie, de son management lors de moments clés, savamment orchestrés comme peuvent l'être un séminaire de rentrée, le lancement d'un nouveau produit, une convention de vente ou encore des supports de communication, mettent au jour des ressorts communs souvent inspirés de mouvements religieux. Ne parle-t-on pas de « grand-messe », de « disciples », de « foi » dans ces moments ou ces documents ? L'objectif est clairement de ne montrer que la face claire de l'organisation et non ce que d'aucuns ont appelé son *dark side*, son côté sombre.

Ces mises en récits mettent bien souvent les salariés en situation de double contrainte. En effet, dans un environnement irrémédiablement positif, comment exprimer son ras le bol, sa désespérance, sa difficulté à vivre la pression professionnelle ? D'autant plus quand le salarié a intégré que le responsable de cet état de fait, c'est bien lui ; que dans l'entreprise actuelle, sa réussite est entre ses mains et ses seules mains. Il n'existe pas d'échappatoire possible !

Y.-H. M. – À ce titre, il serait sans doute bon que notre société dans son ensemble, et ces sociétés qu'on appelle des entreprises, apprennent à se méfier d'un discours positif qui tient parfois de la méthode Coué. Il faut être positif, dit-on, il convient de se dépasser, d'aller au bout de soi-même, d'être compétitif... et performant, encore et toujours. *Just do it* ! Mais il est impossible d'être toujours performant. Il faut composer non seulement avec les erreurs de jugement, les analyses imprécises et les paris perdus, mais aussi avec les fatigues, les ras-le-bol et les formes plus ou moins éreintantes de la désespérance. Or, être fatigué n'est pas une faute. Manquer pour un temps de motivation n'est pas être coupable. C'est pourquoi je milite pour un réalisme éthique tout à fait transposable dans le monde de l'entreprise, un réalisme capable d'accepter les fragilités et les blessures de ceux qui ne réussiront pas mieux sous prétexte qu'on leur aura appris à se cacher à eux-mêmes leurs faiblesses, et à les cacher aux autres. Réussir, ce n'est pas ne pas échouer. C'est apprendre avec confiance et humilité à surmonter ses échecs.

I. B. – Une évolution récente amplifie encore ce phénomène du « tout réussite », c'est la disparition des frontières entre vie privée et vie professionnelle. Les nouvelles configurations d'organisations du travail (on peut citer le *home office*, le travail nomade, la dématérialisation des supports de communication, les facilitations apportées par la visioconférence) font que le temps au travail ne se superpose plus exactement avec le temps de travail, même s'il existe encore des variabilités très fortes, selon les postes occupés, les secteurs d'activité, les stratégies d'entreprise.

L'essor des technologies s'appuyant sur Internet, particulièrement le mail, le partage virtuel d'informations, les plates-formes de travail électroniques, ont fait exploser les cloisons qui pouvaient exister entre la vie professionnelle et la vie personnelle – sachant que dans certaines professions comme chez les agriculteurs, les artisans, les commerçants, les deux ont toujours été intimement liées. Le fait nouveau est la généralisation du phénomène et la vitesse de son appropriation. Chacun semble maintenant trouver évident de gérer une partie de sa vie privée sur son lieu de travail – préparation des vacances, courses en ligne, échanges avec les enfants munis de portables – et d'avancer dans son travail pendant des périodes de repos – échanges téléphoniques, mails le week-end ou en vacances, dossiers traités à la maison le soir. Tout cela semble maintenant établi, même si des poches de résistances existent pour s'élever contre cette dilution, qui peut être perçue comme se faisant au détriment du salarié.

Cette intrication forte entre les deux compartiments de la vie amène alors à penser sa réussite de façon plus globale. Réussir professionnellement, oui, mais pas seulement, il faut réussir également sa vie privée.

Y.-H. M. – Le problème est ici celui de l'échec. L'obligation de réussir transforme, hélas, l'échec en faute. J'ai échoué, cela veut dire que je n'ai pas fait ce que j'aurais dû faire pour réussir. Or, une sagesse élémentaire suffit à comprendre que l'échec n'est pas le contraire de la réussite, puisqu'il en est souvent la condition. Tirer des leçons de ses erreurs, c'est se donner les moyens d'une plus grande performance. C'est d'ailleurs peut-être là ce que l'on appelle l'expérience, vertu qui ne demande pas seulement d'avoir vécu, mais de s'être montré capable d'apprendre de ses erreurs, de réussir malgré ses échecs. Un homme debout, c'est toujours un homme qui s'est relevé.

On comprend alors que la réussite ne saurait légitimement être comprise comme une obligation morale. Il faut réussir ! On peut comprendre l'injonction selon laquelle il faut être courageux, généreux, investi dans son travail… Ce sont là des qualités – les Anciens disaient des vertus – qu'il convient de cultiver pour élever sa vie à hauteur d'humanité. Mais la réussite ne prouve rien ! Un salaud peut réussir… et un type bien peut échouer. Il ne s'agit certes pas de passer du culte de la réussite à celui de l'échec, mais de comprendre que pour « réussir sa vie », il faut parfois accepter ses erreurs et ne pas organiser toute son existence dans la seule perspective des succès, puisque ceux-ci ne dépendent pas toujours de moi. Il arrive qu'on réussisse par chance… et qu'on échoue en ayant fait tout ce qui était humainement possible.

I. B. – Je partage complètement votre réflexion sur le rôle de l'échec. Avouons-le, le management est dans le déni complet de l'échec, ce qui, à mon sens, est une erreur profonde, car cette absence de réflexion fait le lit de l'autocensure. Trop de managers, par peur de se tromper, de se « planter », ne tentent pas. C'est particulièrement vrai en entreprenariat. Je rêve d'un monde où la capacité à gérer l'échec sera considérée comme une compétence et un plus dans les CV lors des recrutements. Il y a encore un long chemin à faire, surtout en France. Disons-le aussi, d'autres pays, comme les États-Unis, n'ont pas ce rapport négatif à l'échec ; le problème en France est que, trop souvent, l'erreur est assimilée à la faute, avec toute la dimension de culpabilité qui lui est associée. Nous aurons l'occasion d'y revenir.

Quelles nouvelles attentes vis-à-vis du travail et de l'entreprise ?

I. B. – Dans une société où les challenges, les projets sont de plus en plus encastrés, où de plus en plus de salariés ont la possibilité d'exercer une partie de leur travail en *home office*, chacun aspire à une réussite globale. Il n'est donc pas étonnant que la première attente des Français pour mieux vivre soit la conciliation de leur vie privée et de leur vie professionnelle.

Les attentes vis-à-vis de l'entreprise prennent alors de nouveaux visages. On attend d'elle bien évidemment un métier intéressant, en phase avec ses compétences, un salaire et des perspectives d'évolution de carrière, mais aussi, et de plus en plus, du bien-être, qu'on peut regrouper en deux catégories : des services de vie comme conciergeries, garde d'enfants, salles de sport, qui permettent de faciliter cette conciliation vie privée - vie professionnelle ; et des dispositifs permettant de dépasser les activités purement professionnelles : projets associatifs, accompagnement dans des projets de développement personnel avec des formations ou des temps sabbatiques.

On constate que les motivations classiques de nature extrinsèques (primes, salaires variables) ne fonctionnent plus, il faut des motivations de nature intrinsèques : reconnaissance, formation, individualisation des évolutions de carrière.

Dans le même temps, des dogmes managériaux qui paraissaient bien établis sont largement remis en cause, c'est le cas du prix consenti à la promotion ; la mobilité n'est ainsi plus acceptée comme elle a pu l'être pendant des décennies. La double carrière dans le couple, des considérations de qualité de vie personnelle et familiale sont maintenant des freins considérables et obligent les entreprises à innover pour garder motivés et performants les salariés à potentiel.

Si elles sont de plus en plus souvent constatées, ces mutations observées des attentes des salariés ne sont pas encore complètement intégrées par les entreprises dans leurs modalités managériales, faute de vision, mais aussi faute de temps et de moyens financiers. On peut alors de ce fait observer des tensions et des malaises. Ainsi, les attentes d'un travail plus épanouissant induisent, de façon encore souvent implicite et cachée, une pression sur les managers intermédiaires, qui sont de plus en plus attendus sur des compétences d'accompagnement individualisé, de reconnaissance, qui s'apparentent plus au *coaching* qu'au management technique tel qu'il a longtemps été pratiqué. Or, cela ne va pas de soi, tant les compétences sont émergentes et les formations encore insuffisantes dans ce domaine.

Y.-H. M. – Les mutations que vous évoquez pourraient bien être des signes très intéressants. Elles témoignent peut-être de la remise en cause de l'homme divisé, cet homme séparé de lui-même qui devrait par exemple consentir à une efficacité maximale au travail pour ne s'assurer le bien-être que dans sa vie privée. Si cette mutation se confirme, elle obligera les entreprises, comme vous le voyez très bien, à certaines adaptations. On voit donc ici ce que l'idée d'un « humanisme intégral » a de fécond. Reconnaître qu'on ne peut plus aujourd'hui compartimenter les individus, c'est reconnaître que chaque homme est en tout lieu et en tout temps l'intégralité de sa personne. Certains pourront craindre qu'il y ait là un principe de confusion, et il est vrai que le lieu du travail n'a pas à être celui du loisir. Il faut sans doute éviter aussi le piège contraire, qui consisterait, au nom du bien-être auquel chaque employé aurait droit, à faire de l'entreprise un lieu de vie total qui aurait, par exemple, le devoir d'assurer la garde des enfants, le maintien de la condition physique... Une entreprise qui prétendrait gérer le tout de notre vie serait, au sens propre, une entreprise totalitaire.

Mais ce qui est ici en jeu, ce n'est pas la gestion entrepreneuriale des intérêts privés. Je n'attends pas d'une entreprise qu'elle organise mes loisirs ou mes cours de gymnastique. J'attends simplement d'elle qu'elle me traite comme un homme, et pas seulement comme un employé. Or, ce que vous venez de dire éclaire un peu ce que cela veut dire, « être un homme ». En distinguant les motivations classiques que vous appelez extrinsèques (primes, salaires, temps de travail…) des motivations nouvelles ou intrinsèques (reconnaissance), vous êtes tout près de reconnaître ce qui fait la singularité d'une vie humaine. Celle-ci n'est pas seulement jetée dans l'extériorité. Vivre humainement, ce n'est pas seulement avoir affaire au monde et devoir s'organiser pour lui résister, ce qui serait simplement survivre. La vie humaine est aussi de l'ordre de l'intériorité. Le salaire, le contrat de travail, les primes font partie de la vie extérieure. Cela compte, bien sûr, mais cela n'est pas tout. Le désir de reconnaissance, la sérénité, les progrès intellectuels ou spirituels relèvent de la vie intérieure, de cette dimension de mon existence qui a son lieu en moi, et non hors de moi. Si on admet cette double nature de notre humanité, l'extériorité et l'intériorité, on peut comprendre qu'on ne saurait « réussir sa vie » en misant tout sur l'extériorité. Il est des satisfactions intérieures sans lesquelles nos réussites extérieures ont un goût d'échec.

Existe-t-il une face cachée du « tout réussir » ?

I. B. – Soyons prudents, ce qui pourrait être perçu comme une évolution qualitative et sembler montrer le chemin d'un homme réconcilié dans ses deux dimensions principales, vie personnelle et vie professionnelle, présente une face sombre.

De nombreux ouvrages ou articles dénoncent ce « coût de la performance » (pour reprendre le titre de l'ouvrage d'Aubert et Gaulejac). Si vouloir réussir sa vie personnelle peut être perçu comme positif et rééquilibrant le poids de la vie professionnelle, la difficulté naît de la volonté de vouloir appliquer les mêmes critères de performance managériaux à la vie personnelle. Il semble impossible, voire inconcevable, de s'inscrire dans les mêmes exigences, les mêmes critères, les mêmes façons de procéder quand il s'agit de réussir ses vacances, réussir l'éducation de ses enfants ou même réussir son couple. Pourtant, les injonctions à la réussite (au bonheur ?) et les méthodes pour y parvenir fleurissent, accompagnées d'indications qui relèvent des mêmes méthodes que celles pratiquées en entreprise, c'est-à-dire la planification, l'organisation, la fixation d'objectifs.

Les psychologues, les médecins peuvent constater les dégâts occasionnés par une telle pression. Comme l'a si bien dit Alain Ehrenberg, la montée en puissance de la consommation de psychotropes, le stress, le mal-être qu'on observe de plus en plus souvent dans nos sociétés relèvent de cette « fatigue d'être soi ». Chacun devient son propre totem et sent peser sur ses épaules l'injonction de la réussite quand cette réussite se loge partout. Les moments de doute, de faiblesse sont alors vécus comme des insuffisances personnelles, des manques de volonté. La peur de ne pas être au niveau, de ne pas être dans cette réussite, devient une fêlure qui ne demande qu'à s'agrandir, entamant son estime de soi et enclenchant ainsi le cercle vicieux de la non-performance et de la non-réussite, si l'on reste dans le paradigme gestionnaire tel que je l'ai décrit.

Y.-H. M. – Vous vous demandez si l'on peut identifier la réussite et le bonheur ou, plus précisément, l'injonction de réussir et l'obligation d'être heureux. Or, on sait empiriquement que la réussite, au sens usuel, ne fait pas le bonheur. La dépression est sans doute une pathologie courante de notre temps, et elle affecte très souvent des personnes qui ont, comme on dit, tout pour être heureuses, c'est-à-dire qui semblent avoir réussi aussi bien leur vie professionnelle que leur vie affective. On peut saisir partiellement ce paradoxe en comprenant ce que peut avoir de stressant l'injonction du bonheur, puisqu'elle fait du malheureux un coupable. Si je ne suis pas heureux dans ma vie, si mon couple bat de l'aile, si mon travail me stresse, c'est que je n'ai pas fait ce qu'il fallait. En revanche, si je suis heureux, si je m'« éclate » dans mon métier, c'est que je le mérite. Je suis d'ailleurs parfois surpris par une formule dont la signification et la pertinence me laissent perplexe, une formule selon laquelle on aurait droit au bonheur ou, sous une autre forme, selon laquelle on mériterait bien d'être heureux. C'est oublier que le bonheur n'est ni un droit ni une récompense, mais une façon de reconnaître que quelque chose en nous s'est accompli, qui ne saurait dépendre essentiellement de nos succès professionnels. Je peux être fier de la réussite de mes enfants, mais je suis heureux de les voir grandir en humanité. Je peux être fier d'une promotion, mais je suis heureux de bien faire mon travail.

Les anciens Grecs pensaient, sans doute un peu comme la plupart d'entre nous, que le bonheur constitue le bien par excellence, l'ultime sanction d'une vie vraiment humaine. Ce bonheur, ils ne l'ont jamais identifié à la prospérité, ni même au bien-être, car il avait pour eux une dignité morale. Or, le bien-être ne prouve rien, pas plus que la prospérité. On peut jouir d'une vie prospère tout en étant un sale type. C'est pourquoi ils voyaient dans le bonheur un état de paix qu'ils appelaient ataraxie et qu'ils comprenaient comme un repos de l'âme en elle-même, l'attitude par laquelle le sage jouit moins de ses succès que de son être. Est heureux celui qui se réjouit d'exister, quand bien même il resterait conscient de ses faiblesses et de ses échecs. Et la bonne nouvelle, c'est qu'il n'est pas indispensable d'être prospère pour se réjouir d'exister.

Mais ce qui se dit alors dans cette antique tradition de sagesse, qu'on désigne sous le nom d'eudémonisme (*eudaimon* = le bonheur), c'est que le bien par excellence est en définitive la vie elle-même. Si le bonheur est la conscience réjouie de sa propre existence, une vie réussie est une vie qui consent à elle-même, qui chaque jour renouvelle son oui. Être heureux, c'est reconnaître qu'il est préférable d'être soi plutôt que rien. Être malheureux, c'est souvent se désoler de n'être pas un autre que soi.

Peut-on à la fois réussir et être soi ?

I. B. – Comme cela a déjà été évoqué, on observe des évolutions des marqueurs de la réussite qui impliquent une nouvelle relation au travail. La centration sur soi s'accompagne d'exigences de plus en plus fortes, qui relèvent de la quête d'un épanouissement absolu. Cela se traduit par deux attitudes antagonistes vis-à-vis de l'entreprise, qui sont à voir comme des idéals-types, marquant les limites d'un spectre où de nombreux autres comportements, plus modérés, plus hybrides peuvent se positionner.

La première attitude est la recherche d'un métier absolument « épanouissant », ce qui implique de nombreux critères : un métier où l'on peut valoriser ses connaissances et ses compétences, qui ouvre des perspectives d'évolution de carrière, qui permet d'enrichir son capital personnel de savoir, de compétences, de relations, où l'on ne s'ennuie jamais, qui soit valorisant socialement. Cela implique aussi un climat d'entreprise positif, où chacun est reconnu en tant que personne. Dans l'imaginaire collectif, on parlera de « googlelisation » du travail, car on évoque ces entreprises, souvent américaines, fondées sur des nouveaux métiers et qui se distinguent par un environnement de travail particulièrement *cool* : salles de sport, lieux de relaxation, rapports amicaux entre personnes. La face cachée de ce type de dispositif, en particulier l'emprise que prend alors le lieu de travail, devenu lieu de vie, est en général occultée, mais là n'est pas la question, c'est bien ce désir d'un travail-passion qui porte beaucoup de salariés à l'heure actuelle, tout particulièrement les futurs entrants sur le marché du travail.

La seconde attitude, fondamentalement opposée, repose sur la conception du travail comme moyen de vivre sa vie ailleurs. Faute d'aboutir dans le projet de tout faire coïncider, les salariés sont de plus en plus nombreux à instrumentaliser le travail, au sens où ils n'en font plus qu'un moyen de subsistance, pour mieux s'en échapper, jonglant souvent avec les dispositifs sociaux permettant les alternances d'activité et de non-emploi. Ce retrait professionnel s'accompagne d'un désengagement dans l'entreprise qui explique bien des déboires, bien des dysfonctionnements et de nombreux coûts pour l'employeur (absences, congés maladie, sous-productivité, climat dégradé, relation client décevante). C'est alors vers d'autres activités, ne relevant pas de la sphère professionnelle, que le salarié va se tourner pour s'épanouir, c'est-à-dire sa vie personnelle, la vie associative, le bricolage, la musique, les voyages.

Si ce phénomène a toujours été observé, il a pris une dimension différente sous l'impulsion des réseaux sociaux. En effet, nous sommes avec l'avènement des réseaux sociaux et de la communication planétaire, dans une société de la comparaison permanente où les enchères montent sans cesse. Ainsi, si en matière de physique, on s'est longtemps comparé à la plus belle fille de son village, c'est désormais aux dix plus grands *top models* du monde qu'on est amené à le faire.

Les exemples abondent où les réseaux sociaux, de plus en plus organisés, de plus en plus segmentés, jouent un rôle de challengers permanents dans les désirs et les attentes de chacun. On voit se multiplier les opportunités, les facilitations d'accès, les promesses, sans limite de temps ni de lieux : les escarpins sont achetés en pleine nuit et livrés à domicile, les conversations amoureuses sont « textotées », les films sont regardés en *streaming*. Le « tout, tout de suite », le « pourquoi pas moi ? » et le « parce que je le vaux bien » sont devenus les nouveaux mantras de la réussite de chacun, dans nos sociétés hypermodernes, et repris en chœur par les entreprises qui surfent sur ces nouvelles modalités de consommation comme sur ces nouvelles aspirations du salarié-consommateur.

On imagine facilement combien le curseur de l'exigence peut se déplacer, avec ses corollaires de frustration, de découragement, de sous-évaluation et de mésestime de soi. Ce phénomène se double d'un autre, tout aussi flagrant et prégnant : la mise en scène de soi.

Qu'implique le besoin de mise en scène de soi ?

I. B. – Cette mise en scène de soi ne ressemble aucunement à la classique starification de quelques *happy few*, ou encore à celle qui a pu être mobilisée comme modalité d'expression par des artistes, mais relève d'une exhibition de la vie privée, où l'intimité est dévoilée. Les risques sont nombreux. Sans aller jusqu'aux cas de lynchages sur les réseaux sociaux (qui ont pu conduire à des suicides), on peut relever tous les désagréments provoqués par cette redoutable transparence, comme des photos prises dans des situations dégradantes, des déclarations inadéquates, des histoires amoureuses dévoilées. Les cas sont de plus en plus nombreux de licenciements, de refus d'embauches, de ruptures amicales ou amoureuses, de « casseroles » à traîner à vie, motivés par cette tentation à se mettre en scène.

Le risque réside dans cette construction dissonante du désir de réussir à travers les yeux des autres et non pour soi. L'individu s'insère alors dans un processus de double lien, naviguant entre le souci de soi (développement personnel, individualisme) et le souci de l'autre (jugement, comparaison). Cette tension génère *a minima* du malaise, plus souvent de la souffrance.

C'est là que se dévoilent de nouveaux avatars du discours managérial avec ce que l'on peut appeler le « *coaching* de soi ».

Y.-H. M. – On touche là un terme à la mode et une pratique envahissante : le *coaching*. Une manière d'abord de développer des compétences individuelles. Et il est vrai que ce que vous appelez le « *coaching* de soi » renvoie à ce qui est de nouveau une injonction managériale implicite : être à soi-même, en permanence, son propre *coach*. Une telle idée porte la marque d'un volontarisme exacerbé et un peu naïf. Il suffirait, pour progresser, d'analyser en permanence ses propres faiblesses pour trouver les moyens de les surmonter. Cela me fait penser à ce que j'appelle le complexe de Münchhausen, ce baron légendaire qui, d'après un récit cocasse, essaie de se sortir d'un marais en tirant sur ses propres cheveux. Bien sûr, son entreprise est vouée à l'échec. Ce que nous pouvons apprendre d'une théorie bien comprise du *coaching*, c'est qu'on ne peut pas être à soi-même son propre point d'appui. Il faut un autre que moi pour me désembourber.

Mais si cette pratique du *coaching* peut-être utile, il convient aussi d'en indiquer les limites. En effet, le type d'attitude qu'il essaie de former relève bien vite de la posture : je pose les gestes de l'efficacité, je donne les signes de la compétence et de la confiance en soi, mais je me mets ainsi en jeu dans une posture tout extérieure. L'impératif de performance risque alors d'être satisfait aux dépens de la connaissance de soi, d'un rapport à soi rasséréné, de ce qui relève de l'intériorité. Nos sociétés contemporaines n'ont aucun intérêt à rejeter l'intériorité dans les limbes d'une pensée périmée. En refusant l'intériorité, nous ne fabriquerons que des robots programmés pour être performants, mais tragiquement incapables d'être heureux. Au nom de la réussite, nous fabriquerons du malheur en série. C'est ainsi qu'il est des postures qui manifestent rapidement qu'elles ne sont que des impostures. Réussir sa vie n'est pas sacrifier son intériorité pour des succès mondains. C'est reconnaître en soi une dignité qui ne doit rien à nos succès parce qu'elle doit tout à ce que nous sommes, c'est-à-dire des hommes, des êtres relationnels qui ne peuvent goûter la joie d'exister qu'en découvrant, comme l'écrivait Blaise Pascal et contre toutes les tentations réductionnistes, que l'« homme passe l'homme. Infiniment ».

Vers un « *coaching* de soi » ?

I. B. – J'adhère à vos réserves, mais une froide observation des faits montre que ce discours de la performance de soi est en pleine progression. Je constate aussi que le discours du management est complètement en phase avec ces mutations, et qu'il a même une forte capacité à les intégrer et à les développer.

En effet, si l'on reprend l'ensemble des évolutions identifiées, on retrouve l'idée qu'il faut quatre choses pour réussir pleinement selon la grammaire managériale (on ne part pas avec l'idée de réussir à moitié) :

1. Se connaître soi-même pour ensuite exploiter au mieux ses compétences et son potentiel.
2. Savoir ce que l'on veut et se doter d'objectifs, de méthode, de moyens pour les atteindre.
3. Être le meilleur et le plus performant.
4. Et que cela se sache !

On aboutit alors à un nouveau visage d'une réussite qui relève de la « managérialisation » de soi. La preuve en est l'avènement du « *coaching* de vie ». Après s'être développé dans le monde sportif, le *coaching* a ensuite envahi l'entreprise, il est maintenant en train d'irriguer tous les moments et les activités de la vie. On trouve des *coachs* de bien-être, des *coachs* de mariage, des *coachs* amoureux. Plutôt qu'une anecdote, j'y vois un signal annonciateur de la montée en puissance d'une vision qui fait de la réussite de sa vie une entreprise de performance de soi.

On retrouve les ingrédients fondamentaux du management, c'est-à-dire la découverte de voies de progrès fondées sur le volontariat et l'engagement de la personne. Si l'on peut y voir un rendez-vous avec soi, on ne peut et on ne doit pas en ignorer la dimension instrumentale, adaptative et mimétique.

Du « Connais-toi toi-même[1] » au « *coaching* de soi », les distances temporelles comme de vision du monde sont incommensurables, pourtant c'est bien la même humanité qui est engagée dans son projet de vie. Il est urgent et important de construire quelques passerelles pour mieux comprendre et construire une mise en perspective critique. C'est là que le discours philosophique peut intervenir.

Y.-H. M. – Je renverserais volontiers le trajet que vous proposez en proposant d'aller du « *coaching* de soi » au « Connais-toi toi-même ». Pour se façonner, pour progresser, pour déployer ses compétences, il faut revenir

---

1. Célèbre interpellation socratique. Ce serait le plus ancien des préceptes gravés sur le fronton du temple de Delphes.

régulièrement à soi. Et se connaître soi-même, ce n'est pas d'abord repousser ses limites ou se réjouir avec orgueil de ses propres qualités. C'est d'abord apprendre à reconnaître en soi ce qui fait mon humanité, avec ses vertus et avec ses limites, avec ses grâces et ses faiblesses, en cette attitude qui n'est pas de comparaison, mais de contemplation. Il ne s'agit pas là de me comparer à autrui, mais de découvrir ce qui fonde ma dignité, cette liberté qui fait de moi-même un sujet capable d'agir sur lui-même et sur les choses, cette vie qui m'offre à moi-même comme une tâche à accomplir. C'est alors, je crois, qu'il est possible de passer de la revendication à la gratitude. Il ne s'agit plus de se demander ce que je dois faire pour réussir ma vie, mais de constater qu'il est bon d'exister, que cette vie en moi est déjà une bonne chose, la meilleure sans doute qui me soit jamais arrivée, puisque sans elle, toutes mes chances de succès étaient anéanties. Le bonheur est au prix de la gratitude, non de la convoitise ou de l'ambition névrotique. Et être heureux, c'est peut-être cela : être simplement capable de commencer par se dire que « c'est déjà réussi », même si le meilleur, peut-être, reste à venir.

*

* *

POUR ALLER PLUS LOIN

Nicole Aubert, Vincent de Gaulejac, *Le Coût de l'excellence,* Le Seuil, 1991.

Pierre Legendre, *Dominium Mundi. L'empire du management,* Mille et Une Nuits, 2007.

Alain Ehrenberg, *La Fatigue d'être soi. Dépression et société*, Odile Jacob, 1998.
Yann-Hervé Martin, *La Saveur de la vie ou la grâce d'exister*, Salvator, 2012.
Martin Steffens, *Petit Traité de la joie*, Salvator, 2011.
Blaise Pascal, *Pensées* (nombreuses éditions disponibles).
Épictète, *Manuel* (nombreuses éditions disponibles).

2

Travailler ou s'épanouir : faut-il choisir ?

Quelles évolutions du travail à travers les siècles ?

Isabelle BARTH – Je vous propose de partir d'une assertion : « Travailler ou s'épanouir, il faut choisir. » On pourrait penser qu'il en a toujours été ainsi et que le travail ne pouvait être associé qu'à la peine, à l'effort, voire à la souffrance. Le travail n'a d'ailleurs, pendant longtemps, et dans de nombreuses civilisations, été réservé qu'à ceux et celles qui ne pouvaient faire autrement. Il en a été ainsi dans la cité grecque où le négoce se traduisait par une négative *neg otium* ou *askolia,* ce qui définissait le travail comme le non-loisir. Il en a été ainsi pendant des siècles pour l'aristocrate français, qui perdait son honneur et son statut quand il « dérogeait », c'est-à-dire qu'il se mettait au travail.

Comme tant d'autres activités humaines, le travail est profondément lié à la culture dans laquelle il s'inscrit et ses définitions ne sont jamais définitives et évoluent au cours des siècles. Ainsi, certaines occupations professionnelles jouissant aujourd'hui d'un grand prestige n'avaient aucune reconnaissance il y a encore deux ou trois cents ans. C'est le cas des métiers artistiques, qui se traduisaient par une forme de servitude – le grand Jean-Sébastien Bach était considéré ni plus ni moins que comme un laquais à la cour de Weimar – ou un rejet de toute reconnaissance sociale – rappelons-nous que Molière a été enterré dans une fosse commune comme tous les acteurs de son temps.

Il nous faut donc aborder la question du travail avec beaucoup de modestie et admettre, une fois de plus, que la vraie vie est beaucoup plus complexe que les analyses et les interprétations que l'on peut en faire. À titre d'illustration, si vous interrogez l'homme ou la femme de la rue aujourd'hui, il est quasi certain que sa représentation du travail dépendra tout d'abord de sa propre histoire et de ses expériences personnelles, ce qui implique une très forte diversité des regards sur la question. Ensuite, l'appréciation sera mitigée : le travail est certes important dans la vie actuelle, ne serait-ce que parce qu'il permet d'avoir des revenus financiers, mais il est souvent perçu comme un « mal nécessaire », et tout concorde pour aspirer à ne plus travailler. Dans les médias, le travail est vu sous le prisme de la souffrance, du stress, des troubles musculo-squelettiques, des risques psychosociaux. La plupart des publicités ou des films véhiculent l'idée que le bonheur est dans un hors-travail choisi.

On entend aussi beaucoup dire que les jeunes, rebaptisés « générations Z ou W » ne veulent plus travailler, et ne pensent qu'aux loisirs, aux congés et aux RTT, mais il faut bien admettre qu'un des grands mouvements au XXIe siècle, dans nos sociétés « avancées », est la désaffection du travail comme une valeur, même s'il reste indéniablement un champ social important et investi pour l'épanouissement personnel.

Yann-Hervé MARTIN – La difficulté majeure qui se présente lorsque l'on essaie de penser la relation entre travail et plaisir est une difficulté sémantique. Le mot « travail » est en effet un terme polysémique, un terme qui se trouve donc connoté de façon très diverse selon l'usage qui en est fait.

Prenons un exemple très simple. Si je viens de traverser une période de chômage, je suis heureux de trouver un travail. Mais si j'ai devant moi une pile de dossiers urgents à traiter, je peux tout aussi bien m'inquiéter d'avoir du travail en perspective. En revanche, celui qui m'emploie sera bien entendu très satisfait qu'il y ait beaucoup de travail.

Pour bien délimiter le champ de notre étude, je pense qu'il faut écarter le premier sens évoqué ci-dessus. Avoir un travail, c'est alors simplement avoir un métier et il va de soi que l'exercice d'une profession joue un rôle majeur dans une dynamique d'intégration économique et sociale. Mais le travail n'est pas la même chose que le métier. Cela est si vrai qu'il est même possible de concevoir un métier qui ne serait pas vécu comme un travail : le sportif professionnel, qui gagne sa vie en faisant ce qu'il aime, l'artiste, qui a sa passion pour métier, l'intellectuel ou l'artisan qui prennent plaisir à manier les idées ou à transformer la matière…

Ainsi, si l'on fait l'effort de distinguer entre la profession et l'ensemble des efforts requis pour une performance maximale, il me semble qu'on est en mesure de mieux saisir le champ propre du travail. Là où il y a travail, il y a nécessairement effort et acceptation de certaines contraintes. Le sportif qui s'entraîne doit commencer à souffrir pour se représenter en train de travailler. D'ailleurs, si ses progrès ne sont pas à la hauteur de ses attentes, son entraîneur lui fera savoir qu'il a encore beaucoup de travail à accomplir pour atteindre ses objectifs.

On comprend, dès lors, que la notion de travail n'est pas spontanément articulée à celle de plaisir. Le travail, écrivait Nietzsche dans *Aurore*, « c'est le dur labeur du matin au soir », cette activité épuisante qui « entrave le développement des désirs » et qui « use la force nerveuse dans des proportions extraordinaires ». On pourrait bien entendu considérer qu'il exagère un peu et pourtant, il ne fait rien d'autre que prendre au sérieux le sens propre du terme, tel que l'étymologie nous le rappelle. Le mot « travail » vient en effet du latin *tripalium*, qui désigne entre autres choses un instrument de torture. En anglais, le terme *labour*, que l'on retrouve dans le français « labeur », intègre l'idée de peine et de souffrance. Le travail serait ainsi d'abord une activité pénible, nécessaire pour celui qui ne peut pas vivre de ses rentes. On peut se souvenir aussi de la mythique malédiction du livre biblique de la Genèse. À l'homme qui a transgressé l'interdit divin en goûtant au fruit défendu, Dieu s'adresse en ces termes : « Maudit soit le sol à cause de toi ! À force de peines tu en tireras subsistance tous les jours de ta vie » (Gn 3, 17). Et c'est un peu plus loin que l'on trouve le fameux « Tu gagneras ton pain à la sueur de ton front » (Gn 3, 19). Le travail serait donc à comprendre soit comme une punition, soit comme un régime de contrainte pénible dans une nature aux ressources à la fois limitées et difficiles à administrer. On peut d'ailleurs noter avec un certain amusement que, dans le même passage, la femme est elle aussi « sanctionnée » : « Je multiplierai les peines de tes grossesses, dans la peine tu enfanteras des fils » (Gn 3, 16). Or, en obstétrique, le terme « travail » désigne couramment les douleurs de l'enfantement. Dire que le travail a commencé, c'est à la fois faire signe vers la bonne nouvelle d'une naissance proche et vers la condition de cet heureux événement : des souffrances, dont certaines disent qu'elles peuvent être du niveau d'une fracture ouverte.

On voit bien qu'il convient alors de ne pas considérer comme une sorte d'évidence que le travail peut être source de plaisir. *A priori*, on aurait même plutôt affaire à deux antonymes, au point que, comme vous l'avez rappelé, le bonheur est souvent compris dans un hors-travail. Mais le mythe biblique nous aide aussi à nous tourner vers une perspective moins dramatique : le travail, aussi pénible soit-il, rendrait possible la transformation de la nature, et par là même l'institution de conditions d'existence vraiment humaines. Comme si les joies de l'humanité devaient être conquises de haute lutte !

Le travail n'est plus une valeur en soi

I. B. – Revenons au XXIe siècle et observons que réfléchir à la question du travail, c'est s'attaquer à une multitude de paradoxes, de phénomènes en tension, de mouvements radicalement divergents, et surtout, c'est s'exposer à la vision personnelle que chacun d'entre nous en a, car le travail concerne tout le monde et personne n'est neutre ou sans voix face à ce sujet.

Le premier paradoxe surgit d'une mise en perspective historique, se fondant sur des critères objectifs comme la répartition des temps de vie à travers les dernières décennies. On constate ainsi, dans l'étude *Nouveau Portrait de la France de 2012*, qu'en un siècle, le temps hors travail est passé de 12 % (en 1900) de la vie éveillée d'un homme à 40 % à l'heure actuelle.

Ainsi, le temps de travail moyen est passé de 200 000 heures dans une vie en 1900 à 67 000 heures aujourd'hui. Dans le même temps, le temps libre a été multiplié par cinq et nous lui consacrons quinze années de notre vie actuellement contre trois en 1900.

Pourtant, si nous n'avons jamais eu autant de temps libre dans nos sociétés industrielles et dites avancées, jamais non plus le sentiment de courir après le temps n'a été aussi prégnant. Une première explication est l'abondance des choix et des sollicitations auxquels nous sommes sans cesse confrontés ; la seconde, et celle que je vais retenir, est la nouvelle place du travail dans nos vies.

Cette question de la distance au travail et de sa centralité dans nos vies a commencé à monter en puissance depuis une vingtaine d'année, mais elle devient un sujet de société essentiel. Il faut bien constater que, de nos jours, le travail n'est plus une valeur en soi, comme l'analyse Dominique Méda dans son ouvrage *Le Travail : une valeur en voie de disparition*. Il a perdu peu à peu cette dimension morale, qui expliquait l'absence de questionnements et de remises en cause, et qui justifiait sa place dans nos vies. Les études et les chercheurs convergent vers deux constats : la place du travail reste importante, mais est de plus en plus relativisée par celle que prennent d'autres domaines de la vie, la famille, les loisirs, la vie sociale. Cette dévalorisation du travail le resitue comme un champ social de promotion d'autres valeurs comme l'expression de soi, l'autonomie, la réalisation personnelle, la créativité. Il n'est plus une valeur intrinsèque, mais un champ d'action important pour faire vivre d'autres valeurs.

Cette distanciation et cette dévalorisation s'accompagnent paradoxalement de la question de l'engagement subjectif dans le travail et des dégâts qu'il peut provoquer, dévoilant ainsi le visage pathologique du travail.

Y.-H. M. – On touche là, me semble-t-il, à quelque chose de très important. Il est en effet convenu, dans nos sociétés, de valoriser le travail, c'est-à-dire non seulement d'en faire une valeur, mais de le traiter comme une valeur majeure. On peut penser au très suspect « *Arbeit macht frei* » (« le travail rend libre ») érigé en principe absolu de déshumanisation dans les camps de concentration, ou au triptyque « travail-famille-patrie » dont certains ont gardé la nostalgie. Devant de tels discours, trop prompts à faire l'apologie du travail, je ne peux m'empêcher de penser à la part de vérité comprise dans les propos de Nietzsche que j'évoquais précédemment. Dans le même paragraphe d'*Aurore*, il écrit en effet : « Une société où l'on travaille sans cesse durement jouira d'une plus grande sécurité : et c'est la sécurité que l'on adore maintenant comme divinité suprême. » Nietzsche a compris que derrière le discours des apologistes du travail, enclins à le promouvoir comme la valeur par excellence, se camoufle sans doute une stratégie qui vise à rendre l'individu moins dangereux. Celui dont les forces psychiques et physiques se sont épuisées dans le « dur labeur du matin au soir » ne sera plus en mesure de se révolter contre ce qui ne cesse de le déshumaniser en lui interdisant « la réflexion, la méditation, les rêves, les soucis, l'amour et la haine ».

On pourrait bien entendu considérer que le temps est révolu qui maintenait le travailleur dans d'inhumaines conditions d'usure. Nous ne serions plus au temps de Zola, mais, au contraire, dans une société qui fait l'apologie des plaisirs et des loisirs. Mais comme vous le dites, la place du travail parmi les valeurs régulièrement plébiscitées reste importante. Je ne pense pas seulement à la gestion politique de la valeur travail (la France qui se lève tôt, travailler plus pour gagner plus...), mais aussi à une enquête de 2008 intitulée *La France à travers ses valeurs*, qui révélait que 68 % des Français le jugent effectivement « très important ». Dans leur hiérarchie des valeurs, ils le placent en outre devant les loisirs (33 %).

Il y a quand même là de quoi s'étonner. Mais, au-delà de cet étonnement, je voudrais pointer de trois façons différentes ce qui me semble un véritable paradoxe :

1. Ce qui est de l'ordre du nécessaire (il faut travailler pour vivre) est plus valorisé que ce qui est de l'ordre du plaisir, du libre épanouissement de l'individu.

2. Ce qui suppose un fort contrôle social (hiérarchies, surveillances, missions, contraintes...) est plus valorisé que ce qui permet à l'individu de se retrouver dans la sphère privée.

3. Ce qui m'engage nécessairement dans un rapport à d'autres que moi est censé valoir plus que mes désirs individuels, alors que, dans le même temps, on ne cesse de relever une montée de l'individualisme.

Comment comprendre un tel plébiscite de la « valeur travail » ? Je me risquerai à jouer avec cinq hypothèses :

1. Cette valorisation conventionnelle du travail consacrerait en fait l'intériorisation populaire des valeurs dominantes qui sont en général, comme aimait le rappeler le sociologue Pierre Bourdieu, les valeurs de la classe

dominante, à savoir les valeurs de ceux qui, dans la société bourgeoise, détiennent les moyens de production.

2. On pourrait aussi y voir une figure simple de la mauvaise foi. Les Français n'y croiraient pas vraiment, mais seraient parvenus à se faire croire qu'ils y croient. En ce cas, pour comprendre leur rapport réel au travail, il faudrait moins prêter attention aux sondages qu'aux discours privés et à ce qu'ils expriment de lassitude, de frustration et de malaise.

3. Une troisième hypothèse peut être envisagée : les Français se plairaient globalement au travail et y trouveraient du plaisir, une condition d'épanouissement personnel.

4. On peut aussi se montrer suspicieux : ceux qui ont été sondés ne sauraient pas ce qu'est une valeur. Ils confondraient cette notion avec une notion connexe : ce qui produit de la valeur. En effet, s'il va de soi que le travail produit de la valeur, sous la double forme d'une plus-value économique et d'une plus-value sociale, il n'est nullement évident qu'il soit une valeur.

5. Dernière hypothèse, enfin : le travail est effectivement une valeur majeure, dans la mesure par exemple où il valoriserait symboliquement la personne en augmentant ses vertus, en l'élevant en humanité.

Chacune de ces hypothèses me semble mériter d'être envisagée, à condition toutefois qu'on le fasse à partir de la conscience d'une tension paradoxale. D'une part, ceux qui valorisent le travail et en cherchent quand ils n'en ont pas sont souvent les mêmes que ceux qui s'en plaignent quand ils en ont ; d'autre part, ce travail valorisé depuis l'avènement de la société capitaliste a été très longtemps considéré comme une servitude pénible. Ainsi, l'idée que le travail soit une valeur me semble un peu courte. Peut-être serait-il préférable de dire qu'il a une certaine valeur, sociale ou économique. Mais en tant que tel, il est d'abord de l'ordre du nécessaire. Il faut travailler comme il faut manger ou dormir. Et comme l'a bien compris la sagesse proverbiale, « il ne faut pas faire de nécessité vertu ».

I. B. – Cette enquête a le mérite de stimuler notre réflexion, et toutes vos hypothèses sont certainement à retenir. Mais en management comme en médecine, la cause unique est un leurre. Je vous suggère de prendre avec beaucoup de précaution un sondage fondé sur du déclaratif. En effet, rappelons-nous les biais qu'il implique, dont celui que le marketing appelle la « désirabilité sociale », qui signifie que nous déclarons ce qui nous valorise plutôt que ce que nous pensons ou pratiquons réellement.

Quelle est la face obscure du travail ?

I. B. – Depuis quelques années, les médias n'abordent plus le travail qu'à travers sa face obscure qu'illustrent la souffrance ou encore le harcèlement ou le *burn out*.

Les chercheurs (en psychologie d'abord, en sociologie ensuite, et maintenant en gestion) travaillent également de plus en plus la question et passent peu à peu du constat accablé ou de la dénonciation à des propositions, qui évoluent elles aussi, de la remédiation de symptômes à la recherche des causes profondes de ces phénomènes, afin de mieux les éradiquer. Le « malaise au travail » devient un sujet majeur des recherches en sciences du management, particulièrement en ressources humaines, l'objectif étant d'avoir un management en phase avec les attentes des salariés, moins porteur de mal-être et de souffrance, à la fois respectueux des salariés comme de l'objectif de performance économique de l'entreprise. L'équation n'est pas simple, surtout lorsque l'environnement économique n'est pas porteur, que la concurrence s'exacerbe, que l'emploi est menacé et que l'incertitude va grandissant.

Dans ce contexte, les causes pour expliquer la souffrance au travail et la sous-qualité du management ne manquent pas, et il semble essentiel de se doter d'une volonté stratégique sans faille pour avancer de front sur toutes ces questions majeures.

Les gouvernances d'entreprise font souvent face à des dilemmes mettant en tension le court terme et le long terme, l'attention aux salariés et la survie économique, les réalités locales et les enjeux globaux. Elles ne font pas forcément les bons choix, surtout au regard des dégâts collatéraux occasionnés. On peut citer dans la longue liste des causes du malaise au travail : les mutations structurelles comme les nouveaux *process* de travail, le capitalisme financier, la montée en puissance de concurrents émergents, les nouvelles formes d'organisation du travail (temps partiels, précarité contractuelle, management par objectifs). En Europe, un quart des salariés voient leur santé altérée par un trouble lié à la sphère professionnelle et les troubles musculo-squelettiques augmentent de 20 % par an, constituant aujourd'hui la première maladie professionnelle.

Dans le même registre, les consultations Souffrance et Travail fondées par le docteur Marie Pezé (vingt-trois en France à ce jour, la première ayant ouvert à Garches en 1997) ne désemplissent pas. Tous les milieux professionnels et toutes les catégories de salariés sont touchés.

Les pathologies les plus courantes sont les pathologies de surcharge psychique comme le *burn out* ou les névroses traumatiques à la suite d'un *hold-up* ou d'un attentat. Il y a aussi les dépressions majeures, les tentatives de suicide, les problèmes cardio-vasculaires, la métrorragie (problèmes gynécologiques chez les femmes victimes de harcèlement). Il faut encore recenser la hausse d'autres types de violence : celle entre collègues, envers les usagers, envers l'outil de travail que l'on sabote. Voici les causes répertoriées par le docteur Marie Pezé : l'exigence de productivité au détriment des pauses physiologiques, des moments de repos ; le sentiment de déqualification du travail, qui s'accompagne de la perte de l'estime de soi ; les nouvelles technologies, qui ont aboli la coupure psychologique avec le travail, mais également permettent d'intensifier la vérification du travail des salariés, pouvant provoquer un stress important.

Le travail souffrance mérite bien son étymologie latine *tripalium*, définissant comme vous l'avez rappelé un instrument de torture, mais aussi un lieu où l'on ferrait les animaux pour les amener au labour des champs.

Y.-H. M. – Ce que nous sommes en train de rencontrer ici concerne la question des conditions de travail, et il s'agit en effet d'une question cruciale, puisqu'il n'existe pas de travail réel indépendamment des conditions de son exercice. Un travail réel a toujours lieu dans un ensemble de circonstances réelles : travailler quand il fait très froid n'est pas la même chose que travailler par grande chaleur ou par temps clément. Travailler dans une ambiance bruyante est autre chose que travailler dans un climat calme. De même, travailler sous l'autorité d'un cadre tyrannique n'est pas la même chose que le faire dans une ambiance respectueuse. Il faut donc prendre en considération de multiples conditions de travail, physiques, psychologiques, climatiques, techniques…

Par conséquent, le travail ne saurait être défini simplement comme l'action d'un homme sur une certaine matière. Il est cette action dans des conditions particulières, qui peuvent éventuellement être profondément inhumaines (le *goulag*, les travaux forcés…). On comprend ainsi qu'on ne saurait se contenter de distinguer des formes aliénantes de travail d'un côté, et des formes épanouissantes de l'autre. Le travail à la chaîne de l'ouvrier n'est pas aliénant en soi. Il peut le devenir quand ses conditions de travail réduisent sa valeur à celle de la machine à laquelle il est inféodé. De même, le travail intellectuel ou celui de l'artisan ne sont pas épanouissants en eux-mêmes. Ils le sont quand le contexte est favorable, que l'artisan jouit d'une bonne renommée locale, qu'il peut vendre ce qu'il produit ou quand l'intellectuel conserve la liberté nécessaire à sa créativité.

On peut donc déjà écarter l'hypothèse selon laquelle le travail serait en tant que tel un facteur d'aliénation, sans renoncer pour autant à l'idée qu'il existerait des conditions de travail aliénantes. Le concept d'aliénation, souvent rattaché aux analyses marxistes, conserve donc une véritable force d'élucidation si on en use avec suffisamment de précautions. Est aliéné celui qui est en quelque sorte devenu étranger à lui-même, celui qui ne se possède plus, celui qui accomplit son travail non pas en tant qu'homme, fondé à déterminer ses propres fins (ce qu'on peut appeler autonomie), mais comme une machine jugée sur sa rentabilité et ses performances. Marx le dit avec vigueur dans *Ébauche d'une critique de l'économie politique* quand il rattache la dépossession du travail au fait que celui-ci est « extérieur à l'ouvrier, c'est-à-dire qu'il n'appartient pas à son être ; que dans son travail, l'ouvrier ne s'affirme pas, mais se nie ; qu'il ne s'y sent pas satisfait, mais malheureux ; qu'il n'y déploie pas une libre énergie physique et intellectuelle, mais mortifie son corps et ruine son esprit [...]. On en vient donc à ce résultat que l'homme [l'ouvrier] n'a de spontanéité que dans ses fonctions animales : le manger, le boire et la procréation [...] et que dans ses fonctions humaines, il ne se sent plus qu'animalité : ce qui est animal devient humain, et ce qui est humain devient animal ».

On peut donc, en retournant l'analyse, dresser le portrait d'un travail épanouissant, c'est-à-dire humanisant. Il s'agit d'un travail où s'exprime l'être de l'homme, parce qu'en lui l'homme affirme ce qu'il est et reconnaît ce qui fait l'humanité de son rapport au monde, aux autres et à lui-même. Ce travail, Marx le désigne souvent par un terme emprunté à la philosophie d'Aristote, le terme de praxis.

La *praxis*, c'est l'action qui, en tant qu'elle contribue à transformer le monde, transforme en même temps l'agent qui l'accomplit. Aristote distingue ainsi la *praxis* de la *poiesis* qui n'est qu'une opération quasi mécanique de production, c'est-à-dire un simple faire qui ne porte pas la marque spécifique de l'humanité. Appliquée au travail, cette distinction conceptuelle s'avère féconde. Le travail comme *praxis*, c'est le travail qui permet l'épanouissement des facultés de celui qui travaille, qui lui permet de se saisir en ce qui fait son être-homme, le travail qui élève, qui promeut, qui accomplit. Le travail comme *poiesis*, c'est le travail mécanique, asservi, le travail dans lequel celui qui travaille est toujours déjà dépossédé de lui-même.

Cette distinction n'a pas pour objets, je tiens à le rappeler, d'une part les tâches supposées inhumaines, telles que le travail à la chaîne ou le secrétariat d'exécution, d'autre part les métiers à forte plus-value symbolique. Le problème est moins celui du travail que l'on doit accomplir que celui des conditions réelles de son accomplissement. S'il est toujours inacceptable, sur le plan éthique, de nier l'humanité de ceux qui travaillent pour nous, il est sot, sur le plan pragmatique, de les déposséder d'eux-mêmes. Ce qui alimente les pathologies que vous venez d'évoquer n'est jamais, cela va de soi, un facteur d'efficacité ni de productivité.

Comment réagissent les salariés ?

I. B. – Il nous faut à ce stade pointer un second phénomène subjectif, qui se superpose et amplifie les données objectives de la souffrance au travail : les frustrations émotionnelles sont de moins en moins bien tolérées. Les modifications du rapport au pouvoir, à l'expertise, au statut, la montée en puissance du besoin de reconnaissance, l'irruption de l'affectif et des émotions dans le monde du travail servent de caisse de résonance aux maladresses et aux erreurs managériales.

Les salariés ont un besoin de reconnaissance sociale et d'individualisation de cette reconnaissance, les contraintes doivent être accompagnées de récompenses et les succès de signes valorisants. Les managers, et surtout les managers de proximité, vivent de plein fouet cette double exigence, sans bien savoir la gérer. Maintenir la performance, faite d'objectifs et de contrôles, et pratiquer le *slow management* en restant à l'écoute et en promouvant la valorisation de chacun des membres de son équipe n'est pas une équation simple. C'est bien un nouveau paradigme managérial qui s'ouvre à nous ; or, les ressources ne sont pas forcément encore au rendez-vous.

En attendant que ces prises de conscience se fassent et que des initiatives portent leurs fruits, comment réagissent les salariés à ce qu'ils identifient comme des tensions, de l'injustice, du mépris ?

On observe une première tendance forte : le désengagement, les travailleurs désengagés sont au travail, mais cultivent la prise de recul, la désimplication, pour ne pas souffrir, pour ne pas perdre l'estime de soi, mais également parce qu'ils ont fait le choix de s'épanouir ailleurs. On assiste donc à une instrumentalisation de plus en plus grande de la vie professionnelle : c'est là que l'on va gagner sa vie, parce qu'il le faut bien, mais pour la vivre dans d'autres sphères, comme la vie familiale, le milieu associatif, l'engagement humanitaire. L'objectif est alors d'avoir du temps hors travail et de gagner suffisamment sa vie pour mener à bien ses autres projets. Dans des contextes comme en France, où la protection sociale est forte, on peut observer également une instrumentalisation des ruptures de parcours, les périodes « sans travail » prenant le relais de celles qui, par la rémunération, permettent d'avoir des temps *off*.

Un autre courant, moins fort, mais tout de même présent, est celui de la « résistance ». En effet, si les retirés se font discrets, sans illusions et sans aspirations quant à leur avenir professionnel, certains salariés se rebellent et tentent de faire bouger le système. Les banderoles ou les slogans protestataires ne sont pas non plus de mise, il s'agit de « résister autrement », comme l'ont décrit David Courpasson et Jean-Claude Thoenig dans leur ouvrage *Quand les cadres se rebellent*. Des salariés ou des groupes de salariés, affichant souvent un certain succès professionnel et ne pouvant être suspectés d'opposition systématique, vont refuser des décisions venant « du haut », car jugées inadéquates, injustes ou contre-productives, et formuler des contre-propositions, bousculant et même inversant les hiérarchies en place. Il est vrai que ces phénomènes sont souvent limités à des catégories professionnelles jugées trop puissantes pour être négligées par le *top management*, mais ils interpellent le discours comme la formation au management, qui a éliminé de sa grammaire les notions de sens critique et de discussion. Ces « cadres rebelles » interpellent aussi les entreprises dans leur capacité à gérer et intégrer des mouvements antagonistes venant de l'intérieur, voire à les transformer en pratiques alternatives.

Ces attitudes multiples et diverses montrent que le travail est un domaine parcouru par de nombreux champs de forces, souvent contradictoires, mais qu'il reste à fort potentiel d'évolution. La question qui découle de ce constat est : comment faire pour aller vers une nouvelle donne, compte tenu de la multiplicité des configurations ?

Y.-H. M. – Il est vrai que lorsque le travail n'est plus vécu comme épanouissant ou, mieux, comme humanisant, l'homme se trouve réduit au rang de ce qu'une philosophe contemporaine comme Hannah Arendt appelle un *animal laborans*, un vivant qui n'est ce qu'il est que dans la mesure où il travaille. Les deux manières que vous évoquez de protester *de facto* contre cette réduction me semblent, au fond, pleines de bon sens, pour ne pas dire très humaines. Ce que vous appelez « désengagement » renvoie à l'idée que l'essentiel est ailleurs, que le travail n'est pas le *nec plus ultra* de mon humanité, mais une nécessité vitale à laquelle, le plus souvent, il faut bien consentir. Travailler pour vivre, en quelque sorte, plutôt que vivre pour travailler. Ici, le travail apparaît comme un gagne-pain, ce qu'il est sans doute principalement s'il est d'abord la condition nécessaire pour assurer sa subsistance.

J'ai bien conscience de ce qu'il y a de scandaleux dans cette façon de réduire le travail au gagne-pain dans une société libérale qui valorise volontiers le discours de l'engagement. À partir d'un certain niveau de responsabilité, tout salarié un peu ambitieux a aujourd'hui intégré l'idée selon laquelle le sens de sa vie est essentiellement déterminé par son travail, et qu'il doit y investir l'intégralité de son être. Je me souviens d'avoir choqué une amie, qui travaillait dans une société internationale bien connue et qui me parlait de son travail comme de la partie la plus décisive de son existence, en lui disant que mon travail à moi, précisément, n'était qu'un gagne-pain. Il y avait bien sûr de la provocation dans mon propos, mais je voulais dire par là que, quel que soit le plaisir que je prends à enseigner, il y a dans mon métier des contraintes que je ne fais que supporter, et que je fais moi aussi partie de ceux qui travaillent pour investir ailleurs que dans le travail (la famille, les amis, la vie associative…). Bref, si demain je pouvais être certain de vivre confortablement sans plus avoir à travailler, je sais que je continuerais à lire, à écrire, à étudier, peut-être même à enseigner… mais il y a bien des contraintes que je n'accepterais plus. Il y a une certaine sagesse du désengagement qui consiste à essayer de bien faire son travail avec cette distance minimale qui permet de garder en tête, pour plagier une célèbre formule évangélique,

que c'est le travail qui est fait pour l'homme et non pas l'homme pour le travail.

Quant à l'attitude que vous qualifiez de « résistance », elle est tout aussi humaine, au sens le plus exigeant du terme. Vous dites d'ailleurs qu'un certain management a éliminé de sa grammaire les notions de sens critique et de discussion. Sans doute avez-vous raison, je suis mal placé pour en juger. Mais il n'en est pas moins certain qu'un salarié qui, en vertu d'une fidélité ou d'un devoir d'obéissance mal compris, renoncerait à user de sa faculté de discernement serait sans doute à la fois bien malheureux, puisque sa fonction serait celle d'une machine, et bien peu « performant ». Le sens critique et la discussion ne sont pas d'abord des marques de rébellion, mais des signes d'intelligence. Nos entreprises ont bien évidemment besoin, à tous les niveaux d'emploi, d'individus capables de s'interroger sur la pertinence d'une consigne ou d'une procédure. Et les managers ont tout intérêt, plutôt que réprimer de telles attitudes, à essayer d'en tirer parti. L'*animal laborans* n'accède à la dignité de l'*homo faber*, de l'homme qui s'humanise en transformant le monde pour l'habiter vraiment, que quand il est capable de penser sa pratique, de réfléchir à ce qu'il fait et à la façon dont il le fait. C'est d'ailleurs ce qui distingue l'homme de l'animal. Comme le relevait Marx (encore lui !), les abeilles du temps de Virgile bâtissaient leurs ruches de la même façon que les abeilles de son époque. C'est que l'animal ne connaît pas la *praxis*. Son savoir-faire est moins un savoir qu'une habitude instinctive. L'homme, lui, atteste son humanité dans des actes rationalisés, réfléchis, à partir d'une attitude critique qui témoigne de sa faculté de juger, et parfois même de son bon sens qui, comme le rappelait Descartes dans le livre I du *Discours de la méthode,* est la chose du monde la mieux partagée, puisque chacun s'en estime suffisamment pourvu. Ainsi, le travailleur « résistant » n'est pas un rebelle ni un spécialiste de l'obstruction systématique, mais un vivant doué de raison, qui n'entend pas être traité comme un exécutant passif. Il est celui qui a appris à ne pas séparer le travail, l'action et la réflexion. Il est une richesse avant d'être une gêne.

Le travail, une escroquerie du management ?

I. B. – Si vous le voulez bien, je pousse encore l'enquête que nous menons. Dans son ouvrage *Les Mensonges de l'économie, vérités pour notre temps,* John Kenneth Galbraith met à mal les analystes qui désignent par le terme « travail » à la fois des activités routinières, répétitives, sans aucune valorisation sociale, mal payées, et des fonctions qui amènent au plaisir et à l'épanouissement ceux et celles qui les pratiquent : « Le paradoxe est là. Le mot "travail" s'applique simultanément à ceux pour lesquels il est épuisant, fastidieux, désagréable, et à ceux qui y prennent manifestement plaisir et n'y voient aucune contrainte, avec un sens gratifiant de leur importance personnelle, peut-être, ou de la supériorité qu'on leur reconnaît en plaçant les autres sous leurs ordres. "Travail" désigne à la fois l'obligation imposée aux uns et la source de prestige et de forte rémunération que désirent ardemment les autres, et dont ils jouissent. User du même mot pour les deux situations est déjà un signe évident d'escroquerie. Mais ce n'est pas tout. Les individus qui prennent le plus de plaisir à leur travail – on ne le soulignera jamais assez – sont presque universellement les mieux payés. C'est admis. » Cette réflexion rejoint une phrase de Confucius qui affirmait déjà : « Choisissez un travail qui vous plaît et vous n'aurez plus jamais à travailler de votre vie. »

Que peut le management devant de telles assertions ? Le travail-plaisir, tant désiré par tous, ne serait donc que pour quelques élus ? Avec tout le fatalisme qui accompagne ce type de constat. Il semble, en effet, qu'il faille accepter que le travail soit très « individu-dépendant », qu'il s'inscrive aussi dans l'histoire de la personne et qu'il n'y ait pas de recette toute faite dans ce domaine. Admettons qu'il n'y aura pas de grand soir du plaisir au travail, mais faisons l'hypothèse que le management peut amener à améliorer les choses, dans la différenciation des situations.

Pour ce faire, il faut d'abord savoir distinguer travail et emploi : en effet, à y regarder de plus près, nombre des critiques faites au travail sont plutôt adressées à l'emploi. C'est le constat qui ressort d'enquêtes intergénérationnelles où les zones de friction ne portent pas sur le travail, mais bien sur l'emploi. Rappelons que le travail fait référence au contenu de l'activité, à la gestion des relations sociales, aux pratiques de travail, au rapport aux savoirs et aux connaissances. La relation à l'emploi concerne la position sur le marché du travail, le statut, le type de contrat, les perspectives de carrière.

Je fais l'hypothèse qu'une partie du mal-être que j'ai largement décrit est imputable aux frustrations, aux aspirations non réalisées et générées par l'emploi et ce qu'il véhicule : incertitude, rareté, précarité. Paradoxalement, le malaise ressenti et exprimé est amplifié par le sentiment de menace sur son emploi, surtout dans la comparaison avec le sort réputé meilleur d'autres catégories professionnelles, d'autres secteurs, d'autres métiers, d'autres générations que la sienne. Plus l'emploi est rare, plus le travail est décrié, un paradoxe de plus.

Y.-H. M. – Le paradoxe que vous analysez ici tient pour l'essentiel, me semble-t-il, à une confusion conceptuelle. Bien sûr, si on désigne du même nom les activités routinières, mal valorisées et mal payées (le dur labeur du matin au soir) et les activités prestigieuses, passionnantes, socialement valorisées, on ouvre la possibilité de jouer avec des formules paradoxales telles que celle de Confucius.

Mais il serait intéressant de se demander ce qui rend possible cette confusion entre travail et métier, ou plutôt entre travail-labeur et métier-passion. Dans les deux cas, on a d'abord affaire à une façon de gagner sa vie, c'est-à-dire de s'assurer des ressources suffisantes sinon pour vivre dans l'opulence, au moins pour subsister. Dans les deux cas encore, on est en général assujetti à certaines contraintes, notamment des contraintes horaires. Travailler, avoir un emploi, c'est accepter de ne pas avoir la maîtrise complète de son emploi du temps. L'ouvrier ou la secrétaire doivent souvent pointer pour valider un temps de travail contractuel, tandis que le footballeur professionnel doit faire l'effort de se présenter à l'heure pour les matchs, les stages, les entraînements…

On comprend toutefois que ce qui permet de rapprocher ces deux types d'activités rémunératrices ne doit pas faire oublier ce qui nous oblige à les distinguer. J'ai bien connu l'un ou l'autre sportif professionnel et je ne les ai jamais entendus dire : « Je vais au travail » quand ils partaient satisfaire leur passion, sinon sur le mode de l'humour. Mais ce qu'on retrouve surtout derrière cette distinction, c'est la différence entre un métier vraiment choisi en raison de sa conformité à nos goûts et à nos compétences, et un métier subi parce qu'il faut bien gagner sa vie. Si on peut, bien entendu, prendre plaisir à faire chaque jour ce que l'on sait bien faire et ce que l'on aime faire (écrire des romans, piloter une moto en compétition, manager des équipes, enseigner...), on conçoit aisément que dans le second cas la possibilité du plaisir soit comme mise entre parenthèses, ou laissée à quelques moments d'amitié ou de convivialité qui peuvent subsister malgré le caractère fastidieux de la besogne.

Or, et c'est ce qui me gêne dans la formule amusante de Confucius, je ne crois pas possible que chacun puisse vraiment choisir son travail, choisir un métier qui soit en même temps un plaisir. Nous sommes ici dans une sorte de situation idéale qui ne saurait servir de norme. Certes, il est important que chacun puisse viser un métier qui corresponde à ses goûts et à ses capacités, mais cette simple correspondance ne saurait suffire à transformer le travail en plaisir. Encore faut-il que ma profession me permette d'exercer et de développer mes facultés, c'est-à-dire de faire l'expérience de ce qui fait de moi un vivant perfectible. On touche ici à une autre différence entre travail-labeur et métier-passion : le premier épuise mes ressources physiques ou psychiques, tandis que le second me permet de les déployer, de les cultiver, de les faire fructifier.

Puisqu'il serait naïf de croire que chacun pourrait disposer d'un métier épanouissant, la tâche qui incombe aux managers est au moins de ne pas ajouter la dévalorisation personnelle à la mal-valorisation sociale. Il faut, pour cela, avoir conscience que certaines activités, sans doute utiles et nécessaires, ont quelque chose d'ingrat, et qu'il est par conséquent normal qu'elles soient vécues comme contraignantes et peu épanouissantes. Respecter celui à qui elles incombent, c'est valoriser sa personne, son courage, son opiniâtreté et bien entendu ses compétences. Cela passe par des gestes simples qui relèvent de ce que nous avons déjà désigné comme « reconnaissance ». La tâche est moins difficile quand sa difficulté est reconnue. Quand le travail n'est pas lui-même source de plaisir, je peux prendre plaisir à être respecté, considéré, apprécié pour ce que je sais faire et que je m'efforce de bien faire. Cela passe aussi par des dispositifs qui aménagent le cadre de travail, à défaut de pouvoir rendre celui-ci plaisant. Il ne s'agit pas de transformer l'entreprise en centre de loisirs, mais d'en humaniser le cadre. Certaines pauses, qui semblent parfois outrancières, peuvent constituer d'indispensables moments de ressourcement. Certains coups de téléphone privés, qui exaspèrent parfois les cadres, ont aussi une fonction « respiratoire ». Faute de pouvoir gagner sa vie sans travailler, il doit au moins être possible de travailler sans la perdre.

Quel rôle peut jouer le management ?

I. B. – J'aimerais maintenant demander quel rôle peut jouer le management dans ce concert souvent cacophonique. Soyons modestes, le management ne pourra pas tout : il lui est impossible de changer un emploi d'exécution en un métier-passion. En revanche, il doit contribuer à cet enrichissement du travail qu'attendent l'immense majorité des salariés.

Les leviers que je retiendrai sont au nombre de quatre, qui, s'ils sont activés, pourraient améliorer nettement la vie au travail de bien des personnes.

Le premier est de travailler sur les motivations intrinsèques, et non plus uniquement sur les motivations extrinsèques que sont le salaire, les compléments de rémunérations, le statut. Le bien-être au travail, qui passe par des conditions de travail considérées comme humaines, est un élément incontournable. On peut bien évidemment penser à des propositions inatteignables pour bien des organisations, comme les salles de sport, les salons de convivialité, les conciergeries d'entreprises. Il s'agit bien souvent de dispositions plus modestes, mais montrant l'écoute que l'on a pu avoir des salariés. Ainsi, penser l'organisation du travail, et particulièrement du temps de travail, est essentiel : combien de salariés ont à subir des temps partiels, des horaires décalés sans accompagnement spécifique, des coupures intempestives dont il est impossible de profiter à cause de l'éloignement du domicile ? Toutes ces pratiques sont à remettre en cause et déjà beaucoup d'entreprises, plus attentives, ont su montrer qu'il était possible d'avancer sur ces questions.

Le deuxième levier est de redonner du sens à toute mission, et bien sûr à toute tâche, aussi modeste soit-elle. Cela renvoie à la faible formation qu'ont de nombreux salariés quand ils intègrent un poste de travail sous-qualifié. Ce néo-taylorisme les met dans l'impossibilité de comprendre ce qu'ils font au jour le jour. Pour reprendre une parabole célèbre, il faut faire en sorte que le tailleur de pierre comprenne qu'il participe à l'édification d'une cathédrale, et non au seul équarrissement d'un bloc de marbre. Donner du sens à l'activité et évoquer régulièrement la contribution de chacun à la valeur globale de l'entreprise est essentiel.

Le troisième levier est la reconnaissance : reconnaissance de ce qui est bien fait, reconnaissance des efforts consentis, regard porté à la personne et non pas uniquement au salarié. Cette amputation de son identité est insupportable, et le manager, malgré les injonctions à la productivité et l'efficacité, doit comprendre qu'une nouvelle compétence managériale est cette capacité à appréhender ses collaborateurs comme des personnes à part entière.

Le quatrième levier est de redonner à chacun le sentiment de contrôler son activité ; les enquêtes montrent que, trop souvent, les salariés ont le sentiment de n'avoir aucune prise sur celle-ci. Ils ne peuvent attribuer à leurs efforts aucun succès, ni aucun échec d'ailleurs, leurs suggestions d'amélioration, leurs critiques sur la façon de faire ne sont jamais entendues. La perte de contrôle engendre une frustration immense. Il est donc important que le management puisse permettre aux personnes de contrôler leur espace de travail, à la fois physique (organisation du bureau, de l'atelier) et temporel (évaluation des allocations temps pour les tâches à réaliser).

Ces savoir-faire, qui rejoignent beaucoup les savoir-être, ne sont pas encore considérés comme légitimes dans le portefeuille de compétences du manager. Il va falloir s'y mettre pour relever le challenge proposé par le monde du travail. Il va falloir s'y mettre d'autant plus vite que la croissance du niveau d'éducation des jeunes générations accroît leur désillusion vis-à-vis du monde professionnel, désillusion causée par le déclin de statut qui accompagne leur entrée sur le marché du travail.

On observe ainsi la frustration et l'insatisfaction des jeunes diplômés face à un modèle social qui n'associe plus diplôme, travail et mobilité sociale, comme ils ont pu le croire en se référant au passé.

Y.-H. M. – Je me réjouis de ce que vous présentez comme des attentes qu'il faut essayer de satisfaire, ne serait-ce que pour des raisons pragmatiques qui, si elles n'ont pas la dignité des raisons morales, en ont parfois l'efficacité. Ce qui m'intéresse ici au plus haut point, c'est qu'elles permettent de saisir le travail comme une activité sociale, c'est-à-dire comme une activité vraiment humaine et humanisante. Il est vrai que ce n'est pas la même chose que de casser des pierres dans un bagne, même si celles-ci doivent servir à l'édification d'une cathédrale, et de les tailler dans une corporation d'artisans organisés en vue d'une mission valorisante. On touche là aux limites de ce que vous désignez sous le nom de néo-taylorisme, une parcellisation des tâches qui interdit d'en saisir le sens.

Heureusement, les managers ou les entrepreneurs qui ont commencé à prendre conscience de ce que vous indiquez ne sont pas si rares que cela. Ils ont compris que la financiarisation de l'économie conduit certaines entreprises à perdre en efficacité par le fait même que l'individu ne peut ni se soumettre à la simple vision utilitariste de son action, ni se considérer comme l'exécutant d'un objectif dont il n'est que le moyen.

On peut éventuellement imaginer Sisyphe heureux de pousser chaque jour son rocher à flanc de montagne, sans but et sans autre projet que ce geste solitaire. Mais ce serait supposer qu'un effort individuel et dépourvu de pertinence sociale, un travail non reconnu donc, puisse être source de plaisir. Difficile d'y croire. Il vaut sans doute mieux, ici, reconnaître avec Platon la dimension essentiellement sociale de la division des métiers qui est tout autre chose qu'une parcellisation des fonctions. Quand le philosophe, dans le livre II de *La République*, imagine l'origine de la cité, il part d'une idée simple, l'interdépendance des hommes qui, pour satisfaire leurs nombreux besoins, doivent compter les uns sur les autres et s'organiser pour instituer les conditions sociales de leur production économique. Le travail n'est plus ici simplement facteur d'intégration sociale, il devient lui-même sociogène parce qu'il est par excellence le lieu propre de la reconnaissance mutuelle des compétences. L'architecte a, d'une certaine façon, autant besoin du tailleur de pierres que le tailleur de pierres a besoin de l'architecte.

Il faudrait, à cet égard, essayer de donner un sens fort à un terme courant pour désigner les entreprises : le terme « société ». Une société, au sens propre, est formée de *socii*, non pas d'individus juxtaposés, mais d'associés unis par un projet commun. Or, on sait depuis l'Antiquité que, puisque l'homme est un animal social, c'est en société qu'il voit s'épanouir ses dispositions les plus authentiquement humaines, celles qui conditionnent son bonheur. Une entreprise n'est vraiment une société que si le projet qui la fonde n'est pas confisqué par quelques-uns, qui se contenteraient d'employer les autres. On ne peut, dans une société digne de ce nom, réserver aux uns le droit de définir les fins tandis que les autres se verraient imposer le statut d'« exécutants d'un objectif dont ils ne seraient que le moyen ». Le travail le plus ingrat peut devenir plaisant quand il est déjà socialisé et que, par lui, j'éprouve mon humanité en collaboration avec l'humanité d'autrui. Il faut d'ailleurs entendre ici le mot « collaboration » au sens propre : travailler avec. La dimension sociale du travail n'est pas une option, sauf à prétendre transformer l'homme en machine sans âme. Elle est son essence même. Tout travail authentique, ou plutôt tout exercice professionnel d'un travail authentique, est collaboration.

Pour revenir aux quatre attentes que vous indiquez, elles s'inscrivent donc bien dans cette vision essentiellement sociale de la vie professionnelle. Pouvoir travailler dans un environnement humanisé ; pouvoir donner du sens à ses activités (se sentir missionné) ; être reconnu, c'est-à-dire vraiment considéré comme un collaborateur et pouvoir garder le contrôle de son activité, ce sont bien là les conditions d'un travail humain, un travail pour des hommes et des femmes libres.

Où en est la concurrence travail-famille ?

I. B. – Une autre question s'ajoute à celle du bien-être au travail. Des enquêtes récentes permettent de situer le travail par rapport à l'identité des personnes. Leurs résultats sont édifiants (avec toutes les limites du déclaratif, déjà évoquées) et méritent d'être intégrés à notre réflexion.

Ainsi, dans l'enquête Insee *Histoire de vie - Construction des identités,* menée en 2003 auprès de 8 403 adultes vivant en France, les répondants placent la famille comme le domaine permettant le mieux de dire qui ils sont. Le travail arrive au deuxième rang, mais loin derrière avec 40 % de citations (viennent ensuite les amis, pour 37 %, puis une passion ou une activité de loisir, avec 29 %, et les lieux auxquels ils sont attachés, pour 28 %). Il est à noter que 7 % des répondants ont choisi le travail comme premier constituant de leur identité. Quel est leur portrait ? Il s'agit d'actifs occupés, ayant fait des études supérieures, appartenant à la tranche des 10 % des revenus les plus élevés, cadres ou professions intellectuelle ou indépendantes, et sans enfant de moins de 11 ans. De plus, trois critères professionnels sont associés à l'importance accordée au travail : exercer une profession permettant l'expression de soi (sont citées les professions de l'information, des arts, du spectacle) ; avoir des horaires longs et un travail qui occupe l'essentiel du temps (c'est le cas des cadres administratifs, commerciaux, commerçants, artisans, agriculteurs) ; être indépendant et donc souvent propriétaire de son outil de travail. On retrouve donc bien les critères déjà évoqués pour dessiner les contours d'un travail-plaisir ou d'un travail épanouissant.

Un phénomène tout à fait intéressant est la mise en concurrence du travail et de la famille. Ainsi, avoir des enfants contribue nettement à réduire l'importance accordée au travail. Il y a véritablement concurrence entre ces deux activités fortement consommatrices de temps et entre lesquelles il faut sans cesse arbitrer pour les allocations de ressources temporelles. Ce qui est mis au jour c'est la très difficile conciliation entre vie privée et vie professionnelle. Les femmes ayant gardé une activité professionnelle sont plus nombreuses que les hommes à pointer cette difficulté, beaucoup s'étant résolues à abandonner toute activité professionnelle pour rendre les choses possibles (80 % des femmes au foyer interrogées avaient travaillé, et 84 % d'entre elle s'étaient arrêtées pour s'occuper de leur famille).

Ces enquêtes confirment que le travail n'est pas perçu de la même façon selon l'activité exercée. On y retrouve aussi l'opposition entre travail-épanouissement et travail-nécessité, et on voit poindre l'attente forte d'une nécessaire conciliation entre vie privée et vie professionnelle.

Y.-H. M. – Il est vrai que l'idée selon laquelle le travail serait un vecteur d'identification est à la fois une idée qui ne va pas de soi et un lieu commun. Je suis toujours étonné de voir à quel point il est courant, lorsque l'on rencontre quelqu'un pour la première fois, de se présenter à lui par son métier, comme si cette étiquette disait l'essentiel de ce que nous sommes. Si cela ne va pourtant pas de soi, c'est parce que, *a priori*, savoir qu'Untel est boucher ou pharmacien ne m'apprend pas grand-chose sur lui. Mais d'un autre côté, pour lui, la façon dont il accomplit son travail a contribué pour une large part à la formation d'une identité susceptible d'être revendiquée avec plaisir.

Pour comprendre cela, il est sans doute indispensable de s'arrêter un instant sur la notion de plaisir, autour de laquelle nous tournons depuis un moment sans avoir pris soin de la définir. De façon générale, un plaisir est une satisfaction sensible éprouvée quand un besoin est comblé. J'ai plaisir à boire et à ne plus avoir soif. Je propose d'appeler ces plaisirs « plaisirs d'organe ». Ils sont communs à l'homme et à l'animal. Pourtant, avec l'homme, les plaisirs se compliquent au moins pour deux raison. La première, c'est que l'homme est homme en tant qu'il est capable de se représenter ce qu'il est. La seconde, c'est qu'il est homme en tant qu'il a la faculté d'agir, c'est-à-dire de se donner les moyens d'atteindre un but.

Or, comme l'a bien vu le philosophe contemporain Cornelius Castoriadis, il y a chez l'homme domination du plaisir de représentation sur le plaisir d'organe, c'est-à-dire du plaisir représenté sur le plaisir éprouvé. Cela a pour conséquence qu'un plaisir est proprement humain parce qu'il est organisé à partir de satisfactions symboliques. J'ai plaisir à me représenter, c'est-à-dire aussi à me présenter à autrui par mon statut professionnel quand ce dernier est bien le lieu d'une possible identification.

Mais le plaisir, en tant qu'il est humain, est aussi plaisir d'accomplir, c'est-à-dire de se construire soi-même à partir de ce que l'on fait. Cela n'est possible, écrivait déjà saint Thomas d'Aquin au XIIIe siècle, que si nos actions sont proportionnées à nos facultés ou accordées à notre nature, c'est-à-dire si elles expriment authentiquement ce que nous sommes.

Il va de soi que pour quelqu'un qui passe environ quarante heures par semaine au travail, ses actes les plus courants sont des actes professionnels. C'est donc par eux qu'il se construit, puisque nul, jamais, ne s'identifie à ce qu'il a dû subir. Nous nous faisons en exerçant nos facultés, non pas en subissant des contraintes. On pourrait retrouver ici une idée forte de l'existentialisme sartrien : l'homme est la somme de ses actes. Bien sûr, la formule ne doit pas être prise à la lettre. Je ne vois d'ailleurs pas très bien ce que serait une somme d'actes ! Mais elle ne nous aide pas moins à comprendre que l'homme est un vivant particulier, dont l'identité n'est pas donnée, mais toujours à faire. Ce n'est pas parce que je suis lâche que je fuis, mais parce que je fuis que je suis lâche. Mes actes, en tant qu'ils sont bien mes actes et non pas de simples comportements socialement ou psychologiquement déterminés, ne sont pas des façons de réagir à ce que je suis, mais les conditions d'une construction identitaire. Or, si le plaisir est toujours la satisfaction d'un désir, il n'est sans doute pas de désir plus humain, je dirais même plus humanisant, que celui d'être reconnu en son identité singulière, c'est-à-dire non substituable. C'est pourquoi poser le travail comme vecteur d'identification sociale, c'est l'articuler à la possibilité d'un plaisir opératoire, le plaisir d'accomplir ce par quoi je me construis.

Comment répondre à l'attente d'une articulation vie privée - vie professionnelle ?

I. B. – Nous sommes maintenant dans une société qui se caractérise par l'effacement des frontières entre vie privée et vie professionnelle, et par la fin du paradigme unité de lieu-unité de temps-unité d'action qu'avaient instauré la modernité ou le travail industriel. Le temps de travail n'est plus le temps au travail et notre activité connaît une fragmentation des temps et des tâches : on rédige un compte rendu de réunion au square, on participe à une *call conference* à la maison et, à l'inverse, on prépare ses vacances ou on fait ses courses en ligne au bureau (un employé passe 1 h 37 par jour sur Internet au bureau, 59 % de ce temps est à usage personnel, soit 53 minutes par jour).

Quelles causes pouvons-nous attribuer à ce phénomène ?

L'utilisation massive d'Internet, des smartphones, des mails nous permet, bien sûr, de démultiplier nos tâches comme nos interlocuteurs, tout en nous affranchissant du lieu et du moment. On peut aussi retenir l'injonction de

« réussir sa vie », qui pèse de plus en plus sur le temps privé et attribue aux activités hors travail un caractère beaucoup plus identitaire, donc à plus fort enjeu et à plus forte exigence. L'émergence de nouvelles formes de contraintes, comme le soin aux parents très âgés (nous sommes dans une société à cinq générations), démultiplie les obligations d'ordre privé et les adresse à un nombre plus grand de personnes, sans se limiter à la mère de jeunes enfants. Enfin, la part grandissante des femmes en emploi, surtout dans les sphères dirigeantes, fait prendre en considération cet enjeu et lui confère une légitimité. On peut faire l'hypothèse que certains secteurs de la société pourraient s'inscrire d'emblée dans ces nouveaux codes, compte tenu de leur taux de féminisation ; on peut citer la santé, la justice, l'éducation, le *care*.

Les études montrent que 95 % des salariés attendent une meilleure conciliation entre vie privée et vie professionnelle et que c'est leur première attente du monde du travail. Avant de poser la question du *comment* répondre à l'attente, il est important de bien poser le cadre de la problématique.

Pour résumer, je pourrais dire qu'une heure ne vaut pas une heure, car le temps a une dimension profondément culturelle. Comme le montrent les recherches interculturelles (ou tout simplement les voyages que nous pouvons faire pour nos loisirs comme pour notre travail), aucun pays, aucune culture n'ont le même rapport au temps ; la ponctualité, l'attente, la planification, toutes ces activités qui se rapportent à la gestion du temps, ne sont pas vécues de la même façon en France, en Allemagne, en Chine ou au Congo. De même, le temps industriel, que l'on peut qualifier de quantitatif et abstrait, ne se compare pas aux temps sociaux, par essence multiples et différenciés. On peut aussi voir la distance entre le temps au travail, qui est un temps linéaire, et le temps privé, fait de ruptures et d'irrégularités. Le temps du travailleur indépendant n'est pas celui du salarié ; le temps du commercial pas celui du marketing.

La longue domination masculine de la sphère professionnelle a renforcé ces oppositions en réduisant le temps hors travail à un temps de loisir ou de repos (de récupération même), en négligeant le temps domestique et en accordant une faible légitimité aux interruptions de temps de travail, tout particulièrement celle liée à la grossesse.

Il nous faut alors regarder l'organisation du temps domestique, c'est-à-dire celui réservé au foyer. Les chiffres sont parlants : ainsi, 70 % des tâches domestiques sont assurées par les femmes en France (chiffre d'une remarquable stabilité au cours des quinze dernières années) ; en outre, plus les écarts de revenus sont importants dans le couple et plus la spécialisation des tâches domestiques est grande. La présence d'un enfant en bas âge marque une rupture nette : 60 % des femmes avec un enfant de moins de 3 ans travaillent, contre 90,4 % des hommes, alors que 83 % des femmes avec un enfant de plus de 18 ans travaillent, contre 92,7 % des hommes. Et, comme souvent, il existe des spirales régressives : les femmes occupant les emplois à temps partiel ou précaires sont encore plus confrontées aux charges domestiques.

Y.-H. M. – Il est vrai que l'articulation du travail professionnel et des tâches domestiques est une question majeure. Cela me fait penser que, pour ce qui concerne les Grecs de l'Antiquité, seul le travail domestique, au sens large, était considéré comme un travail, qu'il s'agisse de l'entretien de la maison ou de l'éducation des enfants, qui étaient souvent confiés à des esclaves. Il s'agissait pour eux, comme l'a souvent rappelé Hannah Arendt, de se soumettre aux contraintes de la nécessité en veillant à ce que les fonctions basses de notre humanité, celles que l'homme partage avec l'animal, puissent se trouver satisfaites.

Les hommes, quant à eux, du moins s'ils étaient citoyens, avaient part aux « activités libres », ce qui signifie que, libérés des contraintes de la vie domestique, détachés de l'ordre de la nécessité, ils pouvaient satisfaire les exigences les plus élevées de leur humanité en participant à la vie politique ou en s'adonnant à la *scholè*, c'est-à-dire au loisir studieux, à la vie de l'esprit. Pour un peuple qui articulait le plaisir à la vertu, et la vertu à l'excellence de notre condition humaine, seule la vie de l'esprit, seules les activités contemplatives constituaient des plaisirs proprement humains parce que vertueux.

Ainsi, les Athéniens du temps de Périclès n'auraient jamais utilisé le terme « travail » pour évoquer leur activité intellectuelle et politique. Le travail avait pour eux quelque chose de servile, et c'est pour cette raison qu'il était réservé aux esclaves, ou au moins à ceux qui n'étaient pas citoyens parce qu'il leur fallait travailler pour survivre (les paysans, la plupart des commerçants...). Quant aux femmes de citoyens, elles étaient confinées dans une sorte d'entre-deux et devaient veiller sur la vie domestique.

Il est curieux que les représentations se soient à notre époque largement inversées. Le travail ne désigne plus guère que l'activité professionnelle, c'est-à-dire non domestique. D'ailleurs, d'une femme qui reste chez elle pour s'occuper des tâches domestiques et des enfants, on dit assez spontanément qu'elle ne travaille pas. Or, ce genre de représentations a ceci de pernicieux, surtout en régime de domination masculine, qu'il rend impensable l'idée d'un partage des tâches domestiques. Si la femme « ne travaille pas », il n'y a pas de travail à partager à la maison. L'homme, celui qui a travaillé durement, apparaît alors en droit de se reposer. Inutile d'épiloguer ici sur certains comportements, eux-mêmes liés à certaines représentations, qui ont largement contribué à certaines époques à l'asservissement domestique des femmes.

L'émancipation est sans doute venue du travail féminin. À partir du moment où les deux conjoints ont une activité professionnelle, le terme « travail » peut retrouver un sens distinct de celui de « métier » et se trouver appliqué aux tâches domestiques. C'est un travail que de faire les courses, passer la serpillère, aider les enfants à faire leurs devoirs… Ainsi, je vous rejoins tout à fait lorsque vous insistez sur le partage de ces tâches, non pas que cela entraîne automatiquement un plaisir du travail partagé, mais au moins parce que cela limite les risques de frustration et de ressentiment. Si le travail n'est pas en soi un plaisir, il est davantage plaisant de bénéficier d'une authentique reconnaissance familiale. Une société qui entendrait ainsi séparer ces deux temps du travail condamnerait donc probablement ses membres à une sorte de schizophrénie épuisante, ce qui est d'ailleurs parfois le cas. Il est donc sans doute vrai que l'avenir est à certaines initiatives globales, c'est-à-dire susceptibles de prendre en compte le fait que l'entreprise n'est pas le seul espace de travail. Là encore, on comprend bien que le travail est social dans son principe même, ce qui suffit à récuser le cynisme de ceux qui aiment s'entendre dire, quand on leur demande de prendre en compte le bien-être de leurs subordonnés, qu'ils « ne font pas du social ».

Quelles initiatives de la part des entreprises ? Et quels effets ?

I. B. – Nous allons constater, en effet, que rien n'est simple. Devant un tel tableau, le monde public comme le monde économique ont pris un certain nombre d'initiatives. La question qui compte est de pouvoir identifier leur impact.

Au premier rang de ces initiatives, on peut citer les congés parentaux rémunérés, les aménagements du temps de travail ou encore la prestation d'accueil du jeune enfant. Les entreprises proposent de plus en plus une flexibilité du temps de travail (choix des horaires, temps partiels, congés-interruptions de carrière). Elles mettent à disposition de leurs salariés des ressources relatives au hors-travail, touchant à des domaines divers comme la santé, avec des conférences, des campagnes de vaccination, des dispositifs de prévention ; l'aide pour le *care* ou la vie quotidienne, en proposant une assistance juridique, logistique ou psychologique ; l'accompagnement des projets personnels, avec des formations à l'associatif, à la création d'activité ou du temps libéré pour du bénévolat.

Malgré cela, 75 % des salariés en France trouvent que leur entreprise n'en fait pas assez dans l'articulation des temps privés et professionnels. Sur quels retours peuvent-elles compter ? Il est très clair que toutes les dispositions bien gérées qui permettent cette conciliation contribuent à ce que j'ai déjà défini comme la performance sociale de l'organisation et donc à la performance globale. En réduisant la fatigue très présente chez les femmes, due à la fameuse double journée, en diminuant le stress, la souffrance au travail (travaille-t-on bien avec un enfant malade ou en congé scolaire à la maison, pas ou mal gardé ?), elles contribuent à un meilleur bien-être au travail, à un meilleur climat social, et réduisent l'absentéisme – il est actuellement de 4 jours par an pour les femmes avec un enfant de moins de 5 ans contre 2,1 jours pour les hommes – ou encore les retards de prise de poste.

Si les entreprises se doivent de développer ce soutien organisationnel pour mieux gérer les contraintes privées, elles doivent aussi comprendre qu'elles travaillent à une création de potentiel équitable. Ainsi, avoir une vigilance sur les horaires des moments stratégiques (réunions de travail) ou veiller à diminuer l'importance des temps dits informels dans la promotion professionnelle permet de faire fructifier tous les talents et tous les potentiels, sans se restreindre à ceux ou celles qui se sont affranchis de toutes contraintes d'ordre privé. Néanmoins, la variable clé reste un meilleur partage du travail domestique et renforcer le soutien du conjoint est essentiel, comme ont pu le faire les entreprises et l'État espagnols en travaillant de concert, avec un droit d'ingérence dans la vie privée, guère prisé dans la culture française.

Il reste à rappeler que toute mesure doit être bien accompagnée pour donner tous ses résultats, et ne pas générer d'effets boomerangs, c'est-à-dire contraires à ce qui était attendu ou conçu comme objectif. Ainsi, je suis obligée de constater que les possibilités de temps partiels sonnent souvent le glas de la carrière, étant associés à du désengagement (c'est encore plus vrai chez les hommes que chez les femmes). D'une autre façon, le tout sur place (garderie d'entreprise, conciergerie) favorise une fidélité du personnel, pas toujours pour de bonnes raisons, puisque même des salariés frustrés, mécontents dans leur travail n'envisagent pas leur départ à cause de ces avantages. Les possibilités de travail à la maison augmentent souvent la charge mentale et les sentiments de frustration. Enfin, toutes ces politiques interpellent, voire menacent la cohésion sociale de l'organisation, son bien-vivre-ensemble, car vient le temps des priorisations mal vécues ou mal interprétées. Est-il plus légitime d'accorder son mercredi après-midi ou un 80 % de temps à un parent d'enfant en bas âge plutôt qu'à un fils ou une fille devant accompagner un parent très âgé ou encore à un encadrant de projet associatif, sportif ou caritatif ?

Je m'empresse de dire que ces questions visent la mise en œuvre souvent mal gérée de ces actions et non leur bien-fondé. Il est donc essentiel de bien anticiper ces possibles effets négatifs, tant la conciliation vie privée-vie professionnelle est un préalable à l'épanouissement de chacun et de chacune au travail, et peut être aussi dans la sphère privée.

Y.-H. M. – Nous sommes donc en train de saisir l'essence même du travail qui n'est pas une activité privée d'enrichissement personnel, mais, comme l'avait compris Hegel, une médiation sociale entre l'homme et la nature. Car tout travail est socialement organisé à partir d'intérêts reconnus comme communs et, pour cette raison, tout travail a fondamentalement affaire à l'humain. Qu'on le veuille ou non, le travail est une activité sociale qui intéresse l'homme en ce qui fait l'essentiel de son humanité. Il est ce qui le fait passer de la sphère privée à la sphère sociale, et c'est pour cette raison qu'une véritable politique du travail est non seulement légitime, mais sans doute nécessaire.

Revenons quelques instants à Hegel. En analysant la figure de la société civile, celui-ci y découvrait d'abord la famille, où l'individu comprend qu'il n'accède à lui-même que par la grâce d'une relation lui permettant de saisir simultanément ce qu'il a de commun avec d'autres et ce qu'il a de particulier. Ainsi, c'est en famille que l'on apprend à viser ses propres buts. Mais dans ce cadre familial, mes besoins sont satisfaits grâce au travail d'un autre et mes droits restent des droits domestiques, accordés sous forme d'autorisations qui peuvent tout aussi bien m'être retirées. En quittant sa famille pour aller gagner sa vie, celui qui n'est déjà plus un enfant apprend à conquérir par ses propres forces ce qu'il ne peut plus simplement recevoir d'un autre. C'est là, pour Hegel, l'essence du travail. Mais si ce travail me laisse articulé à la nature, puisque je travaille pour subvenir à mes besoins naturels, il me confère aussi des droits réels, c'est-à-dire des droits socialement et politiquement garantis. Or, ces droits réels sur les biens que j'ai produits ne sont plus des droits singuliers, mais, parce qu'ils sont politiquement reconnus, des droits universels. C'est donc par mon travail que j'entre dans la sphère des droits concrets, qui me font découvrir en moi quelque chose qui n'est pas exclusivement ordonné à la satisfaction de mes besoins privés. Le travail m'humanise donc en me socialisant, en socialisant mon existence. Mieux que cela, il est ce à partir de quoi se structure la sphère sociale.

Si nous suivons cette analyse hégélienne développée dans les *Principes de la philosophie du droit*, analyse que je n'ai bien entendu fait que résumer très rapidement, on comprend que le travail n'est ni une activité purement privée, ni une activité sociale parmi d'autres. Il est l'élément structurant de la société civile, ce à partir de quoi des individus se distinguent réellement en raison de la diversité de leurs métiers, tout en se reconnaissant quelque chose d'irréductiblement commun, c'est-à-dire des droits. C'est pourquoi les entreprises auraient tort de considérer le travail comme une activité séparée qui ferait l'objet d'un contrat de droit simplement privé. Ce serait déjà nier ce que le travail a à la fois d'humain et d'humanisant. C'est là une belle gageure sans doute qui devrait exciter notre ingéniosité : inventer des formes nouvelles de rapport entre vie professionnelle, vie sociale et vie familiale qui permettent d'éviter le piège d'une compartimentation anxiogène. Mais attention, mettre en rapport n'est pas confondre ! L'entreprise qui voudrait gérer le tout de ces trois domaines serait, au sens propre, totalitaire.

Alors, travailler ou s'épanouir, faut-il choisir ?

I. B. – Pour essayer de synthétiser, nous pouvons affirmer que le refus de choisir entre travail et épanouissement prend des visages très divers, qui peuvent s'organiser autour de deux pôles antagonistes : le choix d'un travail-passion et celui d'un travail utilitaire finançant l'épanouissement hors travail.

Entre ces deux extrêmes se développe toute la gamme des accommodements et des ajustements possibles qui convergent vers une attente irréductible : la conciliation des temps privés et des temps professionnels. L'équilibre de vie du plus grand nombre tient à cette condition. Nous identifions là des enjeux qui dépassent largement ceux de l'entreprise, et qu'on peut qualifier sans hésiter de « fait social total ». En effet, tout le monde ou presque est touché par ce besoin. Certes, cette articulation des temps ne garantira pas forcément à tous l'épanouissement au travail, mais, si, dans une version plus modeste, elle permet de se sentir mieux entre ces deux sphères constitutives de la vie, ce serait certainement une avancée notable de nos sociétés.

Il faudra, pour ce faire, savoir constituer des relais entre organisations et institutions, pour travailler dans l'efficacité du temps court, mais aussi s'assurer de la pérennité des dispositifs. Il est clair aussi qu'il nous faut avancer vers une société « post-TIC », c'est-à-dire une société où l'utilisation des TIC sera mieux gérée et moins pourvoyeuse de fragmentation du temps. Certes, la technologie devrait s'adapter et éviter tous les dégâts collatéraux que nous pouvons observer, mais il faut dès à présent apprendre des gestes de rééducation visant à savoir garder du temps pour soi, savoir se « déconnecter ». Des entreprises pionnières l'ont bien compris en interdisant par exemple les mails du vendredi soir au lundi matin, ou en instituant une journée sans mails.

Il nous faut aussi comprendre que le temps hors travail n'est pas du temps gratuit, mais bien un temps à forte valeur sociétale et économique. Des activités comme le travail domestique, la vie associative, le bénévolat font avancer nos sociétés, qui ne sauraient faire sans. Il ne s'agit pas seulement de signes de reconnaissance, mais bien d'un accord sur l'importance économique de ces activités, qui sont souvent le ciment de la cohésion sociale (pensons au rôle d'associations comme Les Restos du cœur).

Une autre clé pour avancer dans la constitution de nouveaux équilibres est la reconnaissance des compétences mises en œuvre dans ces activités : être trésorier d'un club sportif ou organiser la logistique de distribution de colis humanitaires mobilisent des savoirs, des savoir-faire et des savoir-être souvent largement ignorés par l'entreprise, laquelle ne donne pas au salarié l'opportunité de dire qui il est vraiment. La validation des acquis de l'expérience œuvre déjà dans ce sens, mais plus dans les principes que dans la mise en application.

Les travailleurs (c'est bien ce terme que je retiens) rêvent de sortir de la schizophrénie où l'héritage du monde industriel les a enfermés : ils veulent sortir de l'équation où travail et épanouissement sont un jeu à somme nulle. Ils veulent, comme le dit Jacques Higelin, que « la vie ne soit pas ce qui leur arrive quand ils sont en train de faire autre chose ». Et ils ont bien raison.

Y.-H. M. – Merci pour cette conclusion qui me laisse peu de choses à rajouter. Il y a bien entendu des raisons d'espérer, puisque nous avons vu que, si le travail n'est pas en tant que tel un plaisir, nous ne sommes pas condamnés à vivre tout travail comme « forcé ». Parce qu'il est par essence une activité sociale, il ouvre la perspective de certaines satisfactions proprement humaines impliquant cette reconnaissance par autrui sans laquelle je suis un peu moins qu'humain. Il y a certes encore bien des choses à inventer pour humaniser le travail, et faire du travail un vecteur d'humanisation. J'en retiendrai deux :

1. Ne pas réduire le travail à un jeu de compétences techniques. S'il n'y a pas de travail sans certaines formes

de savoir-faire, un travail n'est jamais réductible à la mise en œuvre de ce savoir-faire. Après tout, le bagnard peut être passé expert dans la casse des blocs de pierre sans en tirer la moindre conscience de son humanité. La primauté contemporaine de la technique pousse, parfois, à inventer des conditions de travail dont le rythme et la structure sont déterminés par des machines, ce qui aboutit à une « machinisation » de l'homme. On connaît tous les exemples de procédures informatisées si bien bouclées qu'elles ne laissent aucune place à l'initiative raisonnable. Comme vous le dites, ce n'est pas à l'homme de s'adapter aux outils techniques qu'il a su inventer, c'est à la technologie de s'adapter au génie propre de l'humanité. Il n'y a rien de gratifiant, pour un travailleur moderne, à être devenu l'esclave d'une machine. Notons d'ailleurs que, même dans certains métiers dits intellectuels, les procédures techniques deviennent souvent les uniques critères d'évaluation. Même dans l'Éducation nationale, l'acte d'enseigner est parfois traité par certains formateurs ou certains inspecteurs comme une simple procédure technique. Or, là où la technique règne en maître, la bêtise n'est jamais bien loin.

2. Je vous rejoins aussi dans votre souci de faire droit à la transitivité des compétences. Une compétence uniquement professionnelle qui ne vaudrait pas comme compétence sociale serait une compétence sèche et sclérosée. De même, une compétence socialement acquise qui demeurerait inemployée dans la sphère professionnelle serait une sorte de gâchis. Aucun employeur n'a intérêt à collaborer avec des individus morcelés. Un humanisme intégral exige au contraire que chaque personne puisse exister sur les diverses scènes de sa vie sociale en ce qui fait toute sa personne. Il y a là sans doute, pour

l'entreprise, des richesses insoupçonnées à exploiter. Et pour les salariés, la possibilité de ne pas se trouver condamnés à une sorte de schizophrénie ordinaire. La bonne nouvelle, ici, c'est que nous avons toutes les raisons de nous montrer inventifs en refusant de choisir entre les intérêts d'une entreprise et ceux d'une humanité complexe, qui ne saurait rejeter toute possibilité de se plaire à ses tâches.

*

* *

POUR ALLER PLUS LOIN

Jean Viard, *Nouveau portrait de la France : la société des modes de vie*, Éditions de l'Aube, 2012.

David Courpasson et Jean-Claude Thoenig, *Quand les cadres se rebellent*, Vuibert, 2008.

John Kenneth Galbraith, *Mensonges de l'économie, vérités pour notre temps*, Grasset, 2004.

Dominique Méda, *Le Travail : une valeur en voie de disparition*, Aubier, 1995.

Marie Pezé, *Ils ne mouraient pas tous mais tous étaient frappés*, journal de la consultation « Souffrance et Travail » 1997-2008, Pearson, 2008.

Nietzsche, *Aurore*, § 173 (nombreuses éditions disponibles).

Hannah Arendt, *La Condition de l'homme moderne*, chapitre 3 (« Le travail »), Calmann-Lévy, 1983.

Gérard Haddad, *Tripalium. Pourquoi le travail est devenu une souffrance*, François Bourin, 2013.

3

Du « bon chef » au chef d'orchestre : les métamorphoses du pouvoir dans les entreprises

Pourquoi parler de métamorphoses du pouvoir ?

Isabelle BARTH – Les entreprises sont indéniablement des lieux de pouvoir, pouvoir symbolisé par l'organigramme et orchestré par la hiérarchie. Pourtant, cette notion de pouvoir est rarement traitée en tant que telle en management. Si l'on interroge un manager sur cette question, il vous répond que le problème n'est pas là, que le pouvoir en tant que tel ne l'intéresse pas, c'est ce qu'il permet de réaliser qui est l'objectif, pas de « régner » sur ses collaborateurs.

Je peux d'emblée faire deux observations. La première est que l'exercice du pouvoir dans l'entreprise a son fonctionnement propre, éloigné de celui d'autres organisations comme l'armée, les corps idéologiques ou religieux, ou encore les organisations qui relèvent de *groups of peers*, et ce sont ces spécificités qui m'intéressent. La seconde est que la notion de pouvoir dans l'organisation évolue, dans la lecture que l'on peut en avoir comme dans les modalités de sa pratique. De nouveaux équilibres se mettent en place, de nouvelles configurations apparaissent, habitées par des modalités de relations différentes entre les personnes. Si Butera a su décrire le passage du « château » au « réseau » dès le début des années 1990, j'observe, dans le même sillage, une évolution de ce qui a pu incarner le pouvoir dans les entreprises. Si la figure du manager reste emblématique et souveraine, la façon qu'il a d'exercer son pouvoir se métamorphose, qu'il en ait conscience ou pas. Il est en effet toujours intéressant de regarder le pouvoir par le bas, en interrogeant ceux et celles qui sont dirigés. On constate alors que ce qu'on pouvait appeler l'« obéissance » ne va plus de soi. L'ordre reçu n'est plus indiscutable, le devoir de remise en cause s'exerce de plus en plus souvent, la prise de parole est facilitée par les technologies de la communication. Le manager et le management doivent composer avec cette nouvelle donne.

On observe alors que les modalités hiérarchiques classiques laissent place à des relations plus complexes, sachant que les enjeux stratégiques des entreprises restent les mêmes. Il ne s'agit plus, pour le manager, d'imposer, mais plutôt d'amener les personnes qu'il encadre à prendre des décisions, à mener des actions auxquelles elles croient et qui ont du sens pour elles, et qui, dans le même mouvement, seront au service du projet global de l'organisation.

Yann-Hervé MARTIN – Ce que vous pointez ici renvoie à ce qui est communément ressenti comme une crise de l'autorité. Le constat est presque trivial, les grandes figures classiques de l'autorité, le patron, le curé, l'instituteur, ne correspondent plus à des fonctions dont l'autorité serait indiscutée. Cette crise de l'autorité est donc le revers d'une crise de l'obéissance.

Mais une crise, ce n'est pas nécessairement une faillite. Il existe des crises qui sont des crises de croissance ou qui sont l'occasion de réformes, de mutations psychologiques ou institutionnelles. Ce qui est couramment désigné comme « crise de l'autorité » me semble ainsi moins relever d'un déni d'autorité ou d'un refus d'obéissance que d'une remise en cause des conditions de légitimité de tout pouvoir. Il existe, certes, des patrons, des curés ou des instituteurs qui ont de l'autorité. Mais il ne suffit plus, aujourd'hui, d'appartenir à la hiérarchie pour se faire obéir sans discussion, ce qui signifie aussi que la hiérarchie n'est plus adossée à une représentation sacrale du pouvoir, comme c'est le cas dans les sociétés traditionnelles. La hiérarchie, en effet, c'est littéralement la sacralisation (*hieros* = sacré) des structures de pouvoir (*archè* = pouvoir). Il est d'ailleurs intéressant de relever que le grec *archè* dit aussi le commencement. Le pouvoir n'est donc pas seulement le pouvoir de commander, il est aussi le pouvoir d'initier, de faire commencer quelque chose de neuf. Cette distinction recoupe peut-être celle que vous esquissez entre ce que le pouvoir permet de réaliser et l'exercice d'un « règne », je dirais plutôt d'une domination.

Il faut en effet distinguer le pouvoir de faire faire, qui ne va certes pas sans puissance de commander, de la domination. Pour dominer l'autre, il suffit en quelque sorte d'être assez fort pour imposer sa volonté. Cette force peut être, bien entendu, la force physique, mais puisque, comme le remarquait déjà Rousseau dans *Le Contrat social*, nul n'est assez fort pour rester toujours le maître, il est nécessaire que le droit vienne relayer la force pour substituer le pouvoir de mobiliser à la contrainte ou à la coercition. L'autorité serait alors le pouvoir de faire faire en mobilisant plutôt qu'en contraignant. Mais ce pouvoir de faire faire est en même temps puissance d'agir, d'initier, de mobiliser, de mettre en œuvre des moyens ordonnés à des objectifs. J'aime d'ailleurs rappeler que la langue latine ne connaît pas cette forme syntaxique de redoublement du verbe « faire ». Quand les Romains disent « *Caesar pontem fecit* », cela ne veut pas dire, bien entendu, comme pourrait le laisser croire une traduction littérale, que César a fabriqué un pont de ses propres mains. Cela veut dire qu'il a « fait faire » un pont, qu'il a eu le pouvoir de mobiliser des ressources humaines, matérielles et institutionnelles pour lancer les travaux qui ont abouti à la construction d'un pont. Mais d'une certaine manière, il est alors le *pontifex,* le constructeur de pont. De la même façon, un cadre qui mobilise ses hommes pour un grand projet est bien celui qui manifeste ainsi non seulement son autorité, mais aussi sa puissance d'agir. J'ai exploité l'image du bâtisseur, dont le projet implique le projet personnel de ses subordonnés ; j'aurais pu prendre sans doute celle du chef d'orchestre.

Le pouvoir : un concept polymorphe, amorphe, voire décevant ?

I. B. – Weber a dit du pouvoir qu'il était un concept « mal défini, polymorphe, voire amorphe », et March et Williamson qu'il était « décevant ». Il s'agit en effet d'un concept finalement peu mobilisé en sciences économiques ou en sciences du management, son pouvoir explicatif et opératoire semblant insuffisant pour aider à l'interprétation des phénomènes observés dans ces domaines. Il est vrai qu'il s'accommode mal de la vision classique dominante en économie de l'échange et de ses corollaires : l'équilibre et la libre concurrence. Ce sont des auteurs plus récents et plus hétérodoxes qui en ont perçu toute la richesse en pointant que la formation du profit est conditionnée par des formes diverses de pouvoir et de coercition, économiques, politiques, sociales, internationales. Finalement, les relations économiques sont aussi des luttes pour le pouvoir par les entreprises et ceux qui les dirigent.

Si nous quittons le regard macroéconomique, c'est dans la sociologie, avec des auteurs comme Crozier et Friedberg, qu'on trouve une prise en compte du pouvoir centrée sur les relations interindividuelles, lui conférant une certaine opérationnalité et « actionnabilité ». Ainsi, pour Foucault, il n'y a de pouvoir qu'exercé par les uns sur les autres, le pouvoir n'existant qu'en actes. Les définitions du pouvoir sont nombreuses, mais elles convergent toutes pour affirmer que le pouvoir suppose une relation asymétrique, qu'il ne peut s'abstraire d'une vision stratégique (des acteurs en présence) et que tout pouvoir infère la notion de résistance (même faible, voire inexistante, dans le cas de l'obéissance totale).

C'est cette vision « par le bas », c'est-à-dire du point de vue de la personne sur laquelle s'exerce le pouvoir, qui va permettre de distinguer le pouvoir de l'autorité, deux notions très proches, intriquées et pourtant distinctes. Cette distinction va nous permettre de mieux comprendre ce qui se joue dans les entreprises.

Y.-H. M. – C'est très juste, tout pouvoir implique une résistance qui peut aller du refus pur et simple à l'obéissance bougonne. Il y a peut-être deux façons de comprendre ce phénomène.

On peut d'abord rappeler que le désir du pouvoir n'est pas l'apanage de ceux qui l'ont obtenu, comme si certains étaient nés pour obéir et d'autres pour commander. Bien des philosophes, et non des moindres, ont su reconnaître en l'homme un instinct de domination qui existe en chacun. Pascal, à la suite de saint Augustin, l'appelait *libido dominandi* et y voyait à la fois un signe d'orgueil et un symptôme de notre misère. Un signe d'orgueil, parce que c'est une façon d'affirmer la loi du « moi » contre les revendications d'autrui. Chacun veut être le maître ! Un signe de notre misère, parce que tout pouvoir est frustrant dès lors qu'il est limité. Le pouvoir dont nous disposons ne nous console jamais pleinement de celui auquel nous aspirons. C'est peut-être pourquoi la sagesse populaire nous rappelle que tout pouvoir risque de tourner à l'abus de pouvoir.

Ainsi, celui qui commande n'est pas celui qui serait animé par une *libido dominandi* s'exerçant sur des subordonnés enclins à l'obéissance. Dans cette optique, tout pouvoir s'exerce sur des individus qui veulent leur part du pouvoir et qui ne consentent à obéir que pour mieux ménager leurs intérêts propres. Disons-le autrement : nous n'obéissons jamais aussi bien que quand nous avons compris que notre obéissance nous vaudra peut-être la considération de nos « supérieurs », c'est-à-dire un pouvoir réel (une promotion) ou symbolique (une reconnaissance).

On voit ainsi que la mise en partage universelle de la *libido dominandi* implique des résistances sans rendre impossible la puissance de mobiliser. C'est souvent l'appétit du pouvoir qui nous motive, même lorsqu'il s'agit d'obéir. Mais d'un point de vue économique, ces « vices » aussi communs qu'ordinaires ont leur vertu propre. Kant l'avait remarqué il y a plus de deux siècles, lui qui notait dans la quatrième proposition de *L'Idée d'une histoire universelle* qu'il y a en l'homme une force qui le « pousse à vouloir tout diriger dans son sens ; et de ce fait, il s'attend à rencontrer des résistances de tous côtés, de même qu'il se sait lui-même enclin à résister aux autres ». Mais il rajoute aussitôt : « C'est cette résistance qui éveille toutes les forces de l'homme, le porte à surmonter son inclination à la paresse, et, sous l'impulsion de l'ambition, de l'instinct de domination ou de la cupidité, à se frayer une place parmi ses compagnons. » « Vice privé, vertu publique », pourrait-on dire à la suite de Mandeville, dans la célèbre fable des abeilles ! L'instinct de domination, parce qu'il est universellement partagé, serait au principe de la mise en concurrence des talents et, à ce titre, facteur de progrès.

On peut aussi comprendre cette résistance au pouvoir d'une autre manière en évoquant une sorte de principe d'inertie. En physique, quand un corps en mouvement vient heurter un corps immobile, il ne lui transmet pas la totalité de sa quantité de mouvement. Il y a une déperdition due à l'inertie, qui tend à maintenir un corps dans le mouvement ou le repos qui est d'abord le sien. De même, dans une situation de commandement ou de management, le pouvoir implique une force qui vient toujours buter sur une certaine inertie de ceux sur qui il s'exerce. On a tous des exemples de la trop fameuse réplique à un projet qui viendrait modifier des habitudes bien ancrées : « Bah, on a toujours fait comme ça, on ne voit pas bien pourquoi changer. » Entendons-nous bien, cela ne veut pas dire que les chefs auraient le monopole du dynamisme et de l'inventivité tandis que les subordonnés seraient conservateurs par nature. L'inertie d'un corps se révèle dès qu'une force agit sur lui. Cela vaut aussi bien pour l'esprit des cadres que pour ceux des employés. C'est sans doute là une loi du pouvoir qu'un manager doit conserver à l'esprit : toute force exercée sur une conscience provoque une résistance inertielle et implique une déperdition d'énergie.

Quelles différences entre le pouvoir et l'autorité ?

I. B. – La littérature en management a du mal à distinguer entre pouvoir et autorité, et les mots sont employés l'un pour l'autre. Ainsi, pour Weber, il existe deux conceptions du pouvoir : le pouvoir (*Macht, power*) considéré comme l'attribut d'un individu, sa capacité à exercer de l'influence et à faire prévaloir sa volonté sur les autres ; et celui qui se définit comme la capacité de faire exécuter un commandement (*Herrschaft*) – il s'agit alors d'un pouvoir lié au statut, à la fonction, à l'existence d'une organisation, un pouvoir institutionnalisé. Il y a donc, comme le rappelle Mary Parker Follett, un pouvoir lié à l'individu et inaliénable, et un pouvoir aliénable et qui peut donc être délégué.

C'est ce pouvoir institué, dont l'existence est consubstantielle à l'organisation, qui installe la capacité à faire exécuter un commandement. Dans le discours managérial, la conception microsociale du pouvoir décrit l'exercice de l'influence d'un individu sur un autre et peut se formuler ainsi : A exerce un pouvoir sur B dans la mesure où il obtient de B une action que ce dernier n'aurait pas effectuée autrement. C'est la compréhension des dispositifs rendant possible l'exercice du pouvoir qui est l'objet du chercheur en management et qui peut répondre aux attentes d'opérationnalité du manager en action.

Si le pouvoir est toujours vu par celui qui le détient comme une « capacité à produire ou à modifier des résultats en fonction de ses objectifs et des besoins propres », la puissance opératoire du concept d'autorité réside dans une vision par celui sur qui elle s'exerce. Herbert Simon le formulait ainsi : « Une personne accepte l'autorité lorsqu'elle reçoit d'autres personnes les prémisses qui seront les facteurs de sa propre décision. »

C'est donc, *de facto* et malgré leur proximité, l'autorité plutôt que le pouvoir qui est le concept le plus pertinent à mobiliser pour comprendre le fonctionnement des entreprises et des relations managériales. C'est la mise en œuvre de l'autorité et les conditions de cette mise en œuvre qui sont l'enjeu de notre analyse, avec une mise en perspective critique.

Y.-H. M. – Je suis tout à fait d'accord pour dire avec vous qu'en ce qui concerne les relations managériales, le concept d'autorité est plus pertinent que celui de pouvoir, surtout si ce pouvoir, comme on l'a compris, est essentiellement pouvoir de faire faire, c'est-à-dire pouvoir de mobiliser les ressources d'une équipe pour atteindre des objectifs, lesquels ont vocation à être compris comme des objectifs communs. S'il suffit d'avoir du pouvoir pour contraindre quelqu'un à réaliser une tâche, il faut de l'autorité pour faire accueillir un projet particulier comme un projet commun, susceptible de mobiliser les énergies dans le cadre d'un travail en équipe.

Je crois qu'il est important de bien comprendre que le pouvoir est attaché à une fonction plutôt qu'à une personne. Un officier a le pouvoir de se faire obéir d'un homme du rang, non pas parce qu'il est tel individu particulier, mais simplement parce qu'il est officier. Le pouvoir qui est le sien est donc parfaitement substituable : il est toujours possible de remplacer un officier par un autre officier, un recteur par un autre recteur, un cadre dirigeant par un autre cadre dirigeant. Disons-le autrement : si j'ai le pouvoir, c'est parce que ce pouvoir m'a été donné et qu'il peut, par conséquent, m'être retiré. Qui plus est, comme il n'est pas attaché à ma personne, mais à ma fonction, je peux le déléguer en totalité ou en partie à ceux qui commanderont en mon nom, c'est-à-dire comme représentants d'un pouvoir qui les mandate.

L'autorité, en revanche, ne s'institue ni ne se décrète. Personne ne peut me conférer l'autorité. C'est elle qui est attachée à ma personne, parce que l'on me reconnaît de l'expérience, des compétences, des qualités particulières ou ce qu'on appelle parfois un charisme. C'est pourquoi elle ne saurait, me semble-t-il, être déléguée. D'ailleurs, il est assez remarquable que l'autorité sans les attributs personnels de l'autorité tourne vite à l'autoritarisme qui en est le simulacre. Celui qui a de l'autorité n'a aucun besoin d'en rajouter, de forcer le trait, ou la voix, ou la posture. L'autorité qu'il manifeste est son autorité, alors que le pouvoir est toujours délégation de pouvoir. Un chef d'État républicain, d'ailleurs, exerce le pouvoir au nom du peuple qui l'a élu.

Par conséquent, un manager a plus besoin d'autorité que de pouvoir. Mais son autorité ne lui sera jamais conférée depuis le haut. Ses supérieurs peuvent lui donner le pouvoir, mais son autorité n'existe que d'être reconnue par ceux sur qui elle s'exerce, ce qui, cette fois, semble aller dans le sens de la formule de Herbert Simon.

Comment le commandement a-t-il évolué ?

I. B. – En définitive, nous pouvons résumer par l'idée assez simple que le pouvoir lié au statut et le pouvoir lié à la personne (que nous nommons autorité) sont intimement liés et se renforcent mutuellement. Je vous propose de passer maintenant à la question de l'exercice du pouvoir avec le commandement. Les premiers théoriciens du management, qui étaient très proches de l'action, c'est-à-dire Taylor ou Fayol, ont mobilisé très tôt la notion de hiérarchie et de commandement.

Ils vont ainsi toucher au nœud central de l'exercice du management, c'est-à-dire trouver l'équilibre délicat et précaire entre implication volontaire des salariés et contrainte ou coercition de la part de l'encadrement. Finalement, le management s'inscrit dans une relation spectrale, qui va du consensus spontané à l'exercice de l'autorité la plus totale. C'est bien entre ces deux pôles, qui ne sont jamais complètement incarnés, que se situent les organisations, et les managers alternent, revendiquent des postures s'inscrivant entre ces deux extrêmes. Comme dans tout processus dynamique, ce sont bien aussi ces deux forces antagonistes qui vont s'affronter en permanence pour produire l'énergie humaine, l'intelligence, la force dont l'entreprise a besoin pour mettre en œuvre ses projets, grands ou petits, au service de sa stratégie.

Comme dans toute construction théorique de phénomènes polymorphes, liés à l'homme en société, il est possible *ex post* de repérer les « grandes visions » dans lesquelles s'est inscrite la définition d'un concept. On peut distinguer trois grandes périodes pour ces questions d'autorité et de commandement en management. La première (jusqu'à la fin de la Seconde Guerre mondiale) serait du registre moral, on évoque alors le « bon chef », celui dont le commandement est inspiré du sens du devoir. On entre avec les Trente Glorieuses (sous l'impulsion aussi, dès les années 1950, de travaux de psychosociologues menés dans l'armée américaine) dans le registre du *leadership*, incarné sur la scène internationale par de grandes figures politiques, même s'il ne s'agit pas toujours de *leaders* positifs. Si le monde s'organise en deux blocs politiques avec à leur tête des *leaders* incarnant la force et la détermination de chacune des forces en présence, le manager ne peut faire moins que devenir la figure et l'incarnation de son entreprise. La facilité, au cours de cette période, avec laquelle les entreprises naissent et croissent ajoute encore à cette croyance et à l'héroïsation de l'entrepreneur. Enfin, et nous y sommes peut-être encore, le début des années 1980 et des difficultés économiques annonce une vision plus interactionniste de l'autorité. C'est sous l'angle de l'interdépendance entre le responsable hiérarchique et son subordonné qu'est analysée la relation d'autorité. Comme on le verra plus avant, le « donnant-donnant » est au centre de cette approche. Dans le même temps, et comme en écho, s'affirme aussi une vision du *leadership* charismatique et transformationnel. Ce style managérial est en phase avec une période qui valorise le changement de façon presque idéologique. On note cependant que ce courant, qui renouvelait le *leadership* de façon quasi mystique et religieuse, est en perte de vitesse dans les entreprises.

Le retour à des *leaders* plus authentiques, plus humbles semble de mise.

Si ces courants correspondent bien à l'esprit du temps et s'expliquent par l'encastrement des structures, des idées et des représentations entre les différents mondes (économie, politique, opinion, art), ils n'engendrent pas une succession de comportements purs ou archétypaux. Ils dessinent des tendances et n'interdisent pas la cohabitation de styles de management différents. Ils permettent aussi de décrire et d'avancer dans la résolution de certaines énigmes, comme celle qui sous-tend notre questionnement sur le pouvoir et l'autorité : pourquoi obéit-on ?

Y.-H. M. – Question décisive en effet. Pourquoi obéit-on ? Et à cette question, il est difficile de répondre si on n'a pas d'abord compris ce qu'est l'obéissance. Or, l'obéissance n'est pas la soumission. Se soumettre, c'est céder contre son gré à une force supérieure à la nôtre. Et, comme le note ironiquement Rousseau, toujours dans *Le Contrat social*, l'exercice d'une force ne confère aucun droit : « Sitôt que c'est la force qui fait le droit, l'effet change avec la cause ; toute force qui surmonte la première succède à son droit. » Se soumettre à la force n'est donc rien d'autre qu'un aveu de faiblesse et, pour ne pas avoir à se soumettre, il suffit alors de faire en sorte d'être le plus fort.

L'obéissance est autre chose. Loin d'exclure ma liberté, elle est aptitude à reconnaître la légitimité de celui qui ordonne. Obéir n'est pas céder à la force, c'est reconnaître un droit de commander. C'est consentir librement à un principe d'ordre nécessaire à la poursuite d'un but commun qui peut être politique, militaire, commercial.

Ainsi, on n'obéit pas parce qu'on a une âme servile, ni par faiblesse, mais parce qu'on reconnaît que l'ordre auquel on obéit est pertinent. Il y a bien dans la relation de celui qui commande à celui qui obéit la conscience d'un donnant-donnant ou, comme vous le dites, une vision interactionniste de l'autorité. J'obéis parce que j'ai conscience de pouvoir gagner plus en obéissant qu'en désobéissant, mais surtout parce que je reconnais le bien-fondé de l'ordre qui m'est donné. C'est pourquoi toute autorité véritable doit pouvoir rendre raison de ce qu'elle ordonne. Pour soumettre quelqu'un, il n'est nul besoin de raisons. Celle du plus fort, comme dit la fable, est toujours la meilleure ! Mais pour exercer l'autorité, il faut pouvoir susciter une adhésion raisonnée. Cette adhésion raisonnée à une perspective reconnue est l'obéissance. Ainsi, on peut essayer de répondre à notre question initiale : on obéit parce qu'on adhère à un projet global dont la réalisation apparaît conforme à notre intérêt.

Quelles sont les sources du pouvoir ?

I. B. – Nous sommes d'accord sur la nécessité de l'obéissance pour qu'il y ait pouvoir. Mais quelles peuvent être les sources du pouvoir ? La première source, identifiée par Weber, est la légitimité. Weber distingue trois types de légitimité dans les organisations : le *leader* charismatique « reposant sur la soumission extraordinaire au caractère sacré, à la vertu héroïque ou à la valeur exemplaire d'une personne, ou encore [émanant] d'ordres révélés ou émis par celle-ci » ; le *leader* traditionnel qui s'appuie sur la « croyance quotidienne en la sainteté de traditions valables de tout temps et en la légitimité de ceux qui sont appelés à exercer l'autorité par ces moyens » ; et ce qu'il nomme la domination traditionnelle légale, qu'il définit comme la « croyance en la légalité des règlements arrêtés et du droit de donner des directives qu'ont ceux qui sont appelés à exercer la domination par ces moyens ». Nous sommes en 1922, aux balbutiements du management comme champ disciplinaire en tant que tel, mais on retrouve bien, dans les entreprises d'aujourd'hui, les traits permanents : la personnalité du manager (on dirait à présent son charisme) le dispute à la tradition, les règles et les procédures.

Presque un siècle plus tard, la figure du *leader* charismatique n'a pas perdu de son prestige, elle est incarnée par de « grands patrons », qui conjuguent vision, autorité, expertise, capacité à innover. Ce sont des *leaders*, des meneurs d'hommes autour desquels le monde s'organise sans qu'ils aient besoin, du moins en apparence, de faire jouer leur pouvoir. Mais le véritable *leadership* est rarissime et l'apanage de seulement quelques hommes ou femmes par siècle.

Si la légitimité n'est pas établie, d'autres moyens d'asseoir le pouvoir, et donc de s'assurer de l'obéissance, peuvent être recensés. On peut en citer trois. La première coercition, c'est-à-dire la menace d'une sanction crédible. Dans ce cas de figure la punition doit être encore plus coûteuse que l'action exigée, le recours à la violence morale ou physique n'étant pas exclu. La deuxième modalité d'exercice de l'autorité est l'échange, par le biais de l'espérance de gain. On fait agir les personnes en leur promettant ou en leur donnant quelque chose en retour. Le troisième chemin pour exercer l'autorité est la manipulation ou le « pouvoir communicationnel ».

On amène l'autre à modifier sa position en agissant sur les informations dont il dispose. Ces trois modalités agissent de façon différente sur la liberté des individus. Si la coercition annihile la liberté, l'échange laisse théoriquement un droit à l'*exit*, c'est-à-dire à refuser ou à sortir de la relation ; la manipulation, elle, remet en cause la vision d'un acteur stratège et construisant ses choix rationnellement et implique plutôt un individu en rationalité limitée, plus défini par ses actes que par son projet. La théorie de l'engagement, telle que décrite dans le *Petit Traité de manipulation à l'usage des honnêtes gens* de Joule et Beauvois, identifie ainsi des méthodes ayant fait leur preuve en psychologie sociale, qui permettent d'obtenir des autres leur « soumission librement consentie ». Certaines de ces méthodes sont d'ailleurs largement utilisées, de façon intuitive et empirique en management comme en négociation, et sont connues sous des appellations familières à tous : le « pied dans la porte », l'« amorçage » ou encore l'effet de « déclaration publique ».

Ces sources et ces méthodes renvoient à des styles de commandement bien typés, qu'il est intéressant de rappeler.

Quelles sont les différentes façons d'exercer le pouvoir ?

I. B. – C'est à Likert que l'on doit la typologie la plus classiquement transmise. Il identifie quatre styles de management : le premier est le *management autoritaire*, qui se caractérise par des communications peu nombreuses et toujours descendantes, une utilisation de la crainte, des menaces et des sanctions, et une centralisation du commandement avec des décisions prises sans consultation des subordonnés. Le *management paternaliste,* lui, se caractérise par une grande utilisation des récompenses et des sanctions, des communications montantes filtrées par des subordonnés qui donnent au supérieur ce qu'il veut entendre et l'existence de relations de pouvoir informelles souvent hostiles à l'organisation officielle et ses objectifs. Le *management consultatif* se développe dans le respect des coopérations et encourage les remontées d'information, mais ne laisse finalement aucune place à la contribution des subordonnés, dont l'influence est niée. Enfin, le *management participatif* montre un manager qui mobilise régulièrement le groupe pour définir les objectifs, prendre les décisions et régler les conflits ; dans ce cadre, la participation de chacun à plusieurs groupes donne sa cohésion à l'organisation, la délégation est également fortement valorisée, dans l'établissement des objectifs comme dans les contrôles. Il va sans dire que ce dernier style est le plus largement valorisé, à la fois dans les entreprises et dans les formations au métier de manager.

Mais rappelons-nous que le « commandeur » n'existe pas sans le « commandé », et que la vision du pouvoir comme de ses modalités d'exercice s'inscrit dans une conception de l'homme au travail. Si l'on considère que l'individu ordinaire est rétif au travail et cherche à l'éviter, il s'ensuit qu'il devra être dirigé de main ferme, que la contrainte, le contrôle, la sanction seront donc des nécessités. On peut faire l'hypothèse que cette conception de la médiocrité des salariés est partagée par de nombreux managers, même s'il n'est pas de bon ton de l'afficher. À l'opposé, une vision de l'homme au travail comme impliqué, éprouvant de la satisfaction dans l'exécution de ses tâches, responsable, permet d'envisager d'autres façons de diriger, comme la mobilisation de la motivation et de l'implication de chacun.

Il est donc essentiel d'élargir notre horizon pour bien saisir la complexité des relations de pouvoir, qui ne se cantonnent pas à des relations bilatérales et verticales. La notion de *pouvoir informel* vient agiter notre construction patiemment élaborée.

Y.-H. M. – Il est vrai que la typologie des styles de management proposée par Likert est tout à fait pertinente. Le management autoritaire s'avère l'expression d'un déficit d'autorité puisque celle-ci, par définition, exclut la coercition. C'est là l'étrange drame de l'autoritarisme, qui singe une autorité qu'il ne possède pas et qui est par conséquent l'expression paradoxale d'un manque d'autorité. Le management paternaliste est, lui aussi, plutôt bien nommé puisqu'il fait référence à la figure du père, celui qui châtie et récompense en même temps que celui qu'il convient de ménager. On retrouve ici l'antique figure du *pater familias* que les Grecs désignaient sous le nom de *despotes*. Le *despotes* – le despote, si vous voulez – n'est pas le tyran, mais celui qui croit être le seul apte à juger de ce qui est bon pour ses subordonnés, ainsi traités comme s'ils étaient des enfants. Le drame du despotisme, c'est celui de l'infantilisation des subordonnés. Le management consultatif me fait penser aux instances conciliaires dont nos politiques raffolent. On écoute, on consulte, on prend conseil… mais, au bout du compte, on décide comme si ces conseils ne pesaient rien. Une façon de jouer l'autorité ouverte et disponible pour circonvenir les subordonnés, leur laisser croire qu'ils jouent un rôle quand, comme vous le dites très bien, leur influence est niée. Il reste donc l'ultime figure, celle du management participatif, qui renvoie, je crois, à la figure d'une autorité authentique. Un manager qui a de l'autorité, ce n'est pas un cadre qui cherche à préserver son pouvoir. Il se reconnaît à sa capacité à mobiliser, à solliciter, à conduire chacun à participer à un projet commun en le valorisant.

Ainsi, il y a autant de différence entre le commandement et le management qu'entre le pouvoir et l'autorité. Une entreprise a besoin de chefs aptes à décider, bien entendu. Mais il ne suffit pas que la décision soit prise et l'ordre donné. Il faut mettre en œuvre des procédures efficaces, ce qui est, à terme, impossible sans l'implication effective de chacun. Le pouvoir sans l'autorité est en définitive aussi insupportable qu'inefficient.

Quand un manager surjoue son pouvoir, cède à la tentation du despotisme ou fait mine de s'intéresser aux avis de ses subalternes, on peut imaginer que c'est soit parce qu'il craint de ne pas être obéi, soit parce qu'il considère ses subordonnés comme des enfants immatures, soit parce qu'il veut flatter leur orgueil. Dans tous ces cas, le salarié est défini par sa médiocrité. Il convient ici de mettre en garde contre ce que j'appelle l'illusion essentialiste à laquelle j'ai déjà fait référence et qui consiste en ceci : certains hommes, aux qualités éminentes et au caractère fort, seraient par nature destinés à commander (les *leaders*) et les autres, médiocres, de caractère faible, auraient vocation à obéir, à suivre, à exécuter (les suiveurs). Bref, on aurait l'image simpliste d'une humanité partagée entre les dominants, bons et forts, donc légitimes, et les dominés, supposés pusillanimes et timorés. Il n'est pas difficile de reconnaître ici un effet de croyance dont il convient toutefois de ne pas être dupe. En effet, si ceux qui ont le pouvoir parviennent à faire croire en leur supériorité naturelle et à y croire eux-mêmes, leur pouvoir s'en trouve accru. Pascal avait très bien vu cette illusion, qu'il dénonce dans ses extraordinaires *Discours sur la condition des grands*. Je ne résiste pas au plaisir de citer les propos qu'il adresse au jeune duc de Luynes, dont le père est alors un des personnages les plus influents du royaume de France : « Tous les emportements, toute la violence et toute la vanité des grands viennent de ce qu'ils ne connaissent point ce qu'ils sont : étant difficile que ceux qui se regarderaient intérieurement comme égaux à tous les hommes, et qui seraient bien persuadés qu'ils n'ont rien en eux qui mérite ces petits avantages que Dieu leur a donnés au-dessus des autres, les traitassent avec insolence. Il faut s'oublier soi-même pour cela, et croire qu'on a quelque excellence réelle au-dessus d'eux, en quoi consiste cette illusion que je tâche de vous découvrir. »

Qu'est-ce que le pouvoir informel ?

I. B. – Nous avons vu que le pouvoir peut trouver sa source dans le charisme, dans la tradition, dans la règle. Il peut aussi provenir de la maîtrise d'une ressource comme l'information. Ne dit-on pas souvent que « l'information, c'est le pouvoir » ? Il vient aussi de la capacité à gérer des zones d'incertitude. On a alors affaire à l'acteur stratège, tel que le définissent Crozier et Friedberg dans *L'Acteur et le Système*. Selon leurs observations, le salarié se comporte comme un acteur stratégique, dans l'organisation, pour en tirer le meilleur parti. En effet, leur étude du fonctionnement d'une usine de la Seita révèle que le véritable pouvoir, dans cette organisation pourtant très centralisée, est aux mains des ouvriers d'entretien, car ils maîtrisent les marges organisationnelles que constituent l'entretien des machines et la réparation de leurs pannes. Le pouvoir réel, qui permet le bon fonctionnement de l'organisation, s'oppose, dans ce cas, au pouvoir formel, dessiné par l'organigramme et les statuts. Le pouvoir se définit alors comme la capacité à réduire les zones d'incertitudes de son environnement. On revient alors à ce concept polymorphe, voire amorphe, lié à la capacité de certains individus, de façon inaliénable. Dans ce cas de figure, dont chaque organisation a son exemple (le pouvoir de la standardiste, du factotum, des services informatiques), le pouvoir formel n'a rien à voir avec le pouvoir réel et informel ; il y est même orthogonal.

Y.-H. M. – Il convient donc d'ajouter à la distinction que nous devons faire entre pouvoir et autorité une autre distinction, tout aussi importante, entre pouvoir réel et pouvoir formel. Le pouvoir formel est toujours le pouvoir institué, reconnu comme tel, inscrit dans une hiérarchie à une place identifiable. Bien entendu, un pouvoir formel peut être aussi un pouvoir réel, c'est-à-dire en mesure de s'exercer réellement, de produire des effets d'obéissance, de mobilisation ou de transformation. Mais il faut aussi compter sur certains pouvoirs, qui sont réels sans être formels, non pas parce qu'ils susciteraient des attitudes d'obéissance, mais parce qu'ils ont quelque chose d'incontournable. Quand une secrétaire décide de transmettre à son patron certains appels téléphoniques, certaines demandes ou certaines informations tandis qu'elle en laisse d'autres de côté, elle a un pouvoir qui peut s'avérer exorbitant. Ce pouvoir est, bien entendu un pouvoir de fait, et non pas un pouvoir de droit, mais ce pouvoir est bel et bien réel.

Notons toutefois qu'un tel pouvoir n'est pas du tout du même ordre que celui de son patron. Elle n'a pas le pouvoir de faire faire, mais celui de faire obstacle, d'empêcher ou, au contraire, de faciliter. Les structures de pouvoir sont telles que plus on s'élève hiérarchiquement et plus on est encadré par des collaborateurs plus ou moins zélés, qui sont autant de passages obligés. Certes, il vaut mieux, quand c'est possible, s'adresser au bon Dieu qu'à ses saints… mais il arrive parfois qu'on ne puisse guère contourner les lieutenants et le pouvoir qu'ils ont… sur vous.

Parce que cette situation peut avoir des conséquences fâcheuses, il convient sans doute, autant que possible, de formaliser un pouvoir réel, c'est-à-dire d'en fixer les limites et les conditions d'exercice. Mais cela n'empêchera pas un agent d'entretien ou un concierge d'avoir un pouvoir sans rapport avec sa place officielle dans l'organigramme. Et après tout, c'est peut-être une bonne chose : une façon de sauvegarder l'amour-propre des sans grade qui disposent d'un certain contre-pouvoir. On peut d'ailleurs s'amuser à noter que l'exercice de la démocratie réelle, c'est toujours le jeu d'un pouvoir formel, celui des institutions politiques, confronté à un pouvoir réel, celui de la presse, des mouvements d'opinions, des manifestations…

Peut-on évoquer une convention d'obéissance ?

I. B. – Alors, si l'on peut échapper au pouvoir, pourquoi obéir ? Car tel est bien le comportement le plus répandu dans les organisations.

Il n'y a d'autorité que consentie et acceptée. Selon Chester Barnard, quatre conditions sont à réunir pour exercer son autorité : la personne doit comprendre l'ordre qui lui est donné ; au moment d'agir conformément à cet ordre, la personne estime qu'il n'est pas incompatible avec le but poursuivi par l'organisation ; la personne estime également qu'il n'est pas incompatible avec son intérêt personnel ; et, enfin, cette personne est capable mentalement et physiquement d'agir en accord avec sa décision d'exécuter cet ordre. L'autorité se comprend donc mieux du point de vue de la personne qui exécute cet ordre que de celui qui détient cette autorité. Comment percer l'énigme de l'obéissance ? On peut identifier quatre raisons d'accepter l'autorité d'un autre individu : la première est le manque d'initiative, de temps ; la deuxième est le confort de ne pas avoir à assumer de responsabilité ; la troisième est l'adhésion à la décision ; la dernière raison est la volonté d'utiliser ses compétences pour améliorer ses performances personnelles.

Dockès va plus loin et propose la « convention d'obéissance ». Il revient sur l'idée que l'homme dans l'entreprise n'est pas cet être « rationalisateur » qu'ont longtemps décrit les économistes et que les gestionnaires ont repris à leur compte. Dans cette optique, l'obéissance serait un choix évalué et pesé, et supposant des alternatives ; or, le subordonné ne calcule pas au jour le jour. Il propose l'idée que les individus suivent une convention d'obéissance, une règle comportementale que chacun applique dans l'organisation de façon implicite, tout en sachant que les autres s'y conforment aussi. Le salarié obéit par routine. Une seconde raison est qu'il comprend bien que le refus d'obéissance n'a d'influence que s'il est collectif. Seule la sortie de la « zone d'acceptation » ou « zone d'indifférence » peut provoquer une résistance. C'est le cas quand les conditions de travail sont trop dégradées ou que la mission est trop décalée par rapport au poste de travail. On peut trouver d'autres explications à cette acceptation : la convention d'obéissance réduit les coûts de contrôle et donne toute son efficacité à la relation salariale en améliorant sa rapidité d'exécution et sa disponibilité. La chaîne hiérarchique est une cause de stabilité de la convention d'obéissance. Ainsi, chaque individu de cette chaîne se soumet parce que cela implique du pouvoir sur son échelon inférieur. La jouissance d'autorité est probablement une raison majeure de la stabilisation de la convention d'obéissance, qui deviendrait une règle technique de l'entreprise. Pour développer une entreprise, « on applique la règle d'obéissance comme une règle technique qui énonce, par exemple, que pour pêcher tel type de poisson, il faut tel type d'hameçon ».

Y.-H. M. – Vous avez raison de signaler qu'il n'y a d'autorité que consentie et acceptée. L'autorité, en effet, contrairement au pouvoir, ne peut pas s'imposer. Elle ne produit ses effets qu'à être reconnue, à tel point que l'expression « autorité reconnue » pourrait bien être un pléonasme. C'est pourquoi, et là encore je ne peux que vous suivre, elle ne se comprend concrètement qu'à condition que l'on se tourne vers ceux qui la reconnaissent, cette reconnaissance n'étant pas reconnaissance verbale, mais attitude concrète d'obéissance.

Toutefois, avant d'essayer de mieux cerner cette attitude, je voudrais préciser que chercher à saisir la dynamique de l'autorité en se tournant du côté de ceux qui obéissent, c'est aussi se donner les moyens d'éviter certaines explications qui, en réalité, n'expliquent rien. Je pense par exemple à ceux qui fondent l'autorité sur un charisme, une force de séduction étrange et quasi surnaturelle qui conférerait à celui qui la détient la puissance de se faire obéir. C'est oublier que le charisme n'est pas une propriété ontologique. Il n'est pas une sorte d'aura qui nimberait de prestige ceux dont l'autorité serait (sur) naturelle. Il est lui-même le résultat d'une projection, c'est-à-dire d'un effet de croyance : ce n'est pas parce que mon supérieur hiérarchique est charismatique que je lui obéis, c'est parce que je projette sur lui une représentation en laquelle je crois qu'il m'apparaît charismatique et que, par conséquent, je suis enclin à lui obéir.

C'est pourquoi l'obéissance renvoie à un jeu complexe de représentations et de croyances. On n'obéit jamais simplement « parce que c'est lui le chef ». Et les schémas généraux de l'obéissance se laissent sans doute mieux comprendre quand on se demande pourquoi on n'obéit pas. Le refus d'obéissance nous en apprend plus sur la nature de l'obéissance que l'obéissance elle-même.

Il me semble qu'un refus d'obéir peut avoir d'innombrables raisons qu'on peut toutefois ramener à une seule : on désobéit quand on n'a aucun intérêt à obéir. Cela montre aussi que l'obéissance n'est jamais désintéressée, sans quoi elle se distinguerait peu de la servilité. Il faut entendre ici intérêt dans un sens très large : j'obéis dans l'intérêt de mon entreprise (ou de mon bataillon, ou de mon parti), mais en visant toujours un intérêt réel ou symbolique qui est *mon* intérêt. Or, derrière les intérêts multiples qu'on peut aisément imaginer, tels qu'une récompense, une prime, un sourire, un encouragement ou une promotion, se cache un intérêt universel qui correspond à ce qu'on appelle le désir de reconnaissance. Ce désir, humain par excellence, renvoie à l'idée selon laquelle un homme, comme le disait Claude Lefort, un philosophe de la seconde moitié du XXe siècle, c'est toujours la reconnaissance d'un homme par un autre homme. Mon humanité n'est effective qu'attestée dans le regard d'autrui, dans ses gestes, dans ses paroles. Puisque c'est à la satisfaction de ce désir que tient mon humanité, je ne peux souscrire librement qu'à des comportements susceptibles de me valoir cette reconnaissance qui prend la forme concrète de certaines gratifications réelles ou symboliques. En d'autres termes, je n'obéis pas parce que je suis obéissant, mais parce que je peux raisonnablement croire que mon obéissance me vaudra la reconnaissance de ceux à qui j'obéis.

On comprendra peut-être mieux cette idée si on prend conscience que, en dépit des apparences, l'esclave n'obéit pas. Il se soumet à la force. Il n'obéit pas parce qu'il sait très bien que le pouvoir qui pèse sur lui est incapable de le reconnaître en son humanité. Il se soumet par crainte que ce pouvoir l'écrase.

Vous évoquez vous-même l'une de ces gratifications qui permettent de comprendre la dynamique de l'obéissance lorsque vous dites que chaque individu de la chaîne se soumet parce que cela implique du pouvoir sur son échelon inférieur. C'est vrai, mais ce n'est pas suffisant. Mon désir de reconnaissance n'est pas suffisamment satisfait quand je ne suis reconnu que par des subordonnés. Il me faut être reconnu au moins par mes égaux, sinon par mes supérieurs. Ce que vous appelez convention d'obéissance est en définitive un jeu subtil d'équilibres précaires dans lequel ma faculté d'obéir, parce qu'elle est faculté de faire ce qu'il m'est demandé de faire, accroît mon autorité et mon prestige, c'est-à-dire mon plaisir. J'obéis parce que j'ai plaisir à savoir que celui qui me commande a besoin de moi, de mon savoir et de mon savoir-faire. En obéissant, j'affirme d'une certaine façon sa dépendance à mon égard et l'oblige à me reconnaître. On retrouve ici le schéma bien connu de la fameuse dialectique du maître et de l'esclave chez Hegel. Le maître est certes le maître de l'esclave, mais, en même temps, il dépend du travail de celui-ci. Il y a donc entre les deux un régime d'interdépendance qui confère à chacun une part de pouvoir. Je rajouterai simplement que tant que l'esclave n'a pas les moyens de devenir le maître, il a intérêt à obéir pour affermir sa part de pouvoir.

Et s'il y avait plutôt *des* pouvoirs ?

I. B. – Définir l'autorité et le pouvoir en tant que concepts est essentiel à notre réflexion, mais profondément réducteur. En effet, si l'on plonge au cœur de l'activité de l'entreprise, ce ne sont pas *le* pouvoir ou *l'*autorité qui sont à l'œuvre, mais des multitudes de pouvoirs et d'autorités, prenant tous des visages différents.

Avant d'aborder les évolutions récentes du pouvoir, il est important d'en montrer la diversité, car le pouvoir en tant qu'attribut d'un individu est à la fois lié à son sexe et profondément ancré dans la culture.

Cette diversité culturelle a été largement étudiée en management interculturel et c'est la notion mise au jour par Hofstede de « distance hiérarchique » qui l'illustre le mieux. En effet, une vaste étude menée auprès des cadres d'IBM dans soixante-dix pays à travers le monde lui a permis d'identifier des variables explicatives des différences interculturelles de comportements managériaux. Le rapport au temps, la dimension masculinité-féminité, l'acceptation de l'incertitude en sont des exemples. La notion de distance hiérarchique est définie comme le « degré d'acceptation culturelle des inégalités de statuts et de pouvoir entre les individus. Cette dimension révèle le degré de respect dont font preuve les gens vis-à-vis de leur hiérarchie et de l'autorité ». Parmi les pays à distance hiérarchique élevée se trouvent les pays latins européens (France, Belgique, Italie, Espagne), les pays d'Amérique du Sud, les pays arabes et les pays d'Afrique noire. Parmi les pays à distance hiérarchique faible, nous trouvons les pays germaniques, scandinaves et anglo-saxons.

Il serait donc illusoire, voire contre-productif et même catastrophique, pour un manager de vouloir appliquer à d'autres contextes culturels les méthodes et mobiliser les ressorts du pouvoir qui s'inscrivent dans sa propre culture. Une illustration romancée mais édifiante en est donnée par Amélie Nothomb dans *Stupeur et Tremblements*, le récit des tribulations d'une salariée française dans une entreprise japonaise. On mesure, au fil des pages, combien la conception de l'autorité des Japonais est éloignée de la vision française.

Si les généralisations théoriques (qui aident à penser), si les traductions interculturelles (qui sont constitutives du développement à l'international des entreprises) se heurtent à la réalité du terrain, il est une autre différence qui est, cette fois, universelle : celle du rapport au pouvoir des hommes et des femmes. Cette différence est d'autant plus importante qu'elle est très largement utilisée quand il s'agit d'expliquer le « plafond de verre ». Le plafond de verre décrit un phénomène présent dans de très nombreuses entreprises (sinon la quasi-totalité) : si les femmes peuvent, en théorie, accéder au jeu des différentes promotions, elles ne sont, dans la réalité, qu'un tout petit nombre à gravir les échelons hiérarchiques. Il n'est pas rare de voir des entreprises employant 80 % de femmes au niveau employés ou ouvriers et n'en avoir aucune présente au comité de direction.

Si les raisons mises en avant sont multiples – *lobbying* masculin (pas toujours conscient), volonté des femmes de préserver leur vie familiale, sentiment de légitimité plus fragile... –, une explication reste le désintérêt des femmes pour le pouvoir, pour ce qu'il est. Les femmes ne voient dans le pouvoir que le moyen de faire avancer des projets, et n'en font donc pas une priorité. Le plafond de verre devient alors le « plancher collant ». Cette variété d'attitudes s'accompagne aussi de grandes évolutions dans la conception globale du pourvoir, en accentuant ici les divergences, et là les convergences.

Y.-H. M. – Il est à peu près évident que, très souvent, le pouvoir ne s'exerce pas de la même façon selon qu'il est exercé par un homme ou par une femme. Mais il faut se garder, là encore, d'essentialiser cette différence, comme si, par nature, les femmes exerçaient autrement que les hommes les fonctions d'autorité. Je crois qu'on comprend mieux cette différence si l'on se souvient de ce qui est en jeu dans la répartition des pouvoirs, y compris chez ceux qui sont plus en situation d'obéissance que de commandement : chacun déploie, dans un système complexe, une stratégie qui vise à augmenter son pouvoir en fonction de sa place et de son statut. Or, dans les sociétés à forte domination masculine, comme c'est manifestement encore le cas de nos sociétés occidentales, les hommes se sont donné le quasi-monopole du pouvoir de commander et mesurent souvent leur virilité au pouvoir qu'ils peuvent exercer et dont ils jouissent. Dans une telle configuration, une femme doit inventer une autre stratégie pour satisfaire son désir de reconnaissance, et cette stratégie peut prendre la forme d'un jeu oblique qui consiste à faire croire que ce n'est pas le pouvoir qui l'intéresse, mais, par exemple, comme vous le dites, de faire avancer les projets. En clair, il y aurait bien une stratégie féminine par rapport au pouvoir qui consisterait à le présenter comme un moyen plutôt que comme une fin, mais cette stratégie, comme toute stratégie, viserait un gain de pouvoir. J'insiste encore sur le fait que je ne présente pas ces stratégies comme relevant d'un quelconque éternel féminin, mais comme nécessitées par une place seconde dans une hiérarchie essentiellement masculine.

Le jour où les femmes disposeront sans complexe d'un pouvoir, ce sont les hommes qui devront réinventer leurs stratégies. J'ajoute toutefois que cette secondarité est aussi une chance, puisque l'inventivité est tout entière du côté de ceux qui sont dans l'obligation d'inventer leurs stratégies de pouvoir au lieu de s'employer à le conserver. C'est en cherchant à prendre place dans le jeu du désir de reconnaissance que les « dominés », pour reprendre le vocabulaire de Bourdieu, inventent de nouvelles formes d'autorité riches de potentialités.

Quelles sont les évolutions les plus récentes du pouvoir ?

I. B. – De nouvelles conceptions de l'entreprise nous font quitter une vision verticale du pouvoir pour une conception que l'on peut qualifier d'horizontale. De même, on quitte la relation dyadique pour s'inscrire dans un réseau relationnel dense impliquant une grande multiplicité d'acteurs.

C'est là qu'émerge le concept de « parties prenantes » proposé par R.E. Freeman dans *Strategic Management*. Que nous dit-il ? Que l'entreprise est insérée dans un réseau d'acteurs : individus, groupes d'individus, institutions, qui exercent des influences sur son devenir. C'est donc plus l'idée d'un pouvoir d'influence qui est ainsi proposée. Les théoriciens (Freeman étant le plus connu) qui ont développé cette construction proposent, pour identifier les parties prenantes d'une entreprise, de poser deux questions simples : Qui compte ? Qui ne compte pas ?

Les parties prenantes sont donc identifiées pour leur influence sur l'organisation selon trois critères : le pouvoir, la légitimité (longuement traités déjà) et l'urgence (définie comme le degré à partir duquel les demandes appellent une réponse immédiate). Les parties prenantes les plus fréquemment retenues comme de rang 1 sont : les actionnaires, les investisseurs, les employés, les clients, les fournisseurs.

Cet élargissement de la relation de pouvoir ou d'autorité, tant par le nombre de modalités que par le détour par l'influence, amorce une vision élargie du concept de pouvoir que nombre d'entreprises touchent du doigt de façon récurrente et quelquefois cuisante. Examiner le pouvoir de façon extensive, en lui associant la notion d'influence, observer les jeux d'influence exercés par les différents acteurs identifiés comme parties prenantes, permet de penser le projet stratégique de l'entreprise de façon beaucoup plus globale et systémique. Je m'arrêterai sur deux illustrations : le pouvoir des salariés et le pouvoir des clients, qui est à distinguer du pouvoir du marché.

L'*empowerment* (ou capacitation) se définit comme la volonté de permettre aux salariés d'agir par eux-mêmes en toute conscience, confiance et compétence, sur le plan individuel et collectif. Ce concept a vu le jour avec les travaux de Mary Parker Follett dans les années 1920, quand elle distingue le « pouvoir sur », coercitif, du « pouvoir avec », coactif.

L'idée que les salariés puissent agir sur les trois grands leviers qui organisent le pouvoir – c'est-à-dire l'information, avec les données, le savoir technique, l'intelligence économique ; les ressources financières, matérielles, en espace et en temps ; et le soutien qui se décline en appuis, approbations, légitimité – amène doucement à d'autres visions du pouvoir et à un management qui se voit dans l'obligation d'innover.

Un autre avatar du pouvoir, directement engendré par le développement des TIC, est la montée en puissance du pouvoir du client. En effet, sous l'impulsion de deux mouvements structurants, les réseaux sociaux virtuels et la « mise au travail » du client, les entreprises sont de plus en plus soumises (à des rythmes de plus en plus rapides et avec des injonctions de plus en plus fortes) au jugement de leurs clients. C'est ce qu'on appelle l'e-réputation. Les exemples se multiplient de prise de pouvoir de consommateurs qui ont fait ou défait le lancement d'un nouveau produit ou la qualité d'un service. Ce pouvoir d'influence, qui trouve des modalités concrètes dans le retrait d'un produit des rayons ou la « ringardisation » d'une marque, amène les entreprises à traiter différemment avec cette nouvelle autorité polymorphe, mais riche de tout son potentiel de nuisance ou de stimulation. Ainsi, certaines entreprises y voient une source d'innovation avec, par exemple, la mobilisation des *lead users*, tandis que d'autres y voient une menace difficile à endiguer.

Y.-H. M. – Il est vrai que l'entreprise moderne n'a plus seulement affaire à un pouvoir vertical qui s'exercerait hiérarchiquement de haut en bas. Elle est, pour reprendre une image chère à Bourdieu, un champ social structuré par des rapports de force extrêmement diversifiés. Il y a le pouvoir institué, bien entendu, mais il y a aussi tous ces pouvoirs, plus ou moins manifestes, qui sont, d'une certaine manière, autant de contre-pouvoirs, celui des clients ou des groupes d'influence par exemple.

Il faut peut-être reconnaître ici ce que Tocqueville appelait l'« esprit démocratique » qui, loin de structurer uniquement les institutions politiques, produit des effets dans tous les secteurs de la société civile. Ainsi, dans les entreprises, tout pouvoir officiel et institué est confronté à d'autres pouvoirs qui l'obligent à se remettre en cause. D'ailleurs, les sociologues savent bien que la démocratie réelle se définit moins par le processus électoral que par un équilibre, parfois extrêmement subtil, entre l'exercice du pouvoir et le jeu des contre-pouvoirs. C'est ce que Pierre Rosanvallon a appelé la contre-démocratie. Sa thèse est tout à fait pertinente pour ce qui nous concerne. Il affirme en effet que, à l'encontre des discours convenus sur le retrait citoyen et le repli individualiste, l'activité contre-démocratique est le signe d'une véritable vitalité, même si elle porte le risque d'une régression populiste. Appliqué au monde de l'entreprise, cette thèse pourrait être comprise ainsi : contre le mythe d'un client uniquement consommateur et de salariés aux intérêts simplement individualistes, il faut reconnaître aux uns et aux autres des stratégies de contrôle, d'influence, d'association ou de pression qui constituent tout un réseau de pouvoirs réels, quoique non officiels. Pour le dire autrement, les « patrons » ne peuvent plus se considérer comme les seuls pilotes d'une entreprise. Qu'ils le veuillent ou non, il leur faut compter sur les pouvoirs diffus, qui peuvent parfois contrarier leurs projets, ou bien, dans certains cas plus favorables, orienter leurs décisions. Le peuple est souverain comme le client est roi.

Ainsi, si les entreprises n'ont pas vocation à être structurellement des espaces démocratiques, il faut bien admettre qu'il leur faut composer avec cet esprit démocratique devenu incontournable. L'autorité qui s'y exerce ne peut décidément plus être l'autorité aristocratique de l'Ancien Régime. Le manager efficace n'est pas un patron qui sait se faire obéir, mais un « politique » qui sait manœuvrer, évaluer les forces en présence, circonvenir certains « opposants », reconnaître une part de pouvoir partout où celui-ci est en mesure de produire des effets réels. Si l'on poursuit la métaphore politique, il ne doit pas oublier ce qu'écrivait Tocqueville : « Aux yeux de la démocratie, le gouvernement n'est pas un bien, mais un mal nécessaire. » De même, aux yeux des clients, des employés, des syndicats et des associations de consommateurs, la direction d'une entreprise est presque toujours considérée à la fois comme nécessaire et comme devant être contrôlée. Le chef est rarement perçu comme un *leader* charismatique à l'autorité indiscutable, mais plus souvent comme un mal nécessaire, le lieu d'un pouvoir qui pourrait être oppressif s'il n'était pas lui-même circonvenu. Ainsi, une politique d'entreprise ne se réduit jamais à une stratégie mise en place par les seuls décideurs institutionnels. Elle doit toujours compter sur des forces qu'elle doit tenter de s'agréger. Là où il n'est pas possible de contraindre, il faut savoir écouter, convaincre et négocier.

Et si la véritable autorité était dans le lâcher-prise ?

I. B. – Nous achevons notre déambulation dans les coulisses du pouvoir. Il semble maintenant pertinent de s'interroger sur ce que serait le *management sans pouvoir*. Je vous propose d'aborder cette question non pas en développant une réflexion sur l'anarchie en management ou l'analyse d'organisations l'ayant proscrit, mais en pointant l'idée de la « pause » dans l'exercice de l'autorité. C'est à la musique que revient la conclusion.

C'est la dimension du lâcher-prise qui semble l'ultime illustration du savoir-faire du manager : les compétences s'exercent dans le silence managérial. Inspirons-nous de ce que nous dit Jean-Marie Blanchon, chef d'orchestre et chef de chœur : « Je prends un exemple, pour illustrer le travail d'un chef d'orchestre ; quand vous avez un orchestre et un chœur à votre disposition, une des consciences que j'ai eues très rapidement, c'est qu'il y a, avec l'orchestre, un rapport d'autorité beaucoup plus important ; un orchestre, c'est un fauve qu'il faut dompter. Il y a besoin d'être très rigoureux et d'avoir une gestique très claire vis-à-vis d'un orchestre et une autorité importante ; en revanche, pour un chœur, vous avez intérêt à être beaucoup plus souple, car les gens qui chantent, il faut les laisser vous donner beaucoup – pour sortir sa voix, il faut être en confiance –, donc il faut plutôt les caresser dans le sens du poil, les amener à libérer leur voix, à être en confiance pour pouvoir donner le meilleur d'eux-mêmes, alors que pour un orchestre, il faut le tenir, ce sont deux rapports différents. [...] Il y a une dernière chose qui me paraît très importante, parce que ce sont des moments très agréables quand on est chef d'orchestre : c'est le moment où on s'arrête de diriger. Là, d'un seul coup, vous lâchez l'orchestre, ce sont eux qui jouent sans vous, à ce moment-là, ils le sentent ; au moment où vous reprenez l'orchestre, où vous reprenez le geste, vous avez un impact beaucoup plus important sur eux ; au moment où vous les lâchez, vous avez l'impression qu'ils soufflent un peu parce que parfois on est un peu trop sur eux et donc, il faut trouver l'équilibre entre tout ça. Je ne sais pas si, au niveau des valeurs commerciales, on peut retrouver tout ça, mais je pense qu'un chef d'orchestre, s'il a cette capacité de s'adapter au niveau humain, psychologique, conscience et connaissance, je pense qu'à partir de ce moment-là, l'orchestre a des chances de bien jouer » (Deuxièmes Assises de la vente, Lyon, 2002).

Cet exercice subtil du respect des projets personnels avec la conduite du projet organisationnel amène à une nouvelle vision du manager. On s'approche plus de celle d'un chef d'orchestre capable de diriger des instruments différents, des contributions très hétérogènes mises au service d'une œuvre musicale, laquelle ne pourrait exister sans cette mise en harmonie.

Cette image de l'entreprise où le pouvoir circule comme la musique dans un orchestre nous invite à envisager un manager, qui, de temps à autre, saurait « poser sa baguette » et entendre pourtant, dans un étonnant lâcher-prise, la musique résonner.

Y.-H. M. – C'est vrai, l'imaginaire de la « prise de pouvoir » a quelque chose de trompeur. Ce que nous avons appelé avec Tocqueville l'« esprit démocratique » est tel qu'il ne suffit jamais d'avoir reçu le pouvoir pour être sûr de l'exercer efficacement. À trop s'accrocher à son pouvoir, on risque paradoxalement de perdre toute autorité. Si le monde de l'entreprise est souvent celui des hiérarchies formelles, à la fois nécessaires et insuffisantes, on aura compris qu'il ne suffit pas d'avoir le pouvoir pour parler et agir avec autorité. Celle-ci requiert effectivement un lâcher-prise, une juste distance vis-à-vis d'un pouvoir brut, qui n'est pas faiblesse, mais sagesse. Dans son ouvrage *Le Pouvoir des commencements*, consacré à la question de l'autorité, Myriam Revault d'Allonnes rapporte une formule de Cicéron à propos du consul Quintus Metellus : « Ce qu'il ne pouvait pas encore réaliser par le pouvoir, il l'obtint par l'autorité. »

Il est peut-être temps, pour terminer, de rappeler l'étymologie de cette notion qui nous a occupés. Le terme « autorité », comme le rappelle Hannah Arendt, vient du latin *augere*, qui signifie accroître, augmenter. L'autorité est ainsi, littéralement, ce qui « augmente » une personne, accroît son pouvoir de persuader, non pas à partir de son pouvoir institué, mais à partir de ses compétences, de ses vertus et, éventuellement, de ses succès. Ainsi, l'autorité véritable ne doit pas être regardée comme opposée au pouvoir puisqu'elle est aussi ce qui l'augmente. Parce qu'elle n'est pas coercitive mais qu'elle implique au contraire la reconnaissance de ceux sur qui elle s'exerce, elle donne du jeu à l'exercice hiérarchique. L'autorité ouvre ainsi des espaces de liberté au sein desquels les subordonnés peuvent obéir sans se soumettre, respecter leurs supérieurs sans renoncer au partage des pouvoirs.

*

* *

POUR ALLER PLUS LOIN

Michel Crozier, Erhard Friedberg, *L'Acteur et le Système. Les contraintes de l'action collective*, Le Seuil, 1981.

Federico Butera, *La Métamorphose de l'organisation, du château au réseau*, Éditions d'Organisation, 1991.

Max Weber, *Économie et Société* (posthume 1921), traduction du tome 1, Plon, 1971 ; Pocket, 1995.

Mary Parker Follet, *Diriger au-delà du conflit*, Village Mondial, 2002.

Robert-Vincent Joule, Jean-Léon Beauvois, *Petit Traité de manipulation à l'usage des honnêtes gens*, Presses universitaires de Grenoble, 2002.

Geert Hofstede, *Vivre dans un monde multiculturel*, Éditions d'Organisation, 1994.

Rensis Likert, *Le Gouvernement participatif de l'entreprise*, Bordas, 1974.

R.E. Freeman, *Strategic Management*, Piman, 1983.

Pascal, *Trois Discours sur la condition des Grands* (nombreuses éditions disponibles).

Jean-Jacques Rousseau, *Le Contrat Social,* livre I, chapitre 3 (nombreuses éditions disponibles).
Myriam Revault d'Allonnes, *Le Pouvoir des commencements, essai sur l'autorité,* Le Seuil, 2006.

4

La performance ? Oui, mais pas à n'importe quel prix

La performance en entreprise : une équation complexe à nombreuses variables et quelques inconnues

Isabelle BARTH – Évoquer la question de la performance dans le management des entreprises, c'est vraiment toucher au cœur nucléaire de leur fonctionnement, voire de leur raison d'être. Que serait une entreprise sans performance ? Mais cela est vrai pour beaucoup d'autres organisations qui ne se revendiquent pas comme des entreprises : que serait un club de football qui ne veut pas gagner ? Que serait une troupe de théâtre qui ne chercherait pas à attirer des spectateurs ? Que serait une association caritative qui renoncerait à améliorer la vie des personnes vers lesquelles elle est tournée en trouvant plus de logements, plus de nourriture, plus d'emplois ?

La performance est véritablement consubstantielle du projet des entreprises et des organisations, elle est l'objectif incontournable du management. En revanche, les définitions ne sont pas toujours bien identifiées, et restent bien souvent discutées. De même, les visions de la performance sont de nature différente et les chemins pour y conduire sont très divers.

Devant le foisonnement de définitions, de théories et de questionnements, qui empruntent à la psychologie individuelle, à la sociologie, à la philosophie, je vous propose que nous nous intéressions aux moyens et aux leviers de la performance, plus qu'à la définition même du terme. En effet, la grande question du management est plus souvent celle du *comment* que celle du *quoi*. Et le chercheur en sciences de gestion a bien compris que ce qui différenciait sa discipline des autres sciences humaines et sociales était sa prise directe avec le réel et l'appréhension téléologique qu'elle peut en avoir.

Établir une performance, ou plutôt « performer », voire « surperformer » ?

I. B. – Comme nous nous sommes déjà penchés en profondeur sur les évolutions récentes de la performance, les nouvelles attentes qu'elle convoque comme les nouveaux champs qu'elle cherche à conquérir, dans le chapitre « Réussir sa vie », je vous propose de réfléchir ici davantage à la façon dont on atteint la performance dans les entreprise, ce qui, nous allons le voir, est d'une extrême complexité et mobilise beaucoup d'autres concepts.

Comme dans toute réflexion, il est néanmoins essentiel de bien revenir sur ce que le management entend par « performance ». Premier constat : ce terme est extrêmement mobilisé dans l'entreprise et le substantif se décline de plus en plus fréquemment dans sa forme verbale :

« performer », avec le côté actif que peut détenir un verbe. On « performe » dans le sport, en soirée, dans son travail, et il semble légitime de se demander si ce néologisme ne sous-tend pas plus précisément l'idée de « surperformer ». En cette deuxième décennie du XXIe siècle, il n'est pas question de faire les choses avec tiédeur et l'idée même de performance évolue dans une surenchère classique. Au verbe « performer » s'associe aussi une notion de permanence, de continuité dans le projet, de montée en puissance continue qu'on ne trouve pas avec la même intensité dans le substantif « performance », qui renvoie à un événement plus ponctuel, voire éphémère.

La performance : un succès ? une mesure ? une action ?

I. B. – Il convient donc d'interroger la notion de performance. Elle est vue par les sciences de gestion comme une notion multidimensionnelle superposant trois types de significations :

1. Elle est succès, c'est-à-dire fonction des objectifs assignés au départ, et des représentations de la réussite.
2. Elle est résultat mesurable, on affirme toujours dans le monde du management qu'il ne peut y avoir de performance non mesurable.
3. Elle est action, ou plutôt l'ensemble des actions balisant la voie qui va conduire au but en vue duquel elles sont mises en œuvre.

La performance est donc, dans le sens commun, un « résultat positif d'action », et la non-performance est en général désignée sous le terme de « contre-performance », comme s'il y avait atteinte à un projet humain d'essence positive. La notion de performance est instrumentale, mais elle est également subjective. En effet, est performant celui qui est jugé comme tel par une autorité habilitée à le faire, en référence à un système de valeurs dominant. La performance dépend alors des référents choisis : le chronomètre, les juges et, dans le contexte professionnel, le supérieur hiérarchique.

La performance procède alors de deux types d'enjeux. Il s'agit tout d'abord d'un moyen de compréhension des résultats rapportés à des attentes, matérialisées sous forme d'objectifs, évaluées et participant ainsi à la prise de décision. Il s'agit, ensuite, d'un cadre idéologique d'organisation et de justification du réel, assurant la mobilisation des individus à partir de discours opérationnels. S'interroger sur la notion de performance renvoie alors automatiquement à la question des objectifs et à comprendre le rôle qui leur est assigné. Dans une vision téléologique, ils sont considérés comme des fins effectives et ultimes de l'action, alors que dans une vision praxéologique, ils sont perçus comme des éléments de l'action. La vision impartie au système d'objectifs a alors un impact fort sur le mode de conduite de l'action collective.

Yann-Hervé Martin – Je vous remercie pour ces indications préliminaires qui ont le mérite de bien fixer le cadre, y compris là où il tend lui-même à déborder. Quand vous distinguez, par exemple, entre performer et surperformer, je crois qu'on a moins affaire à un superlatif ou à une surenchère qu'à un symptôme. La logique de la performance me semble, en effet, être en elle-même une logique de la surperformance. On ne performe vraiment qu'en s'élevant au-dessus des autres, qu'en faisant mieux que soi-même, en battant des records, en s'efforçant d'être le meilleur.

Face à ce culte très répandu de la performance, dans des domaines aussi différents que ceux du sport ou de l'entreprise, je crois qu'il est indispensable de distinguer d'entrée de jeu ce qui relève de la performance et ce qui relève de l'efficacité. Pascal Picq, le célèbre paléoanthropologue, assistant d'Yves Coppens, constatait à l'automne 2012 dans un article des *Échos* que « la productivité et le culte de la performance ont pris le pas sur la collaboration et le partage dans l'entreprise ». Et par simple « souci d'efficacité », il recommandait de « revenir à moins d'autoritarisme dans les modes de management et de redonner de la marge de manœuvre aux salariés ».

Ce qui m'intéresse ici n'est pas la pertinence de son analyse, mais la façon dont il cherche à distinguer le culte de la performance du souci d'efficacité. Il importe en effet, pour la clarté de notre entretien, de ne pas confondre l'un et l'autre. Il se pourrait d'ailleurs, mais j'aurai l'occasion d'y revenir, que le culte de la performance soit contre-productif du point de vue de l'efficacité. N'oublions pas que Jérôme Kerviel et Lance Armstrong ont été incroyablement performants ! Ni le cyclisme ni la Société générale n'y ont gagné grand-chose, ce qui veut dire que les effets de leurs performances ont été catastrophiques. On devine déjà qu'il faudra distinguer entre effets (à long terme) et résultats (à court terme).

Le propre de l'idéologie de la performance, me semble-t-il, est de privilégier le seul résultat sans se soucier des moyens. J'ai souvent entendu dire de certains commerciaux « surperformants » qu'on ne sait pas comment ils font, mais qu'ils obtiennent d'incroyables résultats. Mais le hors-norme devrait nous rendre vigilants. Quand un cycliste gagne deux ou trois étapes de montagne consécutives, on a le droit et sans doute le devoir de s'interroger sur ses succès.

À considérer que seul compte le résultat, on risque aussi parfois de se rendre aveugles aux circonstances. De façon simpliste, on peut considérer que le succès, ou ce que vous appelez la réussite, est la preuve qu'on a été « efficace » et que, par conséquent, si ça n'a pas marché, c'est qu'on n'a pas été efficace. Dans ce cas, on risque d'investir par excès sur l'agent, quitte à oublier le contexte. Or, si les qualités d'un agent profitent d'abord à lui-même, la connaissance du contexte peut profiter à tous.

Je vous rejoins, en revanche, quand vous parlez de « résultat mesurable ». Mais ce que l'on retrouve ici, c'est l'idée très répandue quoique très contestable selon laquelle tout succès est mesurable et doit ainsi être traduit en chiffres. Les 9 secondes 58 d'Usain Bolt, les 39 kilomètres de chute libre de Félix Baumgartner... On est ici dans la logique simplement quantitative des trop fameux « indicateurs de performance ». Mais on oublie alors qu'une mesure chiffrée n'est qu'un mode d'évaluation parmi d'autres. Dans l'Éducation nationale aussi on aime beaucoup, depuis quelques années, ces « indicateurs de performance ». On demande à un établissement scolaire de mettre en place une politique déterminée, par exemple pour augmenter le nombre de mentions au baccalauréat, et on exige que le succès des opérations conduites soit mesurable. Dans ce cas, l'affaire semble simple : on mesurera l'efficacité des mesures prises au nombre supplémentaire de mentions. Pourtant, la réalité est beaucoup plus complexe. On peut imaginer par exemple que cette année-là, le nombre de très bons élèves soit nettement inférieur et que l'efficacité du dispositif n'apparaisse pas dans les chiffres qui pourraient alors traduire une baisse du nombre de mentions. Mais le culte de la performance rejoint la culture du chiffre en ce qu'elle a souvent de naïf. La complexité d'un contexte réel est d'ordre qualitatif et n'a pas grand-chose de mesurable.

Quel type de performance ? Performance financière ? économique ? sociale ?

I. B. – Je vous propose de continuer avec ce thème de la mesure. Quand on associe performance et entreprise, c'est à la performance financière que l'on pense immédiatement et irrémédiablement. Les représentations portent sur les courbes des actions en bourse, de l'enrichissement des actionnaires, de la hausse du chiffre d'affaires et de la marge. Cet aspect n'est pourtant que la partie émergée de l'iceberg, et l'activité d'une entreprise ne se réduit pas à la création de richesses, mais bien à la création de valeur. Les deux sont indissociables : comment envisager l'enrichissement durable en oubliant la valeur économique (c'est-à-dire la création de postes de travail, le développement d'activités sous-traitantes ou encore le lien avec la recherche) et la valeur sociale (l'offre de formations, le développement des compétences, le management des talents, la contribution à la qualité de vie) ? Dissocier la performance financière des performances économique et sociale, c'est penser à court terme et s'exposer aux nombreux dégâts collatéraux, dont la crise des *subprimes* ou le scandale dit « Kerviel » de la Société Générale ne sont que des avatars récents.

La responsabilité sociétale des organisations, avec ses trois piliers – le durable, l'économique et le social –, a pour socle et pour vision de travailler à une stratégie incluant ces trois sphères systématiquement et à niveau égal. Il n'est plus possible de qualifier de performante la fabrication de produits de sport ou d'informatique réduisant à l'esclavage des populations asiatiques ; de même, une usine déversant ses déchets dans son environnement et le polluant pour plusieurs générations ne pourra être qualifiée de performante, même si son niveau de production dépasse tous les scores jusque-là recensés.

Certes, les choses évoluent doucement et les contre-exemples de cette approche d'une performance globale pullulent, mais on sent une montée en puissance dans le management d'un courant qui veut résister à la dématérialisation, à la dépersonnalisation, à la financiarisation de l'entreprise et retrouver des repères plus traditionnels, mais néanmoins renouvelés, de développement stratégique.

On voit aussi que la performance déserte l'aspect purement quantitatif pour s'inscrire dans une perspective incluant l'innovation et la créativité. Une entreprise performante est maintenant une entreprise capable d'innover, tant dans les produits ou les services qu'elle met sur le marché que dans son activité. L'innovation sociale est de plus en plus un critère d'excellence des organisations pérennes. Le « mieux-disant » est maintenant perçu comme plus performant que le « plus-disant ».

Comment s'articulent performance individuelle et performance organisationnelle ?

I. B. – Comme pour de nombreux sujets managériaux, il existe plusieurs niveaux d'observation et d'action. Chaque phénomène en entreprise peut être observé, interprété, expliqué selon trois niveaux. Le premier niveau est le *micro* : sont regardées alors les interactions entre individus. C'est la dimension personnelle qui prédomine. Ensuite, le niveau *méso* permet d'observer les rapports entre entités qui composent une organisation, par exemple les services d'une entreprise. Enfin, le niveau *macro* situera l'observation aux relations entre entreprises, à l'échelle d'un territoire, d'une nation, ou même dans un cadre international. Les sciences de gestion se concentrent en règle générale sur le niveau méso, mais n'hésitent pas à alimenter leurs observations en prenant l'ascenseur de l'observation qui permet de naviguer d'un niveau à un autre pour enrichir encore les analyses.

L'objectif est de ne surtout pas créer de rupture entre ces différents niveaux et de bien réfléchir en termes de déclinaison et d'articulation. Ainsi, comment penser la performance d'une entreprise sans s'intéresser à celle des hommes et des femmes qui la composent ? Ou bien comment motiver la performance personnelle de tel ou tel sans avoir un cadre stratégique porteur et cohérent à ce propos ?

Entrent alors en jeu deux visions de l'activité managériale : la première (niveau micro) est la relation entre manager et managé, qui ne se limite pas, comme nous allons le voir à des ordres, des fixations d'objectifs, des relevés de résultats. La seconde (niveau méso) est la déclinaison hiérarchique, le rôle et la contribution de chacun dans l'entreprise. On retrouve la double dimension managériale de l'outil (pris dans un sens très large incluant procédures, *reporting*, contrats) et de la relation humaine. L'activité d'une entreprise naît de ces interactions plus ou moins ortho-fonctionnelles entre les relations et les dispositifs qui les structurent et les actionnent. Rien ne sert de pousser à la performance des individus sans avoir un cadre stratégique affirmant cette volonté et les moyens adéquats pour y parvenir.

C'est dit, la performance en management ne peut être isolée et, toute chose égale par ailleurs, la présence du « loup solitaire » dans les équipes de vente comme du « héros » surperformant traduisent plus souvent des dysfonctionnements managériaux que la performance organisationnelle. La performance de l'organisation ne peut être lue comme la simple addition des performances des individus ou des services, mais comme un tout qui dépasse cette juxtaposition, et manager la performance va donc mobiliser des ressorts nombreux et subtils qui font système.

Y.-H. M. – C'est vrai, et pourtant, là encore, derrière ce que vous dénoncez, je vois plus les limites de l'idéologie de la performance qu'un signal de dysfonctionnement managérial. Il ne faut quand même pas oublier que la logique de la performance est une logique essentiellement individualiste. On ne demande pas à un musicien d'orchestre d'être performant. On lui demande plutôt de s'en tenir à la partition qu'il doit jouer avec les autres. En revanche, on peut le demander à un soliste. À vouloir classer, mesurer, étalonner, on juxtapose des chiffres, on compare, on exalte les uns quitte à faire un peu honte aux autres, et on oublie parfois les hommes, leurs difficultés, leurs limites. La logique de la performance est donc aussi une logique comparatiste, au nom de laquelle on établit des hiérarchies prétendument rationnelles parce que mesurables : 9 secondes 58 au 100 m, c'est mieux que les 9 secondes 95 de Jim Hines en 1968. Qui se souvient de celui-ci, qui fut pourtant le premier à passer sous la barre des 10 secondes ? Les chiffres font oublier les hommes ! Les héros anciens n'étaient pas des héros dont les prouesses se trouvaient mesurées selon des indicateurs chiffrés. L'héroïsme d'Achille ne se mesure pas au nombre de guerriers troyens qu'il a trucidés. Mais le héros moderne surperformant tient tout entier dans la mesure chiffrée qui l'évalue. On ne cesse de compter les records, de chiffrer les victoires, de comptabiliser l'argent gagné qui devient, d'ailleurs, le plus universel des indicateurs : si Beckham touche plus que Ribéry, c'est qu'il est meilleur ! Ainsi, être vraiment performant, c'est l'être plus que les autres. C'est, encore une fois, être surperformant, sous peine de se retrouver relégué dans les limbes où d'anciens héros caressent leurs médailles. Le loup solitaire n'est pas un dommage collatéral du culte de la performance : il en est l'avatar ultime, censé coïncider avec les statistiques qui l'ont construit. C'est pourquoi j'ai du mal à considérer qu'on puisse parler d'une performance de l'organisation. Le nombre de repas distribués par les Restos du cœur n'est pas une performance, même si cela exprime bien l'efficacité de ses bénévoles. De la même façon, l'augmentation du chiffre d'affaires d'une société, s'il se trouve confirmé sur le long terme, exprime plus l'efficacité d'une politique que des performances organisationnelles. Chaque fois qu'une œuvre est collective, la simple somme des performances individuelles est contre-productive. Un orchestre dans lequel chaque musicien voudrait briller plus que son voisin deviendrait cacophonique. Une équipe de football dans laquelle chacun voudrait « performer » pour son compte serait battue par une équipe plus efficace malgré des individualités éventuellement moins performantes. L'efficacité est essentiellement collective. La performance essentiellement individualiste.

I. B. – Une fois de plus, nous regardons la même chose sans voir la même chose, et peut-être aussi, tout simplement, en ne mobilisant pas le même vocabulaire.

Quelle distinction entre efficacité et efficience ?

I. B. – Poursuivons notre réflexion et examinons les définitions des termes « efficacité » et « efficience ». Pour moi, l'efficacité et l'efficience telles qu'elles sont définies peuvent être individuelles, groupales et organisationnelles. C'est le cas aussi pour la performance. La logique d'action de la gestion l'amène aussi à une obligation de faire avec le réel, dont la philosophie s'embarrasse peut être moins. À ce stade de nos échanges, acceptons cette zone grise dans notre dialogue, le consensus étant rarement la preuve de la « performance » – clin d'œil ! – de la pensée.

L'efficacité exprime la performance dans le ratio entre résultats effectifs et objectifs, alors que l'efficience s'estime à l'aune du ratio entre résultats et moyens mis en œuvre. Ces deux notions sont souvent mobilisées de façon conjointe et illustrent, chacune à leur façon, une vision managériale du lien entre performance et compétence. L'idée est qu'un antécédent de la performance est la compétence : plus on est formé, expert, compétent, et plus on est performant. En effet, plus on sait faire, plus on est capable de mobiliser de façon optimale les ressources dédiées à un projet et plus on sait également établir des objectifs « atteignables » dans le cadre des ressources (en temps, en moyens logistiques, financiers et humains) allouées au projet.

Ce savoir-faire, cette expertise appartiennent à celui ou celle qui doit « performer », mais aussi à son manager. C'est en effet le manager qui saura fixer les objectifs de chacun des membres de son équipe en fonction de ceux de l'entreprise et de leurs déclinaisons à son service. Cela relève d'une double compétence : la première est une bonne intelligence de la stratégie globale de l'entreprise et de la contribution attendue de l'entité qu'il dirige ; la seconde est la capacité d'appréciation de la répartition des efforts de chaque individu, tous différents, pour mener une équipe globalement à la performance, dans un sentiment d'équité des contributions.

Y.-H. M. – Un philosophe comme François Jullien, qui est aussi un spécialiste de la Chine, vous rejoindrait dans votre souci de distinguer l'efficacité et l'efficience, mais peut-être pas dans la façon dont vous les distinguez. Permettez-moi ici de reprendre les grandes lignes de sa pensée telle qu'il l'exprime dans un petit texte remarquable intitulé *Conférence sur l'efficacité*.

Il note d'abord que, contrairement à la pensée occidentale, la pensée chinoise de l'efficacité n'est pas centrée sur le sujet qui devrait forcer rationnellement les événements pour être efficace, mais sur la situation et sur les potentiels qu'elle offre. Si cette pensée de l'efficacité n'est pas centrée sur un sujet héroïque, un héros surperformant, c'est qu'elle n'est pas non plus mise en relation essentielle avec un activisme, un « quelque chose à faire ». L'attention est ici reportée sur le réel lui-même, dont la caractéristique la plus manifeste est qu'il ne cesse de se transformer. Tous les managers savent bien qu'une situation réelle est une situation qui évolue, se modifie ou se dégrade. Le marché de l'automobile n'est pas le même en 2013 qu'en 2012. Or, l'efficacité requiert moins la puissance de l'action que l'attention au réel. Pour la pensée chinoise, l'observation patiente des formes qui changent doit l'emporter sur le souci de forcer les événements.

Par conséquent, elle ne prend pas appui sur ce couple notionnel autour duquel tourne spontanément notre pensée de l'efficacité, le couple moyens-fin. Pour le rationalisme occidental, l'efficacité est la mise en rapport des moyens que l'on se donne ou dont on dispose avec les buts que l'on vise. Mais, nous apprend François Jullien, il n'y a pas en chinois d'équivalent au terme « but ». Le mot le plus proche est exprimé dans un idéogramme qui combine l'œil et la cible, dans une perspective qui est moins celle d'un aboutissement que celle d'un profit, d'un gain, d'un intérêt. Il ne s'agit donc pas de fixer un but à atteindre, mais d'exploiter une disposition qu'on ne saurait contraindre par le seul jeu de la volonté. La sagesse chinoise, riche en images suggestives, nous rappelle à ce propos qu'on n'aide pas une fleur à pousser en tirant sur sa tige, ce qui veut dire qu'il faut parfois savoir « ne pas agir », ou agir latéralement (en arrosant la plante), voire attendre que la situation se transforme. Une action inopportune dans un potentiel de situation insuffisant serait vouée, sinon à l'échec, du moins à ce que François Jullien désigne sous le nom d'inefficience. On pourrait sans doute, à cet égard, multiplier les exemples de stratégies commerciales ou économiques coûteuses en énergie, en temps et en argent, alors qu'elles sont inadaptées aux circonstances, c'est-à-dire, littéralement, à ce qui se « tient autour » de l'action.

On comprend ainsi que, pour la pensée chinoise de l'efficacité, ce n'est pas l'action qui prime, puisqu'elle n'est que la force saillante d'un processus de transformation auquel il convient d'être attentif pour mieux en tirer parti. Aider une transformation à se produire est plus « efficient » que chercher à forcer les événements. C'est d'ailleurs à ce niveau que François Jullien nous propose de distinguer entre efficacité et efficience. Alors que la première voit d'abord le potentiel de transformation dans le sujet intelligent et volontaire, celui en qui nous avons vu le héros surperformant, la seconde le voit d'abord dans le réel en ce qu'il a de « naturel » en ce sens où il ne saurait être artificiellement contraint.

Le lecteur sinophile aura reconnu sans doute derrière cette pensée de l'efficience l'empreinte de la doctrine du tao, cette pensée du non-agir, parfois mal comprise des Occidentaux. Le non-agir, en effet, n'est pas le « ne rien faire ». Il est plutôt un art de se laisser oublier dans une situation qui produira un avantage ou un profit quand elle se sera transformée.

On comprend ainsi en quoi cette conception de l'efficience rejoint un certain « art de la guerre ». Dans *Guerre et Paix*, Tolstoï, pour revenir à nos classiques d'Occident, ne présente pas Napoléon, à la veille de la bataille d'Austerlitz, comme un stratège rationnel qui élabore un plan, mais comme le génie qui tire parti d'une situation à fort potentiel : il fait croire qu'il n'a pas confiance, il tire profit du brouillard... Il est possible que nos entreprises occidentales puissent trouver dans cette pensée de l'efficience de quoi contrarier heureusement une certaine idéologie de la performance.

Et qu'en est-il de la motivation ?

I. B. – Vous confirmez que l'empreinte culturelle est essentielle sur ces concepts majeurs. Je vous ferais tout de même remarquer que les sportifs chinois, comme les entreprises chinoises, sont entrés avec une facilité désarmante dans la course internationale, qu'elle soit celle des chronomètres ou celle du chiffre d'affaires.

Peut-être pouvons-nous aborder un autre concept essentiel : la motivation. Depuis toujours, et bien au-delà des sphères managériales (le sport est particulièrement mobilisé sur cette question), on s'est posé la question de ce qui pousse un individu à agir, sachant que la motivation est souvent définie comme un « moteur interne qui pousse à agir ». Cette courte définition, à la limite du simplisme, cache des trésors de complexité et soulève une multitude d'interrogations qui ne sont pas près de trouver des réponses. Alors qu'il s'agit d'un comportement que toute personne est censée pouvoir développer, il est en effet extrêmement difficile d'observer directement la motivation d'une personne. Que nous disent les psychologues spécialistes de la question ? Il s'agit d'un processus déclenché tant par une force motivationnelle intérieure, qui dépend de caractéristiques personnelles comme les besoins, les pulsions, les traits de personnalité, que par une force motivationnelle extérieure, dépendant de l'environnement de travail, du mode de management, de la nature de la tâche. Quand on ajoute que le niveau de motivation peut varier à la fois entre les individus et chez une même personne selon les circonstances, on mesure la volatilité du phénomène.

Si on accepte d'être très réducteur, l'enjeu du management consiste à :

– déclencher le comportement des individus, c'est-à-dire l'acceptation ou la nécessité chez eux de fournir l'énergie nécessaire pour démarrer ;

– diriger ce comportement dans le sens qui convient vers les objectifs à atteindre ;

– doser l'intensité des efforts physiques, intellectuels et mentaux ;

– et enfin, à maintenir ce niveau de motivation dans la durée.

Ces questions de motivation ont largement été analysées et débattues dans les fonctions commerciales, où la motivation est un antécédent de la performance. Si être motivé permet d'être performant, il est également admis (car observé) que plus on est performant, plus on est motivé pour maintenir son effort. Il y aurait donc une boucle vertueuse entre motivation et performance, ce qui implique évidemment, *a contrario*, qu'il existe un cercle vicieux liant démotivation et non-performance ; et chaque manager sait que, bien souvent, plutôt que de motiver, il s'agit de lutter contre la démotivation.

Les études montrent aussi que « se sentir performant » ne veut pas dire qu'on est au maximum de son potentiel de performance, ce qui amène le manager à savoir doser avec subtilité la motivation de type interne (« se sentir performant ») avec l'évaluation objective de la performance (on repasse alors par la case efficacité et efficience). Pour ajouter à la complexité, nous observons de nombreuses situations où la performance est au rendez-vous sans que la personne se déclare motivée, d'autres où la performance est absente alors que tout a été mis en œuvre pour permettre la motivation. Comme il se doit, les situations mixtes sont également possibles.

Y.-H. M. – Cette notion de motivation ne me semble pas très claire, et elle sert d'ailleurs souvent d'alibi facile pour expliquer un comportement que l'on ne comprend pas. Expliquer les faibles performances d'un individu par son manque de motivation n'explique pas grand-chose. Il reste à savoir pourquoi il n'est pas motivé, et pour quoi il est éventuellement très motivé. Ce que je veux dire, c'est que la motivation n'est pas une qualité propre et pérenne. On est toujours motivé pour quelque chose, pour aller jouer au foot plutôt que pour faire ses devoirs par exemple. Ainsi, le problème, et tout particulièrement en management, n'est pas de savoir qui est motivé et qui ne l'est pas, mais de savoir premièrement pour quoi Untel est motivé, deuxièmement comment motiver ceux qui ne le seraient pas suffisamment. Bref, il faut sans doute entendre la motivation dans un sens dynamique (motiver quelqu'un) plutôt que statique (quelqu'un de motivé).

Mais là encore, il faut sans doute revenir à une conception courante de l'individu efficace pour comprendre ce qui le motive. Selon un schéma sans doute classique, cet individu efficace prend appui sur trois qualités fondamentales : son intelligence, son savoir-faire et sa volonté. Son intelligence lui permet de concevoir un but à atteindre et les moyens de sa réalisation. Son savoir-faire est de l'ordre d'une compétence. Il suppose une connaissance technique, une expertise, une capacité à faire ce que l'on sait devoir faire pour atteindre un but. Mais on comprend aisément qu'un individu à la fois intelligent et compétent puisse être peu efficace s'il manque de volonté. La volonté est en effet ce qui rend possible le passage du « concevoir » au « mettre en œuvre », c'est-à-dire au « faire ». Si je ne veux pas ce que je sais faire et devoir faire, mes performances s'en trouveront bien sûr très diminuées.

Ainsi, je préfère parler de volonté plutôt que de motivation, ne serait-ce que pour éviter de réduire l'action d'un individu à un comportement qu'il faudrait déclencher. Il y a, dans cette façon de concevoir la motivation, quelque chose de pavlovien. On gagnerait sans doute à considérer l'agent comme un acteur véritable en lequel il ne s'agit pas de déclencher un comportement, mais de solliciter un véritable potentiel d'action.

Le schéma « intelligence, savoir-faire, volonté » tel que je le propose me semble avoir le mérite de ne pas rattacher les faibles performances d'un individu à sa seule motivation. Un individu très motivé, vous le soulignez avec bonheur, peut avoir des performances modestes. Le premier éliminé à Roland-Garros était peut-être aussi motivé que le vainqueur du tournoi. Mais il n'avait sans doute pas exactement les mêmes compétences.

Ce schéma permet aussi de relever trois causes possibles pour des performances jugées insuffisantes. Soit il y a manque d'intelligence (défaut dans la conception d'un modèle adapté d'action), soit il y a manque de compétence (je ne sais pas faire ce que je sais devoir faire), soit il y a manque de volonté (je ne veux pas faire ce que je sais devoir faire).

C'est ce dernier cas de figure qui est le plus mystérieux. Pourquoi un employé ne voudrait-il pas se donner tous les moyens de faire ce qu'il a le devoir de faire ? Comprenons bien que le problème n'est réel que si nous supposons qu'il en a les compétences. Et dans ce cas, parler d'un manque de motivation revient à coller une étiquette convenue sur une attitude complexe.

Il me revient ici en mémoire le cas d'une employée qui refusait régulièrement d'exécuter une consigne de ses employeurs, c'est-à-dire sous-traiter certaines commandes en Inde. Sommée de s'en expliquer, elle développe tout un argumentaire visant à rendre manifeste le caractère absurde de cette procédure puisque le travail dont elle se serait alors déchargée se serait soldé, selon elle, par un travail supplémentaire de contrôle, de correction et de réparation des erreurs. Il ne s'agit pas ici de lui donner raison ou tort, mais de comprendre à partir de là :

1. Que ses propres performances, en matière de chiffre, étaient réalisées contre un impératif de performance concurrent : elle était à la fois très peu performante pour le nombre de commandes données en sous-traitance et surperformante pour ses propres commandes.

2. Que ce qui était d'abord considéré comme un problème de non-motivation cachait en réalité une attitude beaucoup plus complexe : compétente (elle savait faire, y compris sous-traiter), intelligente (elle comprenait très bien le modèle idéal qu'elle refusait), volontaire (elle savait se donner les moyens de ses objectifs), elle ne pouvait pas être motivée pour ce qu'elle ne pouvait pas vouloir.

On comprend alors qu'il ne s'agit pas de déclencher une motivation, mais de prendre la mesure d'une volonté particulière portée à l'action. Le bon manager, me semble-t-il, est celui qui s'interroge moins sur les motivations, peu mystérieuses en général, de ceux dont il est responsable qu'il ne les interroge sur ce qu'ils veulent. Et il peut arriver que ce qu'ils veulent aille moins dans le sens d'un intérêt privé (une motivation) que dans celui de l'intérêt général (l'intérêt de l'entreprise).

Implication et engagement au travail : des auxiliaires précieux de la performance ?

I. B. – Avec l'implication et l'engagement, on s'engage dans une vision plus « externe » des facteurs de la performance, on quitte aussi une vision purement individualisante du sujet. En effet, il est indéniable que la mobilisation des salariés est un facteur de performance et que cette mobilisation a besoin d'incitations organisationnelles, en rappelant que celles-ci n'ont de sens que pour des acteurs compétents, capables et prêts à mettre en œuvre leur implication.

On distingue deux types d'implication : l'implication dans le travail, soit l'adéquation homme-travail (*involvement* en anglais) que l'on nomme plus souvent « engagement », et l'implication de l'individu dans les valeurs et les croyances de l'entreprise (*commitment* en anglais) qui reste « implication » en français. En clair, être engagé dans son travail signifie mobiliser beaucoup de temps, d'énergie dans ses missions ; être impliqué dans l'entreprise s'illustre par un attachement aux valeurs et à la culture de l'entreprise. L'implication se distingue donc de la motivation en soulignant l'importance de l'attachement, qui peut prendre trois formes : l'attachement affectif (j'aime), l'attachement calculé (que vais-je recevoir en échange de ma contribution ?) et l'attachement normatif (je subis la pression des normes sociales ou je le fais parce que je le dois). Les entreprises s'appliquent actuellement, faute de pouvoir agir sur la motivation de façon suffisamment efficace, à améliorer l'engagement et l'implication de leurs salariés. C'est ce qu'on va retrouver dans les missions assignées au « marketing RH ». Des actions telles que mieux cibler les talents, mieux identifier les compétences, proposer des formations visant à développer les potentiels individuels, dessiner des parcours d'évolution professionnelle, seront au service de l'engagement dans l'entreprise. D'autres actions, comme le fait de développer l'attractivité de l'entreprise en mettant en avant ses valeurs, en se présentant comme socialement responsable, en proposant des actions en faveur de l'environnement, d'associations caritatives, d'événements sportifs, etc., permettront de développer l'implication des salariés.

Mais, soyons clairs, il n'existe pas de recettes universelles pour produire l'implication et l'engagement. Tout au plus peut-on instaurer des cadres d'action les encourageant et les stimulant. On est bien loin de l'équation simple : $P = M \times A$ (performance = motivation × aptitude), c'est bien tout un système de notions qui aide à comprendre ce qui peut conduire à la performance, qu'elle soit individuelle, organisationnelle, financière, économique ou sociale.

Y.-H. M. – Je me réjouis que vous rejetiez cette « équation simple » que je n'hésiterai pas à qualifier de simpliste. De façon générale, il convient de se méfier de toute forme de mise en équation de la complexité des comportements, et plus précisément des actes humains. Vous savez, on reproche souvent à la philosophie de compliquer inutilement les choses. Pour ma part, j'aime rappeler à mes étudiants que si la philosophie est compliquée – et elle l'est –, ce n'est pas parce qu'elle complique tout, c'est parce qu'elle est attentive à la complexité du réel. Le geste le plus simple, tel que celui qui consiste à boire un verre d'eau, met en jeu toute une série d'événements psychiques et physiologiques auxquels nous ne prêtons guère attention tant nous y sommes habitués. À plus forte raison, ce qui fait qu'une série d'actions aboutit à un résultat satisfaisant, dans des domaines aussi variés que le sport, l'économie ou la guerre, tient à un si grand nombre de facteurs complexes qu'aucune équation ne saurait prétendre en rendre raison. Il ne faut donc pas se laisser abuser par une apparence de scientificité qui, dans le domaine des affaires humaines, brouille l'analyse plus qu'elle ne l'éclaire.

Pour ce qui concerne l'équation particulière dont vous vous désolidarisez (P = M × A, c'est-à-dire performance = motivation × aptitude), elle semble poser quelque chose de simple : que la performance est proportionnelle à la fois à la motivation et à l'aptitude. Bref, plus vous êtes apte et motivé, plus vous serez performant. Mais la réalité, on le conçoit aisément, est beaucoup plus complexe. Cette équation laisse de côté tout le milieu de l'action, ce que nous avons appelé les circonstances, « ce qui se tient autour ». Or, dans certains cas, si les circonstances sont éminemment favorables, on peut connaître le succès malgré une faible motivation ou des compétences limitées. Ce que nous pouvons retenir de la pensée chinoise, qui se méfie de ce genre de modélisation prétendument rationnelle, c'est qu'il y a aussi une « intelligence de la situation » et une capacité à s'y couler qui se trouvent être le gage d'une authentique efficience.

Accorder trop à la motivation, c'est alimenter la croyance naïve selon laquelle « quand on veut, on peut ». Mais si je joue aux échecs contre un maître international, quelle que soit ma motivation, je risque fort de ne pas « performer ». Pourtant, il sera tout à fait possible de considérer que j'aurai fait une belle partie. Accorder trop à l'aptitude ou à la compétence, c'est oublier qu'elle n'est pas un capital fixe, mais qu'elle tient souvent à des habitudes, à des schémas généraux bien intégrés qui relèvent en gros de ce que l'on peut nommer l'expérience. Mais, là encore, mieux vaut éviter de la survaloriser, tant il est vrai que rien ne ressemble plus à l'expérience que des habitudes maintenues alors que la situation a changé. Confucius dit à son sujet qu'elle est comme une lanterne qui n'éclaire que celui qui la porte. Je dirais pour ma part qu'elle n'éclaire souvent que le passé. L'expérience des officiers de la Première Guerre mondiale ne leur a guère servi au début de la Seconde. L'expérience est souvent un nom flatteur pour une certaine inertie des habitudes. C'est pourquoi il convient au moins de savoir de quelle aptitude on parle. La plus intéressante, du point de vue de l'efficacité, est sans doute l'aptitude à s'adapter, à modifier ses schémas mentaux, à remettre en question ce que l'on croyait savoir bien faire mais qui « ne marche plus ».

Je pense par exemple, pardonnez-moi cette nouvelle référence au sport, à un match de tennis joué en 1989 entre Chang et Lendl en huitième de finale de Roland-Garros. Lendl est alors au sommet de son art. Sa motivation et son aptitude sont indiscutables. Il est le joueur performant du moment. Et pourtant, déconcerté par le jeu de Chang (un service à la cuillère, un placement près de la ligne sur le service de son adversaire...), il ne parvient pas à gagner le match, qu'il termine d'ailleurs sur une double faute. Cet exemple, je crois, montre à quel point l'équation P = M × A est grossière. Ce qui a manqué au numéro 1 mondial de l'époque, ce n'est ni l'aptitude ni la motivation. C'est la capacité à s'adapter à une situation inédite, à un joueur capable de déjouer. Ce jour-là, Lendl avait sans doute les moyens d'être aussi performant que lors de ses matchs précédents. Mais il n'avait pas les moyens d'être pleinement efficace, pour ne pas dire efficient, contre un adversaire au jeu improbable.

Qu'est-ce que la soumission librement consentie ?

I. B. – Il me semble tout à fait intéressant d'aborder ici la théorie de l'engagement telle qu'elle est exposée par Joule et Beauvois dans leur *Petit Traité de manipulation à l'usage des honnêtes gens*. Selon cette théorie née dans les années cinquante, pour amener une personne à agir comme on le souhaite, il convient avant toute chose, d'obtenir d'elle un acte, l'acte le plus à même de la prédisposer à faire ce qu'on attend d'elle. Selon la théorie de l'engagement, l'homme agit et pense en fonction de ses actes antérieurs. Cette théorie met donc de côté les stratégies jouant sur la motivation intrinsèque pour privilégier la situation et les déterminants externes. La stratégie de l'engagement met en œuvre des sollicitations externes, mais elle implique la création d'un lien entre la personne et son acte. Quelques procédures ont été mises au jour par les théoriciens de l'engagement, dont on constate qu'elles sont couramment mobilisées en situation de négociation et de management, sans que les utilisateurs n'en aient conscience.

Ainsi, le principe de l'« amorçage » consiste à faire prendre une décision sur une mauvaise base d'information, soit en ne disant pas toute la vérité, soit en mentant carrément. La décision prise, on rétablit la vérité, ce qui va faire apparaître la décision comme encore moins avantageuse. La personne, libre de modifier ses choix, va pourtant persévérer dans la décision initiale. Une seconde procédure est le principe du « pied dans la porte », reprise d'une vieille stratégie de démarchage qui consiste, comme son nom l'indique, à mettre le pied dans la porte pour le mettre ensuite dans le salon : à demander peu pour obtenir beaucoup. L'univers comportemental du pied dans la porte est immense et être informé de cette tactique ne suffit pas pour en être immunisé. Un autre principe est de toucher physiquement la personne à qui on va faire une requête : il est démontré qu'elle sera inconsciemment mieux disposée à réaliser ce qu'on lui demandera.

La « taille de l'acte », qui se caractérise par sa visibilité sociale et son importance, est également un élément moteur de l'engagement externe. La visibilité dépend de quatre facteurs : le caractère public donné à l'acte, le caractère explicite de l'acte, son irrévocabilité et le nombre de fois où il est réalisé. L'importance de l'acte est facteur des conséquences de cet acte : plus les conséquences seront perçues comme grandes, pour celui qui fait l'acte comme pour des tiers, plus l'acte est engageant. Cette importance est aussi déterminée par le coût de l'acte, coût objectif (montant financier par exemple), mais aussi coût affectif.

Une autre catégorie de conditions correspond aux raisons de l'acte, les expériences montrent que les raisons d'ordre externe désengagent à faire le même travail. Une personne bien rémunérée sera moins engagée qu'une personne peu et *a fortiori* pas rémunérée du tout, comme c'est le cas des bénévoles. Les menaces comme les récompenses désengagent d'autant plus qu'elles sont importantes. On l'observe dans l'éducation des enfants, de nombreuses expériences montrent que plus les récompenses sont faibles, mieux les enfants respectent les consignes. *A contrario*, les raisons d'ordre interne engagent, elles réduisent la distance qui existe entre l'acteur et son acte, alors que les raisons d'ordre externe accroissent cette distance. C'est alors que le caractère potentiellement pervers de l'internalité apparaît, la personne qui vient d'agir va se trouver des raisons internes à son acte et se les attribuer : « Je l'ai fait parce que je suis généreux » ; on peut aussi le lui suggérer : « Je reconnais bien là ton courage ! » L'important est de respecter la cohérence de ces explications. Les explications internes ne sont possibles que si l'on présuppose que l'acte a été réalisé par une personne libre de faire ou pas. Or, rien n'est plus facile que de créer un contexte de liberté : il suffit d'assortir la requête faite à l'acteur d'une phrase affirmant qu'il est libre de faire ou de ne pas faire ce qu'on attend de lui.

Autant de « recettes », souvent appliquées empiriquement en management pour pousser les équipes à la performance et qui amènent les personnes à faire ce qu'on leur demande, de façon « librement consentie ». C'est ici une autre vision de l'homme qui est mobilisée, un homme fait de ses actes (et manipulable) ; c'est aussi une réalité humaine, dont le management a su s'emparer. Autant le savoir.

À ceux qui pensent que connaître le virus de l'engagement peut aider à s'en immuniser, les chercheurs dans le domaine démontrent qu'ils se trompent lourdement. Il suffit de réfléchir à ce qu'on appelle l'auto-engagement : qui n'est pas resté bloqué sur une situation aberrante, sous le prétexte de s'en tenir à la décision prise ? Par exemple, à attendre un bus qui n'arrivait pas, sous la pluie, plutôt que de partir à pied ? Plus on attend plus on est engagé, et plus on est engagé plus on attend... Ramené à la stratégie, l'autoengagement est un plaie qui rend myopes beaucoup de dirigeants (d'entreprise comme dans d'autres domaines), leur interdisant de réfléchir à d'autres solutions plus intelligentes ou mieux adaptées à un contexte qui a changé, et conduisant des organisations à la contre-performance.

C'est cette capacité à « sortir du cadre » qui va nous intéresser maintenant.

Y.-H. M. – La manipulation ne consiste pas exactement à faire en sorte que quelqu'un agisse conformément à ce que l'on attend de lui. En effet, un acte est vraiment un acte en tant qu'il procède de la volonté libre de celui qui l'accomplit. Ce qu'il est possible de standardiser, de manipuler, de déterminer, ce sont plutôt ce qu'il convient d'appeler des comportements. Cette distinction entre action et comportement est essentielle. Les techniques managériales que vous évoquez ne s'adressent pas à une capacité d'agir, mais à une tendance socialement construite à substituer des comportements plus ou moins attendus à des actions dont le premier signe de reconnaissance est précisément leur relative imprévisibilité. Il est important de comprendre qu'un comportement est toujours à la fois déterminé et standardisé. Il peut être déterminé par l'instinct, quand il s'agit de comportement animal, ou par un ensemble de déterminismes sociaux ou psychologiques. Quand vous cherchez à manipuler quelqu'un en lui disant : « Je reconnais bien là ton courage », vous flattez sa vanité plus que vous n'en appelez à sa liberté. Vous le déterminez à entrer dans un processus de récompense qui le poussera à adopter le comportement qui lui permettra de bénéficier d'une gratification réelle ou symbolique.

À court terme, cette stratégie peut être efficace. Mais à long terme, j'ai du mal à croire qu'elle puisse être gagnante, sauf à considérer ceux que l'on dirige comme des robots dociles et aisément manœuvrables. Arrive toujours le moment où l'employé qui s'est laissé séduire par des promesses ou des paroles encourageantes se rend compte qu'il a été plus ou moins abusé. Il faut alors s'attendre à une sorte de révolte de la liberté dans laquelle un sujet s'affirme pour ce qu'il est : une personne libre qui n'entend pas se laisser intégralement manipuler.

Traiter quelqu'un comme une personne, en effet, c'est le traiter comme un agent libre. Et je suis convaincu qu'une entreprise a plus à gagner en organisant un espace pour des actes libres, des initiatives heureuses, des procédures non standardisées, qu'en exploitant des techniques de manipulation comportementale.

Vous dites aussi qu'il n'y a rien de plus facile que de créer un contexte de liberté. Il faudrait préciser : un contexte apparent, c'est-à-dire le contexte d'une liberté illusoire. Spinoza relevait déjà dans une lettre célèbre adressée à l'un de ses amis, le savant Schuller, que « l'illusion de la liberté procède de la conscience que nous agissons associée à l'ignorance des causes qui nous font agir ». C'est ainsi que nous nous croyons libres quand nous avons conscience que nous buvons tout en prenant pour un acte de liberté ce qui reste déterminé par une addiction contre laquelle nous sommes devenus impuissants. Ce que Spinoza décrit ici, c'est exactement ce que j'appelle un comportement, plutôt qu'un acte. De la même façon, il est sans doute assez facile pour un manager de déterminer des comportements en usant de la flatterie, de la menace ou de la suggestion, en donnant l'illusion à ceux qui se soumettent que leur soumission est librement consentie. Mais je reste convaincu qu'on a plus à gagner en favorisant une liberté réelle, qui est toujours encadrée, qu'en suscitant l'illusion du libre arbitre.

Une autre différence importante entre un comportement et un acte, c'est qu'un acte nous construit alors qu'un comportement nous détermine. La formule bien connue de Sartre selon laquelle l'homme est la somme de ses actes est sans doute inexacte. Pourtant, il reste vrai que mes actes me construisent peu à peu, que ce sont eux qui ont contribué à faire de moi celui que je suis devenu. La vérité profonde de l'existentialisme sartrien, c'est que ce n'est pas parce que je suis courageux que j'agis courageusement, c'est au contraire parce que je prends sur moi d'agir courageusement que je suis devenu courageux. Il en va de même pour le travail. Ce n'est pas parce que je suis « par nature » travailleur que je travaille beaucoup, c'est parce que j'ai pris l'habitude de travailler que j'ai fait de moi quelqu'un de travailleur. La conséquence est importante pour un manager éclairé. En libérant des espaces d'actions authentiques, il permet à ceux dont il est responsable de continuer à se construire, de développer des facultés nouvelles, de devenir plus efficaces, parfois parce que moins dociles. En cherchant simplement à déterminer des comportements, on prend le risque de promouvoir des mécanismes sclérosés. En faisant confiance à des personnes libres, on leur donne une chance de continuer à s'inventer et de contribuer à inventer leur entreprise.

Il ne faut toutefois pas oublier que la gestion de cet espace de liberté, qui est donc tout autre chose qu'une technique de manipulation comportementale, exige de satisfaire un besoin humain reconnu comme fondamental au moins depuis Hegel : le besoin de reconnaissance. Nous avons déjà vu que Claude Lefort allait jusqu'à dire que « l'homme, c'est la reconnaissance d'un homme par un autre homme ». Ce dont ont besoin des employés dont on attend qu'ils soient efficaces, c'est précisément d'être reconnus comme personnes plutôt que comme des employés docilement soumis. Ce n'est pas du tout la même chose de dire à quelqu'un « Je reconnais bien là ton courage », pour le soumettre davantage à un comportement-type, que de lui exprimer notre reconnaissance et notre gratitude quand il s'est montré généreux, inventif et investi. Reconnaître sa liberté, c'est reconnaître à la fois qu'il aurait pu ne pas le faire, ce qui signifie aussi qu'il a su agir au-delà des prescriptions comportementales communes, et qu'il est bien qu'il l'ait fait. C'est reconnaître sa capacité d'agir et c'est, par conséquent, reconnaître son humanité, le reconnaître comme personne. Il ne s'agit pas ici de morale abstraite, mais de déontologie managériale, c'est-à-dire ordonnée à un authentique souci d'efficacité.

I. B. – Nous sommes d'accord sur les principes, mais je tiens à redire que la recherche en gestion a pour objectif de décrire et décrypter le management tel qu'il se pratique et, partant, de faire des préconisations. Mais, pour que ces recommandations soient solides et pérennes, elles doivent s'adosser à un socle stable et objectivé, pas seulement à des convictions ou des intentions, aussi louables soient-elles, ce qui peut être ingrat au regard de la philosophie et de ses marges de manœuvre.

« Savoir y faire » : la *metis*

I. B. – J'avance dans mes observations. S'il est une fonction dans l'entreprise particulièrement mobilisée autour de la notion de performance, c'est bien la fonction commerciale. En effet, les vendeurs (qui peuvent être désignés par beaucoup d'autres appellations) restent la population de l'entreprise la plus soumise à la notion d'atteinte d'objectifs, de façon plus ou moins individualisée et presque toujours liée à leur rémunération (le fameux rapport salaire fixe-variable-primes) Si l'on observe les pratiques des managers commerciaux et de leurs équipes, on constate que, bien souvent, au-delà de la mobilisation des traditionnels savoir, savoir-faire et savoir-être, ils développent une catégorie bien spécifique de compétences, non homologuées par les manuels de ressources humaines : le « savoir y faire ». Qu'entendons-nous par-là ? Confrontés à des situations inédites, souvent contraires à leurs prévisions, soumis à la pression de la performance, ils développent une intelligence de la situation qui est souvent désignée comme de l'opportunisme. Cette vision est bien trop réductrice ; et il me semble, au contraire, possible d'identifier un autre chemin vers la performance, qui n'a pas encore acquis sa légitimité, mais qui n'en continue pas moins à prospérer de façon non officielle. Cette intelligence de l'action, cet art du lien, cette capacité à être attentif aux circonstances pour en tirer le maximum relèvent de la *metis*, de la ruse, moins valorisée que la *praxis* ou la *poiesis* dans la philosophie grecque. La meilleure façon de décrire ce qu'est la *metis* est de relire le mythe d'Hermès (Dieu des marchands… et des voleurs). Pourquoi avoir recours au mythe ? Le mythe explique, il est récit d'une création, il révèle ; c'est un message de nulle part, disait Lévi-Strauss ; et grâce à la littérature qui le propage et le transmet, il vit au cours des siècles. C'est bien le cas du mythe d'Hermès.

Hermès est caractérisé par une extrême mobilité, qui en fait un médiateur. Il tirerait son nom du grec *hermaïon*, « fruit tombé, aubaine ». Or, « profiter des aubaines n'exclut point qu'on donne un coup de pouce au destin grâce à des ruses, à des subterfuges », écrivait Brunel dans son *Dictionnaire des mythes littéraires*. Hermès vient peut-être aussi d'*hermeneus*, interprète, ce qui permet à Platon de dire : « Les caractères d'interprète, de messager, d'adroit voleur, de trompeur en paroles et d'habile marchand, c'est au pouvoir du discours que se rattache cette activité. » Enfin, Hermès (sous la forme d'Hermès Trismégiste) se caractérise par sa plasticité, qui le conduit à subir de nombreuses transformations : « D'un côté, on le condamne ou on le tourne en ridicule, on en fait un diable ; de l'autre, on reconnaît en lui un bienfaiteur, un porteur de valeur humaines, de vertus chrétiennes. »

Ces caractéristiques de mobilité, d'empathie, de capacité à se saisir des opportunités sont bien souvent au service de la performance en entreprise ; elles ne mobilisent pas forcément des compétences dûment répertoriées, mais bien ce « savoir y faire » qui fascine, qui dérange aussi car peu reproductible et surtout très difficile à gérer, ce qui le pose hors du périmètre classique du management. Admettons cependant que ces comportements à la marge (et non marginaux) peuvent être source d'innovation et de créativité ; et c'est souvent, sans se l'avouer, ce que recherchent les entreprises et leurs managers. Cette mise au jour de chemins détournés nous amène à réfléchir aux rôles des représentations dans le monde managérial : peut-on véritablement progresser et innover (c'est-à-dire produire du mieux-disant et non du toujours plus) sans chercher à renouveler des schémas mentaux bien établis et sclérosants ?

Y.-H. M. – J'aime beaucoup ce que vous dites là au sujet d'un sens de l'opportunité qu'il convient en effet de distinguer de tout opportunisme, puisqu'il renvoie plutôt à ce que vous appelez avec bonheur une « intelligence de l'action » qui suppose elle-même une « capacité à être attentif aux circonstances ». Puisque vous évoquez aussi la *praxis* et la *poiesis* de la philosophie grecque, notamment celle d'Aristote, j'aimerais prendre le temps de présenter succinctement sa philosophie de l'action efficace.

Aristote est en effet un éminent penseur de l'action et pour entrer dans cette grande et belle pensée, il est utile de revenir précisément à ces deux notions, la *poiesis* et la *praxis*, c'est-à-dire, si l'on tient à une traduction, à ce qui est du domaine du faire (la *poiesis*) et à ce qui relève de l'agir (la *praxis*).

La *poiesis* (le faire) est la transformation d'une chose par un technicien. On est ici, selon Aristote, dans l'ordre de l'habitude, du savoir-faire, de la répétition possible, de l'« art » au sens d'une habileté acquise et réemployable. La *poiesis* transforme donc la matière selon des modalités éprouvées (celles de l'agriculteur, du céramiste, du charpentier, du boulanger…) qui laissent l'artisan inchangé. Il fait ce qu'il sait faire. En revanche, la *praxis* est la double transformation d'un agent et d'une situation. On est ici dans le domaine du complexe, de l'imprévisible, du mouvant, des situations qui ne sont jamais les mêmes, des méthodes qui ne sont pas réemployables telles quelles, du non-répétable : ce qui a marché hier peut échouer demain. Ainsi, l'agent qui transforme une situation par ses actes se change lui-même. Il s'adapte aux circonstances, il acquiert une certaine expérience, voire une certaine sagesse ; il développe son intelligence des situations. Pour aller jusqu'au bout de cette distinction fondamentale, il faut encore comprendre que si un faire peut être achevé (l'escalier fabriqué par le menuisier, par exemple), l'action, pour sa part, n'est jamais finie. Elle modifie des relations, mais n'accomplit rien. Toujours, il faudra recommencer à agir dans un contexte mouvant qui m'obligera chaque fois à des adaptations nouvelles, sans garantie de succès.

Or, pour Aristote, la bonne action est d'abord l'action efficace, celle qui atteint son but dans un monde instable, changeant, aux évolutions largement imprévisibles. Dans ce monde, qui est celui-là seul où notre agir peut se déployer, les bonnes intentions ne suffisent pas, pas plus que les recettes anciennes, celles qui ont été apprises à l'école, par exemple. L'homme d'action, comme vous le dites vous-même en une intuition profondément aristotélicienne, doit être attentif aux circonstances pour saisir le moment favorable ou, si vous préférez, le moment opportun, que les Grecs appellent *kairos*. Ce sens de l'opportunité qui caractérise l'homme d'action n'a rien à voir avec l'opportunisme. Le premier suppose un but qu'il faut atteindre, quitte à modifier parfois le cap et à ruser avec les circonstances, le second évoque la possibilité de changer de but en fonction des évolutions de la situation. Si l'opportuniste est une girouette, l'homme de l'action opportune est un sage soucieux d'efficacité. Il est celui qui a conscience que le monde humain n'est pas l'univers des lois immuables et nécessaires, susceptibles d'être rationnellement établies. Avoir affaire à des hommes, à leurs stratégies, à un contexte changeant, à des volte-face imprévisibles, à des rapports de forces inédits, ce n'est pas la même chose qu'avoir affaire à l'univers physique et à ses constantes légales, traductibles en équations. Mais ce n'est pas dans l'univers physique que nous agissons, c'est dans celui des affaires humaines, dans le monde de la contingence, un monde dans lequel les choses ne se passent pas toujours conformément à nos schémas prévisionnels, un monde dans lequel les mêmes causes ne produisent pas toujours les mêmes effets.

Dans ce monde-là, il n'existe pas d'équation qui puisse garantir le succès. Ainsi, l'action efficace est toujours de l'ordre du risque. Le plan le mieux élaboré peut échouer en dépit de l'intelligence de ses concepteurs et de la bonne volonté de ceux qui doivent le mettre en œuvre. Il suffit pour cela, par exemple, que les circonstances soient contraires, qu'un événement imprévu vienne rendre caduque un dispositif qui eût été parfait dans d'autres circonstances. On comprend alors que l'action efficace est au moins autant l'action heureuse que la résultante d'un processus rationnel aux effets nécessaires.

À Austerlitz, Napoléon a aussi eu de la chance, non seulement en raison de l'effet bénéfique d'un brouillard imprévu, mais encore parce que le tsar Alexandre, comme le raconte Tolstoï, a préféré écouter de jeunes généraux sans expérience plutôt que de vieux briscards qui savaient pourtant qu'une guerre ne se gagne pas dans un cabinet de campagne, devant une maquette.

Cette libre interprétation de la philosophie de l'action d'Aristote nous laisse encore découvrir que c'est justement cette nécessaire prise de risque, cette contingence du monde réel qui paralyse parfois ceux qui n'ont pas le courage d'agir et qui laissent filer par pusillanimité le moment favorable. S'il n'est jamais possible d'être assuré qu'une action bien préparée sera couronnée de succès, on peut être certain de l'inefficacité des actes sans courage. Il n'est pas d'individu plus inefficace que celui qui n'ose pas agir parce qu'il craint d'échouer, mis à part peut-être celui qui fantasme une situation stable où il suffirait de répéter rituellement les mêmes schémas. Alors oui, celui qui « sait y faire » est bien l'homme rusé, ce qui ne veut pas dire fourbe, celui qui dispose de cette faculté que vous avez désignée sous un autre nom grec, la *metis*. Savoir y faire, ce n'est pas simplement savoir faire. C'est savoir ce qu'il faut faire dans un monde où je suis embarqué, un monde instable et contingent dont je suis. J'y suis en même temps que j'en suis. Telle est ma condition incarnée, c'est-à-dire vouée à la nécessité d'agir pour être.

Interroger les représentations de la performance pour mieux les bousculer ?

I. B. – Je vous propose de terminer notre réflexion sur la performance en interrogeant les représentations que peut en avoir le monde managérial.

C'est une banalité de dire que nous vivons dans un monde de représentations. Nous avons accès à une réalité construite et le monde managérial n'y échappe pas, malgré sa rationalité affichée. Edgar Morin écrit que la représentation est une « synthèse cognitive dotée des qualités de globalité, cohérence, constance, stabilité, même si elle est fausse ». Par essence même, il est très difficile de faire changer les représentations. Les représentations se construisent à partir d'actions de la réalité sur nos sens, d'acquis de notre mémoire et de nos fantasmes, qui nous font préférer certains aspects plutôt que d'autres. Les représentations sont donc des constructions que nous projetons sur le réel et qui nous permettent de nous mettre en relation avec lui. Or, la représentation est à la base de la motivation, car on ne se motive pas sur un objet ou pour un objectif par hasard. Le processus de la motivation, ce petit moteur qui nous pousse à agir en vue d'un résultat, d'une performance, est donc pétri d'imaginaire autant que de rationnel. Cela met à mal les cadres de motivation externe que nous avons identifiés : s'ils jouent leur rôle et sont nécessaires, ils ne sont pas suffisants. En clair, vouloir conduire des équipes à la performance uniquement par les objectifs, la formation, les primes, les bonus, le contrôle, ne marchera qu'un temps. Et il est aisé de comprendre que pour obtenir plus de performance, il faudra introduire toujours plus de sources externes de motivation.

Le management doit donc se saisir de nouvelles modalités de mise en œuvre. J'en retiens cinq (en m'inspirant des travaux de Jacques Nimier, dans la formation) : 1° renoncer au fantasme de « toute-puissance » du manager ; 2° abandonner l'idée des recettes managériales toutes faites et ne pas se cantonner aux « bonnes pratiques » ; 3° chercher dans chaque personne ce qu'elle aime, pour faire des liens même faibles avec ce qu'on lui demande de faire ; 4° sortir de l'individualisation de la performance, introduire ou réintroduire la notion d'équipe ; 5° travailler sur les représentations croisées de la performance : qu'est-ce qu'un individu performant dans cette entreprise ? Sur quels critères est-ce que je juge quelqu'un performant ou contre-performant ? Comment mes équipes voient-elles cette performance ? Autant de questions qu'il faut savoir se poser et poser quand on est manager, même si elles nous éloignent des manuels classiques de ressources humaines.

Y.-H. M. – J'irai même volontiers encore un peu plus loin que vous. Le management doit, bien entendu, saisir de nouvelles modalités de mise en œuvre, mais il semble aussi qu'il doive accepter de prendre ses distances vis-à-vis du culte de la performance, qui repose sur des présupposés essentiellement individualistes. On aura compris qu'il faut se méfier du héros surperformant dont les résultats individuels n'apportent pas toujours une authentique plus-value à l'entreprise pour laquelle il travaille. C'est qu'une entreprise est un type de société, et qu'une société n'est pas une simple collection d'individus. Les performances individuelles, dans une société, dans une équipe, ne font pas que s'additionner. Elles peuvent entrer en concurrence et porter préjudice à l'efficacité globale d'un groupe. Un exemple simple me revient en mémoire, celui d'un commercial reconnu pour ses performances à qui sa hiérarchie demande un jour de vendre à prix coûtant des produits dont il fallait pouvoir se débarrasser. Ayant compris qu'aucune prime ne sera calculée sur la vente de ces produits, il décide de ne pas souscrire à l'opération et réalise ce mois-là un chiffre d'affaires nettement supérieur à ses collègues qui ont joué le jeu. Clairement, sa performance s'est réalisée contre l'intérêt de son entreprise.

En termes plus philosophiques, je dirais que le culte de la performance est un avatar de ce que saint Augustin appelait *libido dominandi* et que l'on peut traduire par instinct de domination. Ce penseur considérait que nos sociétés sont si corrompues que ce qui les fait tenir n'est ni une sympathie naturelle entre leurs membres, ni un certain sens de l'intérêt général, mais, précisément, la *libido dominandi*, le souci qu'a chacun de dominer chacun. La société serait ainsi le théâtre d'une concurrence généralisée, un espace de conflit au sein duquel chacun aspire à la satisfaction de ses désirs individuels. On peut sans doute admettre qu'il n'y a pas là de fatalité, mais il ne faut pas être naïf au point de se mettre à croire que cela n'existe pas. Le bon manager est celui qui est conscient de ce qui, chez ses employés les plus performants, relève de cette *libido dominandi*. Mais il est aussi celui qui se garde d'en jouer abusivement. Difficile de susciter l'esprit de collaboration quand on provoque chacun à être le meilleur, à s'élever au-dessus de ses collègues, à gagner la place la plus élevée au tableau d'honneur, à faire le plus de chiffre… On retrouve ici la sagesse de Pascal Picq : par simple souci d'efficacité, préférer la collaboration et le partage dans l'entreprise au culte de la performance.

Pour une nouvelle équation de la performance ?

I. B. – Deux termes sont apparus en management ces dernières années : procrastination et sérendipité. Au-delà de l'effet nouveauté, il me semble intéressant de les intégrer à notre réflexion sur la performance. Rappelons d'abord leur définition. La procrastination est la propension à toujours tout remettre au lendemain, et la sérendipité (traduction littérale du mot anglais *serendipity*) est la faculté à découvrir des choses qu'on ne cherchait pas. La procrastination semble antinomique à la performance et ce qu'elle représente est banni du monde des entreprises. Pourtant, sa version plus légère, que l'on peut définir comme la « capacité à faire une pause quand on est confronté à des sujets que l'on identifie comme importants », semble salutaire dans un monde où l'on confond trop souvent vitesse et précipitation et où « avoir la tête dans le guidon » est devenu l'antienne des managers. Sachons donc faire des pauses stratégiques, lever un peu la tête et regarder l'horizon pour mieux comprendre où l'on souhaite aller et si la façon dont on a choisi d'y conduire ses équipes reste la bonne (si elle l'a été).

La sérendipité rejoint l'idée que notre environnement est riche d'opportunités, d'aubaines, de sources de performance alternatives, de potentiel, et qu'il faut savoir chercher la lumière ailleurs que sous le réverbère. Pour atteindre la performance, le management doit accepter qu'aucune règle ne soit établie, et qu'il est essentiel, pour progresser, de rester à l'affût de nouvelles donnes.

Nous quittons donc l'équation classique : $P = M \times A$ (performance = motivation × aptitudes) pour celle, beaucoup plus provocante et encore instable de $P = Pr \times S$

(performance = procrastination × sérendipité). À chacun de savoir doser cette recommandation, car ce nouvel éclairage, marqué par la capacité à la pause et la découverte, vaut aussi intrinsèquement pour la nouvelle façon de faire !

Y.-H. M. – Je ne connaissais pas le concept de « sérendipité » qui me plaît bien. La faculté à découvrir des choses qu'on ne cherchait pas est sans conteste un gage d'efficacité. Celui qui, comme vous dites, a « la tête dans le guidon » est en effet incapable de voir autre chose que ce qu'il veut voir. Inattentif à ce qui se joue ou se manifeste autour de lui, il est aveuglé par ce qu'il recherche parce qu'il l'a déjà, d'une certaine façon, trouvé. Loin de se laisser interpeller, pour ne pas dire dérouter par les événements, il s'en tient à son itinéraire balisé par avance où il ne découvrira rien de nouveau. Il est des formes de planification rationnelle qui disposent mal l'esprit à se rendre attentif à l'inédit. En ce sens, la sérendipité m'apparaît comme une disponibilité d'esprit à un « potentiel de situation » qui ne se manifeste qu'à celui qui n'oublie pas de regarder autour de lui.

Quant au terme procrastination, je suis tout aussi intéressé par ce que vous désignez comme sa version plus légère, la vertu des pauses nécessaires. Pascal écrivait que « tout le malheur des hommes vient d'une seule chose : de ne pas savoir rester en repos dans une chambre » (frag. 139). Dans un monde où tout semble devenu urgent, il est sans doute sage de savoir s'arrêter pour faire le point, observer comment une situation s'est modifiée, prendre le temps de se réorienter, voire de se ressourcer. Le DRH d'une grande société de prêt-à-porter me confiait récemment qu'il prend le temps, régulièrement, de lire des ouvrages théoriques sur le management qui lui permettent de prendre un peu de recul sur sa propre pratique. Certains y verront du temps perdu. J'y vois pour ma part une vraie sagesse. À courir après l'urgent, on risque parfois ironiquement de perdre de vue l'essentiel.

Je sais bien qu'il est difficile de prêcher le repos à des entrepreneurs souvent pressés par des impératifs de performance. Pourtant, agir sans prendre le temps de s'arrêter pour réfléchir aux fins que l'on poursuit, c'est courir le risque de substituer l'agitation à l'activité. Un chef d'entreprise ou un cadre qui voudrait faire l'économie de toute forme de ressourcement priverait de sens son travail et son engagement. C'est que le repos n'est pas le contraire de l'action. Il en est la condition. Je ne parle pas ici du repos des oisifs, mais de celui des actifs qui savent bien distinguer l'engagement de la fébrilité. Ce repos n'est pas paresse, mais ressourcement. Il est un temps de régénération, de remise en question de ses certitudes, de refondation de ses valeurs. C'est à partir de lui que l'on peut préférer l'efficacité à la performance, le long terme au court terme, servir les hommes plutôt que se servir d'eux. Il est une façon de se mettre en attente, c'est-à-dire, au sens propre, de vérifier vers quoi l'on tend. Le profit personnel ou le bien commun ? L'ambition privée ou le souci des hommes ? L'accumulation des richesses ou la production de biens utiles à tous ? Il s'agit ici d'ajouter à une nécessaire évaluation externe de ses pratiques une tout aussi nécessaire évaluation interne.

De là à vous suivre jusqu'au bout dans la substitution de l'équation $P = Pr \times S$ à l'équation $P = M \times A$, il y a un pas que je ne franchirai pas tout à fait. Même si celle-là a le mérite d'être plus provocante et « instable », je ne peux y souscrire qu'à la seule condition de remarquer que ce que vous mettez ici en équation n'est pas la performance, mais l'efficacité, peut-être même l'efficience, au sens où nous avons vu François Jullien utiliser ce terme.

*

* *

POUR ALLER PLUS LOIN

Jacques Nimier, *Camille a la haine et Léo adore les maths : l'imaginaire dans l'enseignement,* Aléas, 2006.

Patrick Roussel, *Rémunération, Motivation et Satisfaction au travail,* Economica, 1999.

Pierre Brunel (coord.), *Encyclopédie des mythes littéraires,* Le Rocher, 1994.

François Jullien, *Conférence sur l'efficacité,* PUF, 2005.

Aristote, *Éthique à Nicomaque,* Livre III (nombreuses éditions disponibles).

5

Courage de dire, courage de faire : vertu cardinale ou compétence managériale ?

Le courage : une notion du management ?

Isabelle BARTH – Entend-on souvent, en entreprise, des phrases comme : « Il est courageux » ou « Elle est courageuse », ou encore « Cela demande du courage », « Il va falloir du courage » ? Il ne me semble pas. De telles remarques sont distillées exceptionnellement et évoquent en général des situations bien particulières de crise, de difficultés, de contextes contraignants. Si elles sont émises, elles restent au niveau des paroles et évoquent des individus, plus rarement des groupes d'individus. Le mot courage ou son adjectif ne sont jamais utilisés pour désigner une organisation, on ne parle pas d'« entreprise courageuse ».

Le courage est plutôt lié aux appréciations émises à l'endroit de personnes vivant une situation professionnelle difficile, stressante, faites de menaces. À titre d'exemple :

– un salarié ayant pris une décision le mettant en opposition avec les ordres donnés par la hiérarchie – on est alors dans le refus d'obéir, dans la dénonciation de pratiques jugées inacceptables ;

– un cadre qui, envers et contre tout, veut conduire un changement (introduire un nouvel outil de gestion ou de nouvelles méthodes de travail) et qui doit affronter la résistance plus ou moins active d'individus ou de groupes d'individus refusant ce changement ;

– un manager ayant pris des mesures impopulaires (fermer une usine, délocaliser une partie de la production, licencier un certain nombre de personnes) le mettant en difficulté vis-à-vis de ses équipes, de l'opinion ou encore des médias, mais le faisant au nom de la survie ou du développement de toute l'entreprise.

Si la première situation renvoie, à première vue, à la responsabilité personnelle, la deuxième touche à l'obéissance et la toute dernière à l'arbitrage stratégique. Les motivations permettant d'évoquer le courage sont donc variées, elles ont toutefois en commun plusieurs points :

– la loyauté à soi-même, à sa hiérarchie, à son entreprise, avec les dilemmes qui peuvent en résulter ;

– la prise de risque dans une situation d'incertitude : être licencié pour faute (premier cas), devenir un « fusible » en cas de crise grave (deuxième situation), ou être cloué au pilori de l'opinion (troisième exemple).

Sachant que l'analyse inverse est tenable, si les trois actions décrites ci-dessus sont couronnées de succès, c'est-à-dire le suivi par la justice de la mise en cause de mauvaises pratiques, la réussite du changement attendu, la meilleure performance globale de l'entreprise, alors le courage mobilisé sera apprécié positivement, mais après coup.

Le courage dans l'entreprise serait donc lié à des actions conduites dans des contextes d'incertitude, quand tous les signes (chiffres, indicateurs, prévisions, opinions) s'opposent à une prédiction positive de réussite. Compte tenu de la faible occurrence de ces situations, le courage n'est pas vraiment familier à l'entreprise et au management. Doit-on en conclure que le courage ne fait pas partie de l'action managériale ou de l'activité d'entreprise ? Que cette vertu (selon la philosophie) n'a pas souvent l'occasion d'être mobilisée dans le monde des entreprises ? Qu'il n'y aurait pas d'enjeu à promouvoir le courage, à en faire une vertu managériale ? Ce serait peut-être aller un peu vite en besogne.

Yann-Hervé MARTIN – Vous avez tout à fait raison de souligner d'emblée à quel point le terme « courage » est une notion faussement simple, qui renvoie à des situations extrêmement variées. Il est vrai que, de façon assez spontanée, chacun croit savoir ce qu'est le courage ou ce que signifie être courageux. D'ailleurs, parmi les fameuses vertus cardinales, le courage semble être la plus immédiatement claire. Tout le monde ne voit pas bien en quoi consiste la tempérance ou la prudence. Il est sans doute difficile de définir la justice en quelques mots de façon satisfaisante. Mais pour ce qui concerne le courage, un certain consensus semble se faire autour de l'idée selon laquelle être courageux serait être capable d'affronter un danger. D'ailleurs, dans le *Lachès*, un dialogue de Platon consacré à cette notion, les protagonistes se retrouvent vite d'accord pour considérer comme courageux celui qui tient ferme contre l'ennemi. Il faut dire que Lachès est un général et qu'il sait de quoi il parle !

Mais s'il fallait en rester là, on ne voit pas bien en quoi cette vertu cardinale pourrait intéresser le management. Une entreprise n'est quand même pas un champ de bataille, quoi qu'il en soit de la façon un peu légère dont on abuse parfois dans le champ économique de la métaphore guerrière. Et s'il existe manifestement, dans le monde des entreprises, des concurrents ou des rivaux, il convient de se garder de la tentation dangereuse d'y voir des ennemis.

C'est ici le langage courant qui peut nous ouvrir des perspectives. En effet, celui-ci valide la reconnaissance d'un certain courage dans des situations très diverses, qui peuvent d'ailleurs être sans danger. Prenons quelques exemples. Je peux dire à un enfant qui n'a pas envie de sortir du lit pour se préparer à aller à l'école : « Sois courageux, lève-toi ! » À un ami qui souffre, je peux demander d'être courageux, de serrer les dents et de ne pas pleurer. Dans le premier cas, le courage n'est pas l'antonyme de la lâcheté, mais de la paresse. Dans le second, il apparaît comme une fermeté d'âme devant la souffrance. Mais on peut aller plus loin encore. Emmanuel Kant, dans un texte intitulé *Réponse à la question : Qu'est-ce que les Lumières ?*, exhortait au courage de penser par soi-même en stigmatisant ceux qui sont si lâches et paresseux qu'ils n'osent pas se servir de leur propre entendement sans la conduite d'un « tuteur ». Et Lachès lui-même, dans l'ouvrage de Platon auquel je viens de faire référence, en vient à admettre que « certaines personnes ont du courage contre les plaisirs, les autres contre les souffrances, ceux-ci contre les passions, ceux-là contre la crainte ». Il s'agit donc bien d'une vertu multiforme.

C'est à ce titre sans doute qu'il ne saurait être réduit à une vertu martiale, et qu'il peut intéresser non seulement ceux qui s'intéressent au management, mais de façon plus large tous ceux qui sont engagés dans l'action, tous ceux qui sont en situation de devoir entreprendre, ce qui veut dire aussi prendre le risque d'échouer. C'est pourquoi, pour circonscrire le domaine du courage, on ne peut pas se satisfaire de l'opposer à son contraire attitré, la lâcheté. Il y a bien des façons d'être courageux. Il y en a au moins autant de ne pas l'être. Je proposerai à titre d'exemple la paresse, bien entendu, mais aussi l'indécision, la pusillanimité qui consiste à fuir ses responsabilités, l'attentisme, l'opportunisme… Et il importera tout aussi bien de le distinguer de la hardiesse, que Descartes définissait comme une « espèce de courage qui dispose l'âme à l'exécution des choses les plus dangereuses », et de la témérité, dans laquelle Aristote voyait un excès de courage, l'excès étant ce point limite au-delà duquel une vertu se retourne en vice. Être « trop » courageux est une façon de ne plus l'être, de pécher par excès en mettant en danger les autres, par exemple, ou en refusant de prendre la mesure des difficultés réelles, quitte à se vouer à l'échec.

Courage, vous avez dit courage en management ?

I. B. – Vous avez raison, le courage n'est pas de ces concepts qui ont été repris, appropriés, retravaillés même par le discours managérial et les sciences de gestion. Le courage reste une vertu cardinale telle que définie par la philosophie et c'est seulement sa mise en situation qui peut être traitée par le management. C'est donc bien au philosophe de nous dire et de nous redire ce qui est entendu par le courage.

Une première définition (que je vous dois) nous amène à une « action menée dans un contexte d'incertitude, en ayant bien conscience des risques et de ses peurs ». Nous ne pouvons donc manifester du courage que si nous ne sommes pas certains des résultats de l'action que nous entamons. Nous sommes d'autant plus courageux que cette incertitude est grande, et que la probabilité de réussite est faible.

Ce seul contexte d'incertitude est insuffisant pour parler de courage, la prise de conscience du réel, des risques encourus, de ses propres peurs face au danger sont également nécessaires pour qualifier une attitude de courageuse. Si la conscience de ce que peut entraîner ou conditionner l'action menée n'est pas présente, il s'agit, nous dit la philosophie, de « témérité ». Jean Jaurès disait à propos du courage que c'était « d'aller à l'idéal et de comprendre le réel ». C'est dans cette perspective que nous pouvons inscrire notre réflexion, mettre en œuvre une action en vue d'un but perçu comme légitime, en ayant bien identifié ses tenants et ses aboutissants en termes de risques. Le courage est consubstantiel à la conscience des risques encourus.

Cependant, notre expérience de la vie des organisations nous permet d'identifier de nombreux comportements présentant l'aspect du courage, mais ne relevant pas de cette confrontation objectivée entre le but à atteindre et les contraintes de la réalité du moment, et qui entrent alors dans le domaine de l'irresponsabilité. À ce moment de notre réflexion, il serait pertinent de recenser ces conduites à risques, qui mettent potentiellement en danger la personne et provoquent des dégâts collatéraux, pour mieux les distinguer des conduites qui relèvent du courage.

Un faux ami du courage : l'irresponsabilité managériale ?

I. B. – Dans ce registre, nous pouvons facilement identifier des situations où ce sont plutôt l'inconscience ou l'insouciance qui ont permis ou motivé des prises de position ou la mise en œuvre d'actions. La méconnaissance de l'environnement, l'ignorance de l'historique, l'incapacité à anticiper des chaînes de réactions sont autant de leviers qui peuvent conduire à des comportements qualifiés, en première instance ou par souci du raccourci, de « courageux ». Prenons quelques exemples : est-ce courageux de dire ses quatre vérités à une personne dont on ignore le pouvoir de nuisance ou le statut dans la hiérarchie ? Non, c'est de l'insouciance ou de l'ignorance. Est-ce courageux de vouloir faire adopter une nouvelle procédure si l'on ne cherche pas à anticiper les résistances prévisibles ? Non, c'est de l'insouciance ou de l'inconséquence, car, s'il est vrai qu'entreprendre une action dont le résultat est incertain ou non prévisible en entreprise peut mettre en danger son auteur, la probabilité est également forte que d'autres personnes subissent les conséquences de cette action. Faire le pari de lancer un nouveau produit sur le marché dans un contexte d'incertitude peut être perçu comme courageux. Mais quel en sera le prix consenti en cas d'échec ? Sans la mesure de ce prix et la prise en compte des personnes qui seront affectées en cas d'échec, il ne s'agit pas d'une action courageuse, mais d'une action irresponsable, car elle peut engager la pérennité professionnelle des collaborateurs.

Il est intéressant d'évoquer l'irresponsabilité managériale, dans une période où on promeut de façon intense le management responsable. La manifestation d'un courage intempestif, non réfléchi, serait alors de l'ordre de l'irresponsabilité. Ouvrir ce registre conduit à prendre en compte de nombreuses situations où, *a contrario,* le courage est complètement absent, mais qui sont aussi constitutives de la vie des entreprises. Évaluer le « non-courage » est également une façon de dessiner en creux ce qui pourra être identifié comme courage dans le contexte managérial.

Y.-H. M. – Plutôt que de chercher à mettre en évidence ce qu'ont de commun les conduites non courageuses, je vous propose d'essayer d'établir ce qu'il y a de commun à toutes les attitudes courageuses, quel que soit leur contexte. Qu'il s'agisse de sortir du lit alors qu'on aimerait sommeiller encore un peu ou de retenir ses larmes dans la douleur, on a toujours affaire à ce que la tradition philosophique désigne comme une « force d'âme » et que la pensée médiévale désignait sous le nom de *fortitudo*. Le courage serait donc d'abord une force, ce qui veut dire aussi que le manque de courage est toujours une forme de faiblesse. Mais si l'on conçoit aisément en quoi consiste la force d'un corps, il est plus difficile de déterminer ce qui fait la force, la vigueur d'une âme ou, si vous préférez, d'un esprit.

Reprenons nos deux exemples. Si à l'heure où je dois me lever, j'ai envie de rester sous la couette, je peux me lever si je le veux vraiment, c'est-à-dire si ma volonté de faire, selon l'expression de l'empereur Marc Aurèle, mon

« métier d'homme » l'emporte sur mon désir de rester bien au chaud. De la même façon, si la douleur me pousse à gémir, il faut une volonté ferme pour contrarier cette tentation de me plaindre. Le courage comme *fortitudo,* c'est donc la force de la volonté, d'une volonté tendue vers son but et assez ferme pour se donner les moyens de sa réalisation. À ce titre, le courage peut être compris comme un auxiliaire de la volonté qui rend possible le passage du vouloir à l'agir. Il est cette force qui me rend capable de faire ce que je veux vraiment, même quand je suis tenté de faire autre chose. C'est ainsi que l'on peut distinguer le courage des volontaires, qui savent ce qu'ils veulent et qui s'emploient à le réaliser, de la paresse des velléitaires qui voudraient bien… mais qui n'ont pas assez de courage pour se donner les moyens de leurs objectifs.

Le courage est donc force de caractère, mais, s'il est un auxiliaire de la volonté, on aura compris qu'il est surtout ce qui lui permet de résister. Il est courageux de se lever si l'on résiste ainsi à la tentation de rester coucher. Il est courageux de ne pas pleurer si l'on contrarie ainsi l'envie de se plaindre. Une volonté non contrariée n'a guère besoin du courage. Mais à quoi le courage est-il force de résistance ? Je dirais volontiers, à l'encontre d'une représentation spontanée, qu'il est moins capacité de résister à autrui qu'à soi-même. Si le courage, comme le pensait Lachès, est bien une vertu qui permet de tenir ferme contre l'ennemi, son examen nous apprend aussi que l'ennemi, c'est d'abord soi.

Le courage, c'est par exemple le courage de se lever contre mon inclination à la paresse ; le courage de penser par soi-même contre la facilité de recourir à des tuteurs qui sauront bien me dire ce que je dois penser, dire ou faire ; le courage de défendre un collègue humilié contre ma peur des représailles ; le courage de rester raisonnable contre mes passions... L'homme courageux est ainsi celui qui a la force de se dominer.

Mais pour que je puisse me dominer, c'est-à-dire résister à ma peur, à mes passions, à ma douleur ou à ma paresse, encore faut-il que j'aie une bonne raison de le faire. Le courage n'est pas une force aveugle et désorientée. Il n'est courage qu'à être guidé, gouverné par la raison, tendu vers un but qu'elle lui présente comme bon, même quand le contexte est dangereux. Ou, pour le dire comme vous, un courage non réfléchi serait simplement intempestif, pour ne pas dire irresponsable. Le courage n'est ni l'insouciance ni la force des brutes. Il n'est force d'âme que dans la mesure où il est puissance rationnelle de faire ce qu'il faut contre ses propres inclinations, de ne pas se laisser aller, c'est-à-dire de rester maître de soi.

Quand et comment manque-t-on de courage en entreprise ?

I. B. – Un certain nombre de comportements peuvent alors être évoqués relevant de plusieurs registres, mais ayant en commun le souci de l'évitement. Les psychologues nous aident à en identifier cinq types, dont nous sommes souvent témoins (ou acteurs) dans le monde professionnel : le déni, la dénégation, la dissimulation, le mensonge et l'oubli.

Ces façons de faire sont typiques de conduites de désengagement, de conformité, souvent guidées par le souci de ne pas se faire remarquer, pour ne pas remettre en cause ses prérogatives, son statut ou encore les routines professionnelles. Un autre motif, dont nous n'avons pas plus à discuter la légitimité, peut être la peur ou l'angoisse de la remise en cause personnelle, d'avoir à gérer du conflit, de l'agression et, plus généralement, une déstabilisation du fil de sa vie professionnelle. Tout le monde n'est pas spontanément doué pour ces confrontations, qui peuvent être largement éprouvantes. Je ne souhaite pas entrer dans un jugement de valeur qui relève d'autres registres, tels la philosophie ou la morale. Je ne chercherai pas plus à expliciter les ressorts psychologiques individuels motivant ces comportements. Mais il me semble essentiel de souligner les dégâts qu'ils causent à la performance de l'organisation comme au climat et au bien-vivre-ensemble. Si des comportements insouciants ou inconséquents peuvent avoir des effets nuisibles, c'est toujours le cas des comportements d'évitement, à plus ou moins long terme. Je vous propose d'examiner ces cinq comportements.

Le *déni* caractérise une attitude où l'on fait comme si les choses n'existaient pas. Ce peut être le déni du fait religieux ou de pratiques discriminatoires dans l'entreprise, le déni de personnes qui posent des problèmes en termes de comportements, le déni d'un changement inéluctable à conduire. L'objectif (plus ou moins conscient) est de « sauver la face » organisationnelle, préserver la paix ou l'ordre établi.

La *dénégation*, c'est le fait, quand on est mis devant l'évidence, de nier cette réalité, de la contourner, de donner des explications trafiquées, voire d'accuser quelqu'un d'autre. Des situations de sous-activité, de sous-emploi de locaux, de pertes de contrôle de la situation peuvent motiver des comportements de dénégations. Ceux-ci procèdent aussi du souci de protéger l'acquis et l'existant, de la peur d'avoir à affronter le changement.

La *dissimulation* est un procédé de camouflage, camouflage de l'erreur, du dysfonctionnement. La dissimulation est en général motivée par la peur de la sanction, sinon par la peur de l'échec, car l'échec est souvent synonyme de faute dans l'entreprise française. Affronter l'échec, voir l'erreur plutôt que la faute, ne fait pas encore partie de la grammaire managériale française, d'où la tentation de dissimuler ce qui pourrait être analysé comme de l'incompétence.

La quatrième attitude relevant de ce registre du manque de courage est le *mensonge*. Mentir, c'est travestir les faits, raconter une autre histoire que la réalité. Ce sont les CV arrangés, les chiffres maquillés, les absences pour des prétextes inventés... Le mensonge se caractérise par un projet que n'ont pas les autres comportements, plutôt en mode réactif, mais il est également motivé par le refus d'affronter la réalité.

Enfin vient l'*oubli* : on laisse le temps faire son œuvre, on ne répond pas à une interpellation ou à une question embarrassante, on laisse les problèmes s'enliser, on enterre les dossiers qui fâchent. L'oubli est caractéristique du manque de courage, le courage d'affronter, mais aussi le courage de faire, tout simplement. Il a les mêmes capacités de nuisance que les autres comportements, mais peut relever de la simple paresse, ce qui ne l'excuse en rien, tant les effets qu'il occasionne peuvent être néfastes.

Les dégâts occasionnés par l'ensemble de ces attitudes sont multiples, à plus ou moins grande intensité, à plus ou moins long terme. On peut citer la frustration de ceux ou celles qui les subissent, l'inefficacité en chaîne, le report sur d'autres responsables potentiels... Il faut compter aussi avec le mépris et la peur qu'on doit distiller auprès de ses collaborateurs ou collègues pour que ces mensonges, ces dénis, ces dissimulations tiennent sans être dénoncés.

Le champ de la responsabilité et du courage est immense, celui de l'irresponsabilité et du renoncement aussi.

Y.-H. M. – Les diverses attitudes que vous décrivez ont ceci en commun qu'elles sont aussi des stratégies de fuite du réel : une façon de se voiler la face pour ne pas voir ce qui pourrait nous blesser. Faire comme si la chose n'existait pas, nier l'évidence, dissimuler, mentir ou « oublier », ce sont bien entendu des façons diverses de manquer de courage en se dérobant à la réalité pour se réfugier dans le déni ou dans le mensonge. C'est que le réel a ceci de particulier qu'il se plie rarement à nos représentations, et encore moins à nos désirs. Ce n'est pas parce que j'ai de moi-même l'image d'un employé sérieux et efficace que je le suis effectivement. Et ce n'est pas parce que je désire ardemment une promotion que j'ai les qualités requises pour l'obtenir, même si mon désir m'oblige à me construire de moi-même une image flatteuse. J'irai même jusqu'à dire que le réel, c'est « ce qui résiste », ce qui ne se plie pas aisément à mes ambitions ou à mes fantasmes. Il est certes plus facile de bâtir de soi une représentation aimable que d'affronter la réalité de ses limites et de ses faiblesses.

On voit ainsi que le courage, au moins ce courage au quotidien qui nous intéresse ici, n'est pas la vertu des forts, des héros ou des surhommes. Les faiblesses que je viens d'évoquer ne sont pas le lot réservé à quelques individus peu doués, mais un lot commun. Quelles que soient nos qualités, il nous faut bien admettre qu'il nous arrive de nous tromper, de faire un mauvais choix, d'oublier une tâche importante, de bâcler un peu un travail… Le courage, là encore, est donc d'abord la capacité d'affronter non pas les autres, mais soi-même. Il faut du courage non pas pour être fort, mais pour reconnaître ses lacunes et ses fragilités. C'est à ce prix seulement qu'il est parfois possible de les réduire.

La difficulté, c'est qu'entre moi et moi, il y a le regard d'autrui, son jugement, sa façon d'évaluer mon travail qui est aussi une manière de m'évaluer. Vous connaissez bien entendu la célèbre formule de Sartre : « L'enfer, c'est les autres », par exemple ces collègues qui ne me voient pas tel que je me vois. Il y a par conséquent quelque chose d'assez naturel dans le fait de se cacher au regard d'autrui, de camoufler une faiblesse, une faute ou une erreur, de se dissimuler pour protéger en nous ce qui ne doit pas se trouver dévoilé. Mais le problème, c'est que la meilleure manière de me dissimuler au regard d'autrui, c'est souvent de me dissimuler à mon propre regard, de croire au discours que je tiens sur moi-même, de m'accrocher à une image flatteuse. C'est là ce que Sartre, encore lui, désigne sous le nom de « mauvaise foi », non pas un *ersatz* de l'inconscient freudien, mais une procédure stratégique destinée à me protéger des atteintes d'autrui et du monde en me faisant croire à moi-même que je suis celui que je ne suis pas, ou que je ne suis pas celui que je suis.

C'est donc là que commence le courage ordinaire : non pas dans la reconnaissance publique de mes erreurs, mais dans la force d'âme qui me permet de me regarder parfois tel que je suis. Le plus grave n'est pas de se dissimuler à autrui. C'est sans doute même une sorte de nécessité sociale. Cela me fait penser au seul conseil que, dans *Les Frères Karamasov* de Dostoïevski, le starets Zosime, maître spirituel d'Aliocha, donne au père de ce dernier, un alcoolique et un menteur invétéré : « Surtout, ne vous mentez pas à vous-même ! » Si je suis pour moi-même l'ultime refuge de la vérité, le courage est d'oser la regarder en face, sans faux-fuyants. C'est pourquoi, au niveau du management, il importe d'inventer des moyens de susciter ce courage, au-delà des procédures censées permettre à un employé de procéder à sa propre évaluation devant un supérieur hiérarchique qui, le cas échéant, pourra lui dire « ses quatre vérités ». Je ne suis pas certain que ce soit bien efficace.

Le courage est donc bien le courage de s'affronter soi-même, et c'est ce courage-là qui me rend capable d'affronter la réalité. Car celle-ci aussi peut être fragile et ne pas coïncider avec ce que j'attends d'elle. Il faut du courage, parmi ceux qui sont en situation de responsabilité, pour reconnaître qu'une procédure n'est pas efficace, qu'un produit est défectueux, qu'un marché n'est pas porteur. Mais le courage d'affronter la réalité suppose toujours celui de s'affronter soi-même, le comble de la lâcheté étant alors de rejeter systématiquement sur les autres la raison de ses échecs.

Qu'est-ce que le courage d'entreprendre ?

I. B. – Il semble donc intéressant de se pencher sur ce qui demande de mobiliser un comportement « courageux ». J'identifie trois injonctions managériales répondant à ce critère.

La première injonction managériale, régulièrement numéro 1 des recommandations, est le « courage d'entreprendre ». Elle est liée à l'acte même de créer une entreprise, qui reste le point d'orgue du courage managérial.

La figure de l'entrepreneur est très valorisée dans le discours managérial, son image est celle d'un homme ou d'une femme avec une vision, une audace, une envie de réussir qui lui permettront de mener à bien un projet, souvent complexe et difficile, mais riche pour l'entrepreneur comme pour l'environnement où il prospérera en créant de l'emploi et de la valeur économique.

Les témoignages d'entrepreneurs sont nombreux qui rapportent leur lot d'anecdotes sur les moments de découragement, où il faut trouver l'énergie de se remotiver et le courage de repartir en entraînant ses équipes. Dans le discours managérial, l'entrepreneur est une figure héroïque qui incarne le courage tel qu'il peut être mobilisé dans la vie des entreprises. Il leur faut, par exemple, quitter des statuts confortables de cadres supérieurs dans des grandes entreprises, avec tout le support que cela implique, pour se retrouver seuls à devoir affronter des dysfonctionnements ou dénouer des problèmes qu'ils n'avaient même pas imaginés. Ce courage d'être humble s'accompagne souvent aussi d'un courage physique certain : cumul de journées, de semaines, de mois de travail harassant, dépassant tous les plafonds horaires, au détriment de la vie personnelle et familiale. Il y a aussi le courage d'accepter l'échec qui peut être au rendez-vous plus souvent qu'à son tour. Cette capacité à se relever après plusieurs échecs consécutifs, à en tirer de l'énergie et des enseignements nécessite un courage énorme, peu évoqué dans les formations au management, qui restent dans une forme de déni de la question. La capacité à tirer profit d'un échec semble pourtant une compétence managériale, certes non homologuée, mais vitale pour avancer.

Y.-H. M. – C'est vrai que le courage est une vertu nécessaire partout où nous nous trouvons en situation d'insécurité, menacés par le risque de l'échec. La situation que vous venez d'évoquer, celle de l'entrepreneur qui prend le risque de se lancer, au détriment éventuel de sa vie personnelle et familiale, me fait penser à ce qu'écrit Hannah Arendt dans *La Crise de la culture*. Elle explique que le courage a une fonction plus pour la vie publique que pour la vie privée. Ce qu'elle appelle « vie privée », c'est le domaine des affaires humaines ordonné au souci de soi. Concrètement, ce souci de soi peut prendre deux formes traditionnelles. Il peut apparaître d'abord comme souci de sécurité. C'est le niveau de la vie domestique, symbolisé par le confort de la maison close et bien protégée. On est ici au niveau d'un principe élémentaire, vital, de conservation. Ce souci de soi peut prendre aussi la forme de ce que la philosophie désigne comme un souci de vitalité, et elle pense par exemple à toutes ces conduites où se manifeste une certaine audace ordonnée au plaisir de se sentir plus vivant en affrontant un danger ou en jouant à se faire peur. Dans son lexique, de telles conduites relèvent moins du courage que de la témérité. Mais là encore, nous avons affaire à un comportement qui relève du souci de soi.

La vie publique, au contraire, renvoie au domaine des affaires humaines qui ne sont pas ordonnées au seul souci de soi et de sa vie, mais à l'action avec et pour les autres. Permettez-moi de citer ainsi un extrait qui me semble particulièrement éclairant : « Dans la protection de la famille et du foyer, toute chose doit servir la sécurité du processus vital. Même de quitter la sécurité protectrice de nos quatre murs et d'entrer dans le domaine public demande du courage, non pas à cause de dangers particuliers qui peuvent nous y attendre, mais parce que nous sommes arrivés dans ce domaine où le souci de la vie a perdu sa validité. Le courage libère les hommes de leur souci concernant la vie au bénéfice de la liberté du monde. » Dans ce passage, pour être honnête, Hannah Arendt pense en fait à l'action politique. Mais il me semble qu'on pourrait sans difficulté transposer ce qu'elle en dit à l'entreprenariat. Le courage d'entreprendre, c'est le courage de s'arracher à la sécurité d'un milieu protégé ou d'un statut sécurisant pour accomplir quelque chose qui n'engage plus seulement soi et ceux qui nous sont proches, mais d'autres avec lesquels il faudra désormais agir et envers lesquels nous sommes par conséquent engagés. Bref, il s'agit du courage de s'investir dans le monde, le monde désignant ici à la fois ce qu'il s'agit de contribuer à édifier et ce qui, hors de mon espace protégé, est imprévisible et non maîtrisable. S'il faut du courage pour entreprendre, ce n'est pas parce que cela est dangereux, c'est parce que cela est incertain.

Le courage est donc moins la vertu des héros que la vertu de ceux qui sont capables de servir une action qui dépasse leurs seuls intérêts vitaux, une action collective. Agir, en effet, c'est toujours se risquer, c'est-à-dire prendre le risque d'échouer, justement parce que toute action authentique a un résultat incertain. Je viens d'évoquer ce qu'on pourrait appeler l'incertitude mondaine, c'est-à-dire l'essentielle fragilité d'un monde mouvant et instable. Mais dans ce monde que je ne saurais parfaitement maîtriser, il y a aussi autrui, tout autant non maîtrisable et imprévisible, cet autre que moi qui ne veut pas exactement ce que je veux, qui ne fait pas exactement comme je fais, qui n'est pas d'accord avec moi, qui cherche parfois à me duper ou qui veut pour lui ce que je veux pour moi. Le courage devient ici le courage de se confronter à autrui, mais il demeure lié au courage de se confronter à soi, puisque, si je suis vraiment lucide, je sais bien que cet autre que moi qui m'insécurise est aussi comme moi. Je le considérerai plus courageusement si je me regarde moi-même avec courage et lucidité.

Ainsi, nous sommes peut-être déjà en mesure de comprendre une définition du courage qui me semble à la fois plus ample et plus profonde que celle qui y voit essentiellement la vertu qui nous rend capables d'affronter un danger. Il est plutôt la vertu de l'action dans un contexte insécurisant d'incertitude. Il est la force de consentir au risque du monde.

Pourquoi parler de courage pour innover ou conduire le changement ?

I. B. – Un autre courage est celui qui permet l'innovation. L'innovation nécessite du courage car elle exige de mobiliser son énergie, de se mettre en action dans l'incertitude du résultat. On identifie ce besoin de courage quel que soit le type d'innovation.

Il peut s'agir d'une innovation produit. Dans ce cas, il va falloir entamer un processus long pour aller de l'idée au marché, sachant que cela peut demander des semaines, des mois, des années, avec les mêmes doutes et les mêmes incertitudes à chaque étape : l'élaboration en production, l'étude de marché, la mobilisation de fonds d'investissement, la capacité à convaincre des distributeurs, à séduire des clients. Les témoignages abondent de réussites ou d'échecs marqués par ce même processus de conviction et d'obstination : le premier ordinateur lancé par Steve Jobs, qui rompait avec tous les codes existants, ou le lancement du Walkman chez Sony. En lisant ces récits épiques, on réalise combien l'humain est présent et incarné bien souvent par une seule personne, qui se bat et se débat face à un environnement qui attend le verdict pour applaudir ou conspuer, selon l'évolution des choses.

L'innovation peut également être managériale et sociale. Dans ce cas, c'est à l'organisation du travail, aux procédures, aux outils de gestion que l'on touche, et donc à l'humain, avec toutes les résistances face à l'innovation. Il faut alors mener avec courage et obstination une conduite du changement, qui ne s'opère jamais spontanément et dont le dénouement n'est pas positif à coup sûr, ni effectif dans les délais envisagés. Il faut du courage pour conduire la réforme des hôpitaux, il en faut pour introduire le management de la diversité dans une entreprise, il en faut aussi pour faire passer du papier au logiciel des collaborateurs d'un centre de production. La conduite du changement et l'innovation sont des injonctions managériales fortes, elles requièrent de la part de ceux et celles qui les mènent un courage certain.

Faut-il du courage pour gagner en transparence dans l'entreprise ?

I. B. – Le troisième courage managérial est l'exigence de transparence de l'entreprise dans un monde où la responsabilité sociétale des entreprises et donc de leurs dirigeants est incontournable, où la judiciarisation de la relation est de plus en plus intense, où l'entreprise, grâce ou à cause des réseaux sociaux, travaille sous le regard du client et de l'opinion publique, via les médias.

La transparence en management repose sur un élément : la règle opposable. La transparence élimine toutes les pratiques qu'on pourrait définir comme « à la tête du client », tous les petits arrangements entre collègues, tous les accommodements pour favoriser l'un ou tout simplement pour aller vite parce que les délais courent. Or, il faut un grand courage pour revenir sur des ajustements qui étaient autant de zones de favoritisme, de non-droit, de petits avantages acquis, de prés carrés. Il en faut d'autant plus que la transparence libère la parole et stimule la demande, excite le besoin d'égalité ou d'équité. Il faut du courage pour dire non à des collègues ou des collaborateurs qui considéraient comme acquis tel ou tel avantage qu'ils se voient retirer.

Depuis quelques années, le management valorise l'entreprenariat, l'innovation la conduite du changement et la transparence managériale ; ce sont trois modalités essentielles du management, car elles garantissent l'évolution des organisations. Sans ces trois piliers, l'entreprise ne peut assurer son développement de façon pérenne et en bonne intelligence avec son environnement.

Devant cette nécessité, il faut réhabiliter le courage en management, car on constate que ce qu'il recouvre est souvent nommé autrement. Ainsi, audace, énergie, volonté, esprit d'entreprendre, exigence, ambition, prennent souvent le pas sur le courage. Il faut aussi promouvoir ces postures de courage en faisant l'hypothèse que le courage peut s'apprendre et se développer dans l'action managériale. Nous allons regarder comment on peut mener à bien cette éducation au courage dans l'entreprise. Dans cette capacité à mener une action pour atteindre un but ambitieux (idéal n'étant peut-être pas adéquat dans la plupart de situations d'entreprise), tout en en connaissant les risques et les conséquences possibles et probables, se dessine alors ce qui pourrait être une compétence managériale, de l'ordre du savoir-être.

Y.-H. M. – Non seulement il est vrai que l'on prend parfois pour du courage ce qui n'entretient avec lui qu'un rapport approximatif, l'énergie ou l'ambition par exemple, mais il faut aussi souligner à quel point le courage, même quand il s'agit bien de lui, reste une vertu équivoque. Il apparaît bien sûr spontanément, nous l'avons déjà évoqué à plusieurs reprises, comme la vertu des héros. Mais, comme le relève André Comte-Sponville dans *Le Petit Traité des grandes vertus*, il peut aussi soutenir les pires exactions. Un homme courageux n'est donc pas nécessairement un homme vertueux et un barbare courageux n'en est que plus dangereux, quand bien même son courage resterait digne d'être admiré.

À cet égard, il est tout à fait étonnant que le courage soit représenté communément comme une vertu virile. D'ailleurs, en grec, courage se dit *andreia*, terme qui est lui-même construit à partir d'une racine qui désigne l'homme comme mâle. On peut par ailleurs s'amuser à relever assez trivialement, je vous l'accorde, que la langue vulgaire voit dans l'homme courageux « celui qui en a ». On pourrait se contenter d'en sourire avec indulgence si une telle représentation du courage n'avait pas parfois servi à soutenir les actes les plus odieux. À l'adolescent qui refuse de se battre ou de participer à une séance de « lynchage », on peut reprocher d'« en manquer ». Il est consternant qu'il faille parfois, pour montrer qu'on a du courage, se faire complice de la bêtise ou de la violence. Alors disons-le nettement, il n'y a rien de courageux à user de sa force ou de son pouvoir pour humilier ou blesser autrui.

Le management courageux n'est donc pas celui des mâles qui auraient à cœur de prouver leur virilité en osant faire mal, ce qui est parfois une façon de faire le mal. La tradition philosophique, d'ailleurs, ne voit pas le siège du courage dans les testicules, mais dans le cœur, le *thymos*, cette partie de l'âme qui est élan spontané vers ce qui est juste, noble et élevé. Il est, dans *La République* de Platon, la vertu propre des gardiens de la cité, mandatés pour être vigilants contre les ennemis intérieurs ou extérieurs. On comprend ainsi qu'« être courageux » puisse être entendu comme « avoir du cœur ». Mais l'expression est équivoque puisqu'elle peut aussi bien renvoyer à l'idée d'une certaine sensibilité (être compatissant) qu'à celle d'une force « virile » (mettre du cœur à l'ouvrage). Alors sans doute convient-il de relier les deux pôles de l'expression et d'admettre que le véritable courage est la capacité de conjoindre ces deux manières d'avoir du cœur : se montrer sensible aux souffrances ou aux difficultés d'autrui, ce qui implique une certaine générosité ; être fort lorsqu'il s'agit d'affronter les épreuves ou de surmonter des échecs, ce qui bien entendu n'implique pas d'être un mâle. C'est à propos de ce courage-là qu'André Comte-Sponville dit qu'il est « non plus le courage des durs, mais le courage des doux ».

Rappelons toutefois que si la douceur de caractère, à l'encontre d'une certaine vulgate phallocrate, est la condition d'un vrai courage qui puisse être mis au service d'autrui, cette douceur de caractère, cette sensibilité ne nous dispense pas d'une orientation rationnelle du courage. Si le vrai courage est sensibilité généreuse, il est aussi lucidité rationnelle. On retrouve de nouveau ici l'image célèbre de l'attelage ailé proposée par Platon dans son *Phèdre*. Le cheval qui représente le courage, un cheval fort et fougueux, est attelé à côté d'un cheval de mauvaise nature qui représente nos appétits sensibles, le désir. Mais l'un et l'autre doivent être dirigés par le même cocher qui représente la raison. On voit donc que le courage mérite sans doute sa place dans la liste des vertus cardinales, puisqu'il est bien une vertu complète, qui engage la raison aussi bien que le cœur, la force aussi bien que la capacité à reconnaître nos faiblesses. À ce titre, il pourrait bien être la force des doux. Cela me rappelle une leçon que l'on doit au philosophe Jacques Maritain, qui encourageait ses interlocuteurs à garder un cœur doux mais un esprit dur, et qui ajoutait ceci : « Sans compter les esprits mous au cœur sec, le monde n'est presque fait que d'esprits durs au cœur sec et de cœurs doux à l'esprit mou. » Alors non, le courage ne va pas de soi. C'est pourquoi vous avez parfaitement raison de souligner qu'une éducation au courage est nécessaire, éducation dont je dirai qu'elle n'est jamais achevée.

Quelles sont les clés du courage en entreprise ?

I. B. – On peut identifier un certain nombre d'attitudes ou de comportements qui peuvent être revus dans l'optique de se conduire avec plus de courage ou de rendre plus simple l'envie de se comporter avec courage.

La première attitude, qui peut être cultivée au niveau d'une organisation, est d'apprendre à oser exprimer son sens critique. Souvent, nous ne sommes pas d'accord avec la façon dont les choses se passent, mais, par confort, par souci de ne pas nous faire remarquer, nous laissons faire, acceptant d'être dans la frustration ou pariant sur une dégradation plus rapide de la situation ou encore pensant que la posture critique peut constituer un statut d'opposition.

Une autre aptitude à cultiver est d'accepter de sortir de sa zone de confort. Il faut savoir prendre des risques, pas forcément très grands ni très souvent, mais être capable, quand on l'estime nécessaire, de sortir de la routine pour un temps qu'on ne maîtrisera peut être pas bien. Il est très difficile d'être courageux sans rien changer de son confort personnel.

Il faut aussi apprendre à connaître ses peurs pour mieux les surmonter. Ce n'est pas simple, mais se dire ce qu'on craint est une bonne façon de prendre la mesure de ce qu'on va affronter et de se donner les moyens d'y arriver. Cet exercice est aussi une bonne façon de sortir des ressentis qui, parfois, amplifient les menaces et de mieux objectiver la situation, qui n'exige peut-être pas les tensions envisagées en première instance.

Il ne suffit pas d'être courageux, il faut aussi que l'organisation permette d'exprimer ce courage (pas forcément de le faciliter), qu'elle rende possible d'être courageux en ouvrant des espaces d'expression et en ne faisant pas de chasse aux sorcières quand quelqu'un ose se prononcer sur un état de fait, une pratique, un comportement jugé discutable. Le courage, s'il n'est pas étouffé, fait son œuvre en chaîne, amenant toutes les personnes concernées de près ou de loin par le projet ou le conflit à se positionner.

Enfin, et je l'ai déjà signalé, il faut accepter l'échec, ce qui ne signifie pas l'oublier, mais bien être persuadé que cet échec est un moteur d'apprentissage. Le jour où un entrepreneur ayant échoué dans son projet de direction d'entreprise au bout de trois ou quatre ans d'efforts incessants pourra valoriser cet échec dans ses nouveaux entretiens de recrutement, un grand pas aura été fait. Ce rapport à l'échec, toujours proche de la faute et de la culpabilité, est un frein au développement du courage, qu'il soit d'entreprenariat ou d'expression. Ce nouvel apprentissage sera d'autant plus difficile qu'il est très culturel, mais ce n'est pas une raison pour ne pas se mettre au travail.

C'est donc un changement concernant à la fois l'organisation et ses instances dirigeantes ainsi que l'ensemble des salariés qui doit être conduit, dans la façon de faire comme dans la philosophie de la démarche. Cette philosophie se traduit par les valeurs qu'elle véhicule et que l'organisation souhaite mettre en avant.

Y.-H. M – Je retiens de ce que vous dites là que le courage n'est pas réductible à un trait de caractère privé. Le courage requiert un contexte, une situation dans laquelle il est possible de se montrer courageux, notamment, comme vous le dites, en ouvrant des espaces d'expression. Prenons un exemple simple. Si ceux qui ont l'autorité ou le pouvoir, les managers ou les cadres, se présentent comme « ceux qui savent » et qui ont par conséquent le monopole des procédures ou des analyses pertinentes, ils encouragent chez ceux qui leur sont subordonnés une conduite de soumission obséquieuse. Sans la liberté effective et protégée de critiquer, de faire part de ses doutes ou de proposer des alternatives, il n'y a pas de courage possible.

Pour éclairer cette idée, je vous propose de revenir sur le texte de Kant, auquel j'ai déjà fait allusion et qui ouvre l'opuscule *Réponse à la question : Qu'est-ce que les Lumières ?* Kant commence par proposer la définition suivante : « Les Lumières, c'est la sortie de l'homme hors de l'état de tutelle dont il est lui-même responsable », et il ajoute aussitôt, pour définir cet état de tutelle, qu'il s'agit de « l'incapacité de se servir de son entendement [nous dirions aujourd'hui son intelligence] sans la conduite d'un autre ». Il dénonce ainsi une situation dans laquelle le plus grand nombre est sous la tutelle du petit nombre de ceux qui savent, pensent, croient ou agissent mieux que les autres et qui, à ce titre, prétendent au monopole des actes et des pensées pertinentes. Ceux-là, que Kant désigne sous le nom de « tuteurs », ont donc réussi à faire croire à ceux qu'ils s'entendent à maintenir sous tutelle qu'ils sont « incapables de penser par eux-mêmes », leur ôtant dès lors tout courage de se servir de leurs propres facultés intellectuelles.

À ce niveau de l'analyse, ce sont donc les tuteurs qui sont stigmatisés pour un comportement qui fait obstacle aux conduites et aux pensées courageuses. Mais très vite, le philosophe s'en prend aussi à ceux qui sont sous tutelle, relevant leur complaisance puisque, après tout, habitués à laisser leurs « supérieurs » décider à leur place de ce qu'il convient de faire ou de penser, ils ont fini par se satisfaire du confort d'une situation dans laquelle ils n'ont pas à prendre de risques. Je cite le texte : « Paresse et lâcheté sont les causes qui font qu'un si grand nombre d'hommes, après que la nature les eut affranchis depuis longtemps d'une conduite étrangère, restent cependant volontiers toute leur vie dans un état de tutelle [...]. Il est si commode d'être sous tutelle. Si j'ai un livre qui a de l'entendement à ma place, un directeur de conscience qui a de la conscience à ma place [...], je n'ai pas moi-même à fournir d'efforts. »

Il va de soi que le contexte historique de la critique kantienne de l'état de tutelle ne concerne pas le monde de nos entreprises modernes, mais celui de l'Europe du XVIIIe siècle en laquelle quelques savants, quelques clercs et quelques politiques ont acquis la conviction selon laquelle ils sont fondés à se comporter comme les tuteurs d'un peuple composés d'enfants inaptes à l'autonomie. Mais la façon dont Kant essaie ici de secouer les consciences nous éclaire pourtant sur certaines situations analogues dans nos sociétés.

Il arrive parfois que certains managers se comportent précisément comme des « tuteurs ». Leurs diplômes et leur statut auraient fait d'eux des experts qui seraient ainsi fondés à décréter ce qu'il convient de croire, de penser ou de faire. Les autres, leurs subordonnés, n'auraient qu'à leur faire confiance. De tels comportements ne sont pas nécessairement tyranniques. Ils relèvent parfois d'un simple paternalisme qui peut avoir des aspects sympathiques. Le « patron », terme qui renvoie étymologiquement à la figure du *pater familias*, sait ce qui est le mieux pour son entreprise et ses employés, et c'est donc en vue de ce qu'il sait être le mieux qu'il maintient ces derniers sous tutelle en les dispensant d'avoir à faire le fastidieux effort de réfléchir par eux-mêmes. Je rappellerai en passant que cette façon de maintenir en enfance des adultes privés d'autonomie intellectuelle ou morale correspond exactement à ce qu'on pourrait appeler « despotisme ». Le despote n'est pas le tyran. Il peut être bienveillant et généreux. Mais il est celui qui traite les autres hommes, dont il a la responsabilité, comme des gamins.

Si je me suis permis de développer ici la critique kantienne, c'est parce qu'elle nous éclaire sur les conditions du courage. Le philosophe insiste sur ces conditions qu'il nomme « républicaines », c'est-à-dire relevant d'un régime au sein duquel est reconnue à chacun la liberté de penser par lui-même en usant publiquement de sa raison. Là encore, la transposition est possible. On suscite dans une entreprise la possibilité d'attitudes courageuses quand on traite tous ceux qui en sont membres comme des adultes qu'on encourage, au sens littéral, chaque fois qu'on leur montre que leur parole peut compter, que leur avis mérite d'être entendu, que leurs propositions valent d'être considérées. On décourage au contraire ce genre d'attitude chaque fois que des cadres se comportent en tuteurs, aussi bienveillants soient-ils.

Il y a même ici le risque d'un cercle vicieux. Quand, dans une société, on ne laisse pas les gens exprimer ce qu'ils pensent par eux-mêmes, on ne leur permet pas de cultiver leur courage et leurs facultés intellectuelles. Il est donc facile ensuite de stigmatiser leur lâcheté et leur inaptitude, ou, plus cyniquement, d'en tirer parti pour les maintenir davantage encore « sous tutelle ». Je cite de nouveau le texte de Kant : « Après avoir d'abord abêti leur bétail et avoir empêché avec sollicitude ces créatures paisibles d'oser faire un pas sans la roulette d'enfant [le youpala] où ils les avaient emprisonnés, ils [les tuteurs] leur montrent ensuite le danger qui les menace s'ils essaient de marcher seuls. » Ainsi, moins on sollicite des attitudes courageuses, plus on rend le « bétail » incapable de faire preuve de courage. Il en va donc bien d'une certaine responsabilité managériale de développer les conditions d'émergence du courage.

J'aimerais aussi dire un mot de ce que vous appelez de vos vœux sous l'expression d'une valorisation possible et même indispensable de l'échec. Et il est d'ailleurs remarquable que là encore, le texte que je viens d'analyser puisse nous aider à penser la justesse de votre propos. Restons donc avec Kant qui nous propose d'ailleurs une métaphore assez cocasse, celle, on l'a vu, de la « roulette d'enfant ». Il s'agit là, je l'ai noté en passant, de ce qu'on appellerait aujourd'hui un youpala, cette espèce de voiturette qui permet aux enfants qui ne savent pas marcher de se déplacer seuls. Elle est, pour le philosophe, la métaphore de l'état de tutelle, puisqu'elle dispense l'enfant d'avoir à marcher par lui-même, comme le tuteur dispense son subordonné d'avoir à penser par lui-même. Ainsi, selon Kant, qui s'est parfois pris pour un expert en éducation quoiqu'il n'ait guère engendré, la roulette d'enfant est une erreur pédagogique. L'enfant qui est en âge d'apprendre à marcher doit se lancer courageusement et ses inévitables chutes seront autant d'occasions de se relever. Dès lors, le papa ou la maman qui, craignant pour son postérieur, voudrait lui épargner de tels échecs ne ferait que le rendre timoré. Il faut consentir à tomber pour apprendre à marcher, puisque « ce danger n'est sans doute pas si grand, car après quelques chutes ils finiraient bien par apprendre à marcher ; un tel exemple rend pourtant timide et dissuade d'ordinaire de toute autre tentative ultérieure ».

Là encore, l'analogie me semble évidente. Quel que soit son niveau dans une entreprise, un individu est toujours confronté au risque de l'erreur ou de l'échec. Réduire cet échec à n'être que le signe de son incapacité, c'est le décourager, le rendre timoré, lui ôter toute possibilité de « rebondir ». Au contraire, valoriser cet échec comme on peut valoriser la chute d'un enfant, c'est permettre à celui qui a échoué de se relever, de croire encore en lui et en ses capacités. C'est vraiment l'encourager, sauvegarder en lui le sens du courage, de l'audace devant l'adversité.

Réduire le triangle managérial

I. B. – Pour ce type de problématique qui repose *de facto* très souvent sur des situations de dilemmes (je prends le dilemme comme synonyme d'un choix difficile ou douloureux), il est important de prendre en compte le triangle que dessinent les lignes de tension auxquelles nous sommes soumis lors de moments critiques où il faut mobiliser son courage pour arbitrer. Ce triangle repose sur trois pointes : les valeurs personnelles de l'individu (dans l'entreprise : le salarié), les valeurs voulues et communiquées par l'organisation, et la « vraie vie », c'est-à-dire la façon dont les choses se passent réellement. En cas de dilemme, face à une décision, chacun sait comment il « aimerait agir », puis mesure ce qu'il croit que l'entreprise attend de lui, pour ensuite se dire que, au regard des expériences précédentes, il existe dans l'entreprise un *modus operandi* qu'il semble difficile de mettre en cause.

Ainsi, vous constatez un comportement discriminatoire vis-à-vis d'une jeune collègue, proche du harcèlement (réflexions et plaisanteries déplacées) ; vous souhaitez alors réagir vivement vis-à-vis de l'agresseur, vous pensez que votre entreprise souhaite de vous une remontée d'information objectivée par la voie hiérarchique ; mais, dans la réalité, vous savez qu'il ne va rien se passer. Que décidez-vous ? Est-ce bien utile de sortir de son confort pour dénoncer une situation qui risque de ne pas évoluer ? La tentation est forte de ne rien faire et donc de laisser un agresseur sévir auprès d'autres personnes, certainement pour de nombreuses années encore.

Ce renoncement, s'il est néfaste pour les protagonistes, dégrade aussi forcément le climat de l'entreprise et, de façon plus ciblée et plus intime, vous place en situation de « dissonance cognitive » : vous auriez souhaité intervenir et vous ne l'avez pas fait. Plus les écarts seront grands entre les comportements proposés – ce que je veux faire, ce que je crois que l'entreprise attend de moi, ce qui, à mon avis, va se passer réellement – plus le triangle sera grand et plus les personnes auront du mal à se positionner en cas de conflit, plus le malaise (individuel et collectif) sera important.

Seules deux (mauvaises) solutions contribuent à réduire ces tensions : l'oubli (mais est-ce un oubli sans trace ?) et une rationalisation *ex post* du choix opéré. Exprimer son courage peut donc être facilité si des plates-formes sont proposées pour le faire, comme une ligne d'écoute, la présence d'un médiateur, l'écoute bienveillante de l'encadrement, et si l'organisation, avec son management, accepte de mettre en avant l'exemplarité.

Cette congruence entre ce qui se dit et ce qui se fait est essentielle, l'autre congruence indispensable est celle des valeurs de la personne avec celles de son organisation. L'absence ou l'insuffisance de la première crée de la souffrance et fait le lit d'un climat dégradé et des risques psychosociaux. La seconde conduit au désengagement des salariés, qui n'ont plus confiance dans leur organisation, ce qui les amène soit à partir, soit à se mettre en retrait. Il est simple de comprendre que tous ces cas de figure dits de « double contrainte » risquent d'entamer la performance sociale et de là, la performance économique de l'organisation.

Cultiver le courage en management serait donc, contre toute attente, un levier incontournable du développement de l'entreprise responsable.

Y.-H. M. – Vous touchez là à quelque chose qui me semble crucial, c'est que le vrai courage est courage pour autrui. On a déjà vu qu'une personne peut être courageuse tout en étant veule et égoïste. Il existe des salauds courageux, et leur courage ne les rend pas plus vertueux. Comme la justice authentique, qui n'est pas d'abord exigence de justice pour soi, le courage authentique est courage de se risquer pour autrui. Il est courageux, sans doute, de ne pas se plaindre alors que l'on va mal. Mais cela n'est beau que s'il s'agit ainsi de ne pas ennuyer les autres, s'il s'agit de les ménager, de ne pas les indisposer. Il faut un certain courage sans doute pour se jeter du haut d'un pont, un élastique accroché aux chevilles. Mais il est bien plus beau, le courage de celui qui se jette à l'eau pour sauver une vie.

C'est pourquoi je me réjouis de l'exemple que vous proposez à notre réflexion, celui d'une saine réaction vis-à-vis de plaisanteries déplacées qui peuvent aller jusqu'au harcèlement d'une collègue. C'est une chose que d'être courageux en prenant sur soi d'être discriminé, humilié ou harcelé. Mais ce courage-là a ses limites et ses faiblesses. Il tournera à la rancœur, au mal-être, à la dépression. Une vertu qui ne m'élève pas n'est pas une vertu authentique. Mais le courage de celui qui dénonce, à ses risques, une situation inacceptable est un courage qui le rend à la fois plus courageux et plus humain. Un courage qui élève à la fois la victime, confirmée dans sa dignité ou simplement dans son droit, et celui qui prend sa défense.

Le courage, ce n'est donc pas essentiellement ce qui me dresse contre autrui. Bien sûr, il se manifeste dans l'exemple que nous venons d'évoquer comme le courage de se dresser contre le harceleur. Mais ce qui rend possible une telle attitude, c'est encore le courage de lutter contre soi-même. Il est naturel, quand on craint pour son poste, son statut ou son image, de ne pas désirer porter secours à un collègue victime de discrimination. C'est que la peur est naturelle, bien sûr, et d'autant plus dans un climat de profonde insécurité, quand de petits tyrans la font régner pour mieux affirmer leur toute-puissance. Mais le courage est justement capacité de résister à soi, de lutter contre sa peur, de ne pas se laisser dominer par elle. J'ai peur, bien sûr, mais j'y vais quand même parce que je ne saurais fermer les yeux sur l'inacceptable. Le courage est cette *fortitudo* qui me rend capable de lutter contre l'amour de soi par lequel je suis naturellement poussé à me préserver, contre l'intérêt passionné pour soi-même, contre l'instinct de conservation, parfois jusqu'au sacrifice de soi. Ainsi, il est arrivé que celui qui s'est jeté à l'eau pour venir en aide à un inconnu y ait laissé sa propre vie. Mais ce vrai courage, qui est courage pour autrui, peut être intégré dans ce qu'on appelle parfois une culture d'entreprise, chaque fois par exemple que l'on valorise des attitudes désintéressées qui ne visaient pas son petit confort, ses intérêts propres ou sa sécurité, mais qui étaient soutenues par le souci d'autrui, d'un collègue, d'un subalterne ou, pourquoi pas, d'un supérieur. On peut même aller plus loin et reconnaître le courage de ceux qui, dans des situations difficiles, s'oublient un peu au profit d'une entreprise qu'ils essaient de sauver.

Peut-on mobiliser les autres vertus cardinales dans le management ?

I. B. – Il serait peut être intéressant d'élargir le cercle de notre réflexion pour aller vers d'autres comportements managériaux issus d'autres vertus. Selon la tradition des vertus définies par Aristote, puis perpétuée en philosophie, le courage est une des quatre vertus cardinales, au côté de la prudence, de la tempérance et de la justice. Nous avons pu voir que le courage dans le management est nécessaire pour faire avancer les organisations, que les occasions de le manifester sont nombreuses et diverses et qu'il est difficile de l'isoler d'autres qualités.

Il semble alors tout à fait pertinent de situer, de façon très brève, les autres vertus dans le management et de voir qu'elles ont également un rôle à jouer. Nous verrons que leur mobilisation procède d'une synergie avec le courage tout à fait stimulante.

Ainsi, la justice, souvent associée à l'équité en management, renvoie au respect des engagements, au respect des règles, à la garantie d'une égalité de traitement pour tous. La justice en management, c'est aussi laisser à chacun ce qui lui revient en s'écartant d'une illusion de toute-puissance. Le courage de rester vigilant, voire critique avec des situations ne respectant pas cette justice, de les dénoncer, permet de maintenir ce climat d'équité auquel aspirent les salariés. Il faut également du courage pour résister au *lobbying* des uns et des autres, qui ne demandent qu'à détricoter ce fragile édifice de la justice dans l'organisation.

La tempérance, qui peut être renommée pondération, nous rappelle que tout ce qui est possible sur les plans juridique et économique n'est pas pour autant justifié, que, au quotidien, le « bien-vivre-ensemble » d'une entreprise implique de la part de chacun la maîtrise de ses sentiments et de ses impulsions, une modération dans ses propos et ses jugements, ce qui renvoie au respect de l'autre. Il faut souvent du courage pour « ne pas se laisser aller », pour ne pas s'embarquer dans des comportements qui mettraient en danger la réputation de l'entreprise ou son développement. Si l'on reboucle avec l'idée de justice et de dénonciation, il n'est pas simple non plus d'être courageux dans la tempérance.

La prudence, qui se rapprocherait dans le management de la capacité de discernement, implique de ne pas investir dans des projets que l'on ne comprend pas, d'identifier les risques et de les rapprocher du rendement attendu, d'écouter avant toute décision. C'est la base même de la stratégie, savoir maintenir des ambitions tout en maîtrisant les risques. Mais nos dirigeants se souviennent-ils bien d'être prudents quand le changement et l'entreprenariat sont si valorisés ? La prise de risque, l'audace font aussi partie de la grammaire managériale, et prudence et courage procèdent d'une difficile conciliation.

Il est ainsi tout à fait intéressant de constater que les vertus cardinales, telles que définies par Aristote pour guider la vie de tout humain en société, trouvent toute leur expression et leur légitimité dans le périmètre de l'entreprise et dans la pensée managériale, faisant la preuve, s'il le fallait, qu'il n'est pas possible de penser la vie professionnelle de façon isolée.

Y.-H. M. – Il est vrai que le rapport du courage aux autres vertus cardinales ne va pas de soi. En effet, il est difficile de concevoir un homme qui serait juste et méchant. De la même manière, la tempérance qui consiste à être capable de se maîtriser pour modérer ses passions ou au moins leurs effets est en tant que telle une qualité. Quant à ce que les Latins nommaient *prudentia,* que l'on traduit en général par « prudence », mais qu'on rendrait mieux par « sagesse pratique », cette capacité à mesurer son action aux circonstances pour agir à la fois avec sagesse et efficacité, c'est là aussi une vertu du sage qu'il convient de distinguer d'un simple opportunisme. Mais le courage, on l'a vu, n'est pas en tant que tel un gage de bonté, puisqu'on peut être à la fois cruel et courageux.

On n'échappe à cette difficulté, me semble-t-il, qu'en ramenant le courage à ce qui fait de lui une vertu authentique, à savoir d'être courage pour autrui. C'est à ce titre seulement qu'il est au sens propre une vertu cardinale, ce qui ne veut pas dire une vertu supérieure, mais une vertu-pivot. *Cardo,* en effet, c'est l'axe ou, pour mieux dire, le gond d'une porte. Si le courage est une vertu cardinale, c'est en tant qu'il donne du jeu aux autres vertus, qu'il libère pour elles un espace de déploiement. On comprendra, par exemple, qu'il faille du courage pour être généreux, puisque la générosité suppose la force de résister à la tentation de l'égoïsme ou de la pingrerie. André Comte-Sponville l'a bien vu dans le chapitre de son *Petit Traité des grandes vertus* consacré au courage. Je crois me souvenir qu'il donne aussi l'exemple du pardon, qui correspond à la vertu de miséricorde. Il est naturel sans doute de vouloir se venger d'une offense subie et de souhaiter du mal à ceux qui nous ont fait du mal. C'est pourquoi il faut du courage pour pardonner, le courage de résister à ses inclinations spontanées. On pourrait encore dire la même chose de l'humilité ou de la tolérance. Parce que nous sommes souvent spontanément mus par la haute idée que nous avons de nous-mêmes, l'humilité n'est pas faiblesse, mais force. Elle demande du courage. Et parce que nous avons du mal à supporter ce qui nous dérange, ce qui ne « colle » pas avec nos représentations ou nos valeurs, il faut du courage, encore et toujours, pour être tolérant, ce qui ne signifie nullement être indifférent.

On comprend alors ce qu'il y a de vrai dans le mot de Churchill qui voyait dans le courage « la première des qualités, parce qu'elle est la qualité qui garantit toutes les autres ». Toutes les autres, cela veut dire les vertus « ordinaires », certes, mais aussi, je le crois, les autres vertus cardinales. Il faut aussi du courage pour être juste, prudent et tempérant, et cela parce que ni la justice, ni la prudence, ni la tempérance ne vont de soi. Le plus facile, c'est d'être injuste en privilégiant systématiquement son intérêt personnel, d'être imprudent en fonçant tête baissée sans avoir le courage d'envisager les difficultés à affronter, et de soumettre son existence à une sorte de principe de plaisir illimité. L'injustice, l'imprudence et l'intempérance sont des défauts ordinaires parce qu'ils correspondent à une sorte de pente naturelle qu'il est plus facile de suivre dans le sens de la descente, c'est-à-dire vers le plus bas. Le courage est la faculté de remonter la pente.

I. B. – En conclusion de ce tour d'horizon consacré au courage, nous pouvons souligner l'évidence de mobiliser, pour le discours comme pour l'action managériale, une vertu cardinale définie depuis des millénaires par la philosophie. Cet exercice de rapprochement et de confrontation permet de montrer combien l'art de manager ne se limite pas à des techniques et des outils, mais mobilise bien des personnes dans leurs forces et leurs faiblesses.

Dans une version plus modeste et plus réduite, le courage trouve naturellement sa place dans le portefeuille des compétences douces que doit savoir mobiliser tout manager intelligent, c'est-à-dire capable de saisir et décrypter son environnement. Il ne s'agit pas de configurer un « courage au rabais », mais de le rendre accessible et mobilisable par l'ensemble des personnes de l'organisation. Cette vision d'un courage comme compétence permet à l'organisation de le mettre en action, dans des microespaces, des microtemps, des microsituations qui font la vie de l'entreprise. Elle permet également de le promouvoir, de le développer dans des conduites individuelles et de groupes, sans chercher à remonter à l'éducation dans la petite enfance (forcément déficitaire dans le domaine) de chaque salarié.

Il faut pour cela être clair et noter qu'il faut d'abord du courage aux dirigeants pour se lancer dans une telle aventure. Car si les effets directs de tels choix stratégiques peuvent être identifiés, cela est moins aisé pour les effets indirects ou induits qui peuvent constituer autant d'effets boomerangs. Ensuite, ce sont l'exemplarité des managers, la facilitation de l'expression de chacun, l'écoute bienveillante, les moyens dont bénéficiera le dispositif, la communication en interne pour bien expliciter les enjeux au plus près de l'activité de chacun, qui devront être les ingrédients de cette mise en mouvement vers une organisation plus « courageuse ». Qu'on dessinera comme une organisation où l'esprit d'entreprendre, l'esprit d'innover, l'acceptation du changement et la transparence managériale sont promus et font entendre leurs voix.

L'entreprise et le management ne peuvent se décréter courageux sans preuves concrètes de ce courage : faire du courage une compétence managériale et organisationnelle est une façon de le nommer et de le distinguer, de le développer aussi, afin de contribuer à la vitalité de nos entreprises. Le « courage de dire », le « courage de faire » doivent devenir d'une banalité désolante dans les entreprises et les organisations, si elles veulent grandir et faire grandir leurs salariés.

Y.-H. M. – Je retiens pour ma part de notre conversation deux idées qui me semblent essentielles. La première, c'est que le courage s'apprend ou, pour le dire à la façon de Sartre, qu'on n'est pas courageux « par nature », qu'on le devient en posant des actes courageux. Comme le dit aussi Aristote dans l'*Éthique à Nicomaque*, on a le caractère qu'on s'est forgé. Ce n'est pas parce que l'on est courageux qu'on agit courageusement, c'est parce qu'on a pris l'habitude d'agir courageusement qu'on est devenu courageux. Mais, et c'est la deuxième chose que je voudrais retenir, cet apprentissage requiert des circonstances favorables, un milieu porteur. On ne peut pas développer la vertu de courage dans un milieu où l'on craint sans cesse pour sa sécurité. Des employés inquiets de ce qui pourrait leur arriver s'ils faisaient état de leurs récriminations ne peuvent pas développer une attitude courageuse. Des individus sous tutelle, à qui l'on a pris soin d'expliquer qu'on ne leur demande pas de réfléchir, mais simplement d'exécuter, peuvent finir par trouver cela très confortable et se résoudre à une certaine paresse qui est aussi une forme de lâcheté. Vous avez su montrer qu'il appartient donc aux managers de développer les conditions de possibilité d'un exercice du courage. Il convient pour cela de savoir entendre des paroles dissonantes, d'encourager l'analyse critique, d'apprendre à remettre en question ses propres convictions ou la pertinence de certaines décisions. C'est pourquoi le courage n'est pas la vertu exclusive des chefs. Vous disiez pour commencer qu'on ne parle pas d'entreprise courageuse et vous aviez raison. Mais quand une certaine culture d'entreprise favorise la liberté de parole, quand elle encourage les initiatives, quand elle ne traite pas tout échec comme la manifestation d'une incompétence, elle rend possible le développement d'un courage qui configure la société, qui l'informe de l'intérieur, qui peut accroître son dynamisme et, pourquoi pas, sa compétitivité.

Permettez-moi de terminer en évoquant ce qui me semble être la forme la plus profonde du courage, celle qui est la source de toutes les autres. Vous soulignez, en concluant votre propos, le courage de dire et le courage de faire. Je voudrais pour ma part dire un mot encore sur ce que Paul Tillich, par exemple, appelle le « courage d'être ». Il commence par reprendre Spinoza qui voit dans la liberté une véritable puissance d'agir, c'est-à-dire tout le contraire d'une force qui nous retient. Je n'agis pas véritablement quand je suis retenu par mes scrupules, mon amour-propre, ma peur, la haute idée que je me fais de moi-même et que je crains d'abîmer par un échec éventuel. J'agis librement quand je suis tout entier dans mon action, que je fais un avec elle, que je me jette en elle pour me laisser façonner par elle. Cette liberté, nous dit encore Spinoza, se reconnaît à un signe qui est la joie. La joie n'est pas l'extrême du plaisir, elle n'est pas satisfaction plénière d'avoir obtenu ce que l'on convoitait. Elle est pleine adhésion à soi, à ce que l'on est, à ce que l'on fait. Elle est un oui généreux dit à soi-même. Il y a bien sûr des joies profondes, des joies qui n'ont rien d'une exultation ostensible. Mais quoi qu'il en soit, cette joie, contrairement au plaisir, n'est pas due à ce qui nous arrive de bon. Elle est l'expression de ce que je suis quand je le suis vraiment. C'est pourquoi elle ne va pas de soi. Ce « oui » sur lequel elle repose ne peut être qu'un oui courageux à soi-même contre tout ce qui nous retient, nous diminue, nous appauvrit. Et c'est là que je veux rendre la parole à Paul Tillich : « La joie est l'expression sur le plan émotionnel du oui courageux à notre être propre et véritable. » Alors, je ne sais pas s'il existe des entreprises courageuses, mais je me réjouirais de savoir qu'il existe des entreprises joyeuses !

*

* *

POUR ALLER PLUS LOIN

Platon, *Lachès* (nombreuses éditions disponibles).

André Comte-Sponville, *Petit Traité des grandes vertus*, chapitre 5 (« Le courage »), PUF, 1995.

Hannah Arendt, *La Crise de la culture*, chapitre 4 (« Qu'est-ce que la liberté ? »), Gallimard, 1972.

6

L'exemplarité ? Le manager n'est pas un héros

Une notion paradoxalement impertinente en management

Isabelle BARTH – L'exemplarité fait partie des notions qui ne se limitent pas au management. L'exemplarité ainsi que ses déclinaisons (donner l'exemple, prendre exemple, être exemplaire…) renvoient à des comportements et des attitudes que l'on peut aisément rencontrer dans des domaines très divers et à tout âge. Ainsi, tout jeune, un enfant sait qu'il doit prendre exemple sur tel ou tel camarade, se montrer exemplaire pour être la fierté des parents, et montrer l'exemple, le cas échéant, à ses jeunes frères et sœurs. Toute une partie de l'éducation et de la formation est également fondée sur la notion d'exemple. Ainsi, après la théorie, le théorème ou la problématique, viendront l'illustration ou l'exemple, qui ont pour vertu d'aider à comprendre, à visualiser ce que l'énoncé seul peine à faire passer.

Ces notions d'exemplarité et d'exemple nous sont donc extrêmement familières et renvoient, dans leur sens commun, à trois idées : montrer ou donner l'exemple, imiter ou prendre exemple, et être conforme, voire irréprochable ou être exemplaire. Elles ont un goût d'enfance et de familiarité qui peut interroger quant à leur transfert au monde du management, qui est radicalement celui de l'âge adulte et du travail. Nous sentons dans cette légère tension la source d'un questionnement et un motif d'interpellation de cette notion. En effet, s'il est indubitable qu'on évoque beaucoup l'exemple et l'exemplarité en management, il semble légitime de s'interroger sur la finalité et la pertinence de leur mobilisation dans ce registre.

Le décalage que nous percevons nous amène à entrer dans l'interstice ainsi ouvert et à analyser le jeu (au sens de jeu dans une serrure) qu'il laisse entrevoir. Il apparaît bientôt que l'évidence de l'utilisation de l'exemple en management peut cacher l'interpellation, et peut être la remise en cause de notions managériales bien établies. La familiarité même du terme en fait donc un puissant décodeur du fonctionnement des organisations. C'est ce que je vous propose que nous explorions ensemble maintenant.

Yann-Hervé MARTIN – Il est vrai que ce terme nous est familier, ne serait-ce que parce que l'actualité récente a fourni bien des prétextes à son évocation. De trop nombreuses affaires ont été l'occasion, notamment pour la classe politique, de rappeler un devoir d'exemplarité. Le problème, on le sait bien, c'est que le surinvestissement médiatique d'une notion dispense souvent d'en saisir le sens. On a beau parler de devoir d'exemplarité, signifier que les politiques ou les managers doivent être irréprochables, faire l'éloge de ceux qui « donnent le bon exemple » et encourager les autres à « prendre exemple », la répétition litanique des bonnes intentions n'aide guère à comprendre à quoi on a affaire.

Bien sûr, on n'aura guère de difficulté à saisir que l'enjeu de l'exemplarité est un enjeu moral, disons de crédibilité ou d'honnêteté. On n'est pas crédible quand on reproche aux autres ce que l'on s'autorise. Et il est malhonnête sans doute d'organiser la chasse aux fraudeurs quand on fraude soi-même. La sagesse populaire, avec un brin d'ironie, aime d'ailleurs railler ceux qui ont l'air de nous dire : « Faites ce que je dis, ne faites pas ce que je fais ! » Mais vous avez raison de souligner que nous aurions tort de réduire l'exemplarité à une exigence morale, puisque celle-ci a aussi une fonction pragmatique. Est exemplaire, dans l'exercice d'un métier par exemple, celui qui sait montrer ce qu'il faut faire.

On peut alors se demander ce qu'ont en commun ces deux usages possibles, l'un moral et l'autre pragmatique, de la notion d'exemplarité. Il me semble qu'on est renvoyé dans les deux cas à l'idée selon laquelle certaines choses ne s'apprennent pas de façon simplement théorique. Il est des gestes, des comportements, des attitudes ou des procédures qui ne peuvent être intégrés que par l'exemple et la répétition. Cela est vrai dans le domaine moral, bien entendu. On sait qu'il existe quelque chose comme une contagion des bonnes mœurs… des mauvaises aussi, hélas ! Mais dans l'ordre pratique, l'imitation a ses vertus qui ne sont pas négligeables. Ainsi, l'adjectif « exemplaire » combine l'idée d'un modèle à imiter – dans l'ordre moral ou dans celui du métier – et celle du caractère irréprochable de celui qui fait exactement ce qu'il doit faire. On comprend bien que cette notion ne peut faire sens qu'à condition de renvoyer à une norme, une norme qui n'est pas définie *a priori*, de façon théorique ou discursive, mais à partir d'un exemple concret : le travail du professionnel, le comportement quotidien de l'honnête homme… D'ailleurs, en latin, le mot *exemplum* désigne à la fois l'original et le modèle. L'original comme modèle à imiter plutôt que comme norme à admirer. On comprend mieux alors que la relation d'exemplarité soit une relation bijective : je ne peux donner réellement l'exemple qu'à celui qui accepte de « prendre exemple » sur moi. L'exemplarité du maître requiert non pas la docilité de l'élève, mais sa participation active, son attention, son souci de bien faire.

C'est pourquoi la notion d'exemplarité nous donne à penser deux choses : le statut du maître comme modèle et les limites de la posture simplement théorique, discursive. D'où l'importance, bien sûr, de notions telles que « montrer » et « imiter ». Il faudra que l'on comprenne que certaines compétences ne sauraient s'apprendre théoriquement, ce qui revient à dire que « c'est en forgeant qu'on devient forgeron »… à condition toutefois de travailler aux côtés d'un forgeron expérimenté !

Quelles limites au discours sur l'exemple ?

I. B. – Parler d'exemple renvoie donc d'emblée à la question de la transmission. La transmission dans le monde professionnel porte sur toutes sortes de choses. Elle renvoie à l'acquisition des savoirs ; connaître les procédures, les produits, l'environnement technique et légal fait partie de cette première catégorie. Viennent ensuite les savoir-faire, qui recouvrent l'ensemble des techniques à maîtriser pour concevoir, fabriquer un produit et un service ; et les savoir-être, c'est-à-dire les codes de conduite, les façons de se comporter qui sont en vigueur dans l'organisation. Tout salarié en entreprise est donc régulièrement confronté à cette question de la transmission.

Le management s'est, pendant longtemps, voulu rationnel et a privilégié dans ce cadre la théorie et la transmission par le discours qu'on appelle alors la « formation ». Le style cognitif déductif était le seul ayant véritablement pignon sur rue. Pour apprendre, il fallait passer par la lecture de la procédure ou de la fiche technique.

La notion d'exemple bouleverse cet ordre bien établi et réhabilite l'apprentissage par induction, celui qui privilégie le faire avant le savoir et valide la voie d'accès au savoir par le faire : « Je vais te montrer pour que tu comprennes et que tu apprennes. »

On admet désormais que la raison et le raisonnement ne sont plus suffisants, qu'ils ne sont qu'un accès à la connaissance parmi d'autres. C'est le *revival* de l'apprentissage, au sens où le maître transmet le geste à son élève, admettant implicitement que l'intelligence peut s'exprimer par la main sans forcément passer préalablement et longuement par l'hémisphère droit du cerveau, celui qui rationalise.

Reconnaître ou admettre ces modalités de transmission implique une autre vision du capital immatériel de l'entreprise, qui ne se limite plus à un jeu de connaissances identifiables, extractibles et transmissibles, mais s'ouvre à un ensemble de savoirs tacites et non écrits qui relèvent aussi d'une transmission orale et par le geste. Une forme de transmission « folklorique », peu légitime aux yeux de l'*Homo economicus*, et pourtant de plus en plus décrite comme une des nouvelles modalités du monde du management.

Vers la réhabilitation du « tour de main » ?

I. B. – La modernité a défini le management et l'entreprise comme des corpus de connaissances rationnelles, impliquant un fonctionnement reposant sur des règles logiques, identifiables et transmissibles de façon théorique. Cette vision implique une distinction nette entre les personnes qui animent l'activité et l'activité elle-même. Elle trace aussi le portrait du travailleur neutre, interchangeable, qui a longtemps peuplé les manuels de management. Parler de l'exemple, vouloir donner l'exemple ou prendre exemple, c'est se rappeler que l'entreprise, c'est aussi beaucoup de savoir-faire et de « tours de main », comme le rappelle Christophe Dejours. C'est admettre l'importance du geste et de sa mémoire. C'est valider l'idée que l'activité de l'entreprise est profondément liée aux femmes et aux hommes qui y travaillent. C'est se dire qu'une fonction, un poste de travail varient en fonction de la personne ou des personnes qui l'occupent. C'est reconnaître aussi l'importance de l'identité professionnelle et, en creux, se montrer vigilant aux changements que l'on exige si souvent des salariés dans leur façon d'exercer leur métier. Reconnaître la valeur de l'exemple dans l'entreprise, c'est en effet admettre que l'activité professionnelle est un capital de la personne ; en conséquence, la bousculer, la faire évoluer auront forcément un impact sur son identité même. C'est retrouver la notion du métier dans toutes ses dimensions, tant affectives que cognitives. Cette nouvelle vision s'impose particulièrement dans les périodes de changement, car elle aide à mieux comprendre pourquoi les personnes développent autant de résistance au changement. Cette dernière traduit moins leur refus d'apprendre de nouvelles techniques, de nouveaux fonctionnements, de nouvelles procédures que leur désarroi devant la perte de leur identité professionnelle, de leurs réseaux, de leurs repères. Penser « exemple » et non pas théorie permet de mieux piloter le changement.

Si l'exemple interpelle bien les modalités classiques de la transmission, il oblige aussi à s'interroger sur la définition que l'on se donne de l'action.

Y.-H. M. – J'aime bien cette idée de métier compris dans un sens un peu oublié, pour lequel il s'agit moins d'avoir *un* métier que d'avoir *du* métier. Et celui qui a du métier, c'est celui auprès de qui on peut apprendre en le regardant travailler. C'est qu'il y a en effet beaucoup de choses qu'on ne saurait apprendre dans les manuels. On pense bien entendu à tout ce qui est d'ordre pratique. On n'apprend pas à forger, à souffler le verre, à piloter un avion, à diriger une entreprise ou à faire un cours de philosophie en lisant des livres, en se confrontant à des discours théoriques, aussi exhaustifs soient-ils. Bien souvent, il faut faire pour apprendre à faire, et regarder faire avant de faire.

Mais ce qui est vrai de l'apprentissage pratique l'est aussi de l'apprentissage théorique. Prenez l'exemple d'un collégien en cours de mathématiques. Imaginez-le attentif à la leçon de son professeur, soucieux de comprendre, apte à apprendre par cœur les formules et les théorèmes…

Cela ne lui suffira pas. Le bon professeur est celui qui sait ce que ses élèves doivent faire pour apprendre, car apprendre est un acte de l'esprit. C'est pourquoi il leur donnera des exercices, les mettra en situation de « faire par eux-mêmes » en prenant exemple sur ce que lui-même aura fait. L'élève saura qu'il a compris quand il sera capable de faire comme son professeur.

Si l'on détaille cette contagion de l'exemplarité, on découvre, je crois, qu'elle comporte trois dimensions. La première est de l'ordre de l'attention, de l'observation. Il faut commencer par voir faire. Si cette étape est indispensable, on conçoit aisément qu'elle ne saurait être suffisante. Je peux en effet ne rien comprendre à ce que je vois, quelque attentif que je sois. Je vois le pilote conduire son avion, j'admire la précision de ses gestes et son aptitude à diriger du bout de ses doigts un engin bien plus lourd que l'air, mais je ne peux commencer à comprendre que s'il m'explique. L'exemplarité, dès lors, ne saurait faire l'économie du discours. Là où le discours seul serait insuffisant, le geste seul le sera tout autant. Même dans le domaine de la vie morale, l'enfant a besoin que ses parents lui expliquent pourquoi il ne doit pas voler, mentir ou humilier ses camarades. Enfin, après avoir vu faire et entendu expliquer, on peut essayer de faire sous la conduite de celui qui sait faire.

C'est pourquoi il n'y a pas de sens à opposer la théorie à la pratique ou à l'effectivité, comme si l'une était trop abstraite et l'autre suffisamment concrète. Si la théorie sans la pratique est vaine, la pratique sans la théorie est aveugle. Il faut bien sûr agir pour donner l'exemple, mais il faut parler aussi. L'un et l'autre sont solidaires. Le discours éclaire la pratique quand la pratique illustre la théorie. Un forgeron muet serait un piètre pédagogue !

Je disais tout à l'heure qu'il y a bien des choses qu'on ne saurait apprendre dans les livres. Mais cela, vous l'aurez compris, ne signifie pas que les livres sont inutiles. Dans le domaine du management, par exemple, on a sans doute besoin de modèles à observer puis à imiter. Mais cela ne dispense personne de suivre des cours ni même de lire des livres, puisque un bon cours comme un bon livre doivent s'appuyer sur une expérience susceptible d'être partagée. Aussi expérimenté soit-on, je crois qu'on gagne toujours à continuer à lire...

L'exemplarité authentique est donc l'alliance heureuse de la pratique et de la théorie, et je tiens d'ailleurs à rappeler que, étymologiquement, la théorie n'est pas la spéculation éthérée ou le beau discours déconnecté de la réalité, mais l'observation rationnelle (*theoria* en grec). L'exemplarité est donc une façon de s'adresser à l'homme dans l'intégralité de ses dimensions, à la fois rationnelles et opératoires. Si l'homme a besoin d'exemples, et si ces exemples peuvent l'éclairer, c'est qu'il est à la fois un être de raison, capable de comprendre, et un être d'action, capable de faire, de transformer, d'inventer...

Dans le domaine moral, il me semble que c'est la même chose. On sait bien que là aussi, le discours seul a ses limites, puisque des leçons de morale n'ont sans doute jamais contribué à moraliser qui que ce soit. Je m'étonne d'ailleurs qu'on revienne si souvent sur l'idée d'un nécessaire enseignement de la morale à l'école, comme si cela pouvait suffire à contrarier la tendance lourde de l'immoralité ordinaire. Celui qui se conduit mal n'est pas nécessairement celui à qui ont manqué des leçons de morale. *A contrario,* celui qui se conduit bien n'a pas nécessairement bénéficié des meilleures leçons. On l'aura compris : la morale, elle aussi, s'enseigne par l'exemple, même si nos vrais maîtres nous ont peu donné de leçons. Leur vie a été leur enseignement et notre raison a su théoriser en eux une grandeur à laquelle nous avons pu aspirer.

Qu'implique l'exemple pour l'action ?

I. B. – Il est essentiel de rappeler que donner l'exemple implique de comprendre ce que l'on fait. En effet, comment pouvoir montrer ou donner l'exemple, transmettre le geste sans avoir pris de la distance avec ce que l'on fait ? L'exemple, qu'il soit donné ou pris, ne se limite pas à l'imitation, il vaut mieux que cela, il pose la question pour celui qui le donne de sa capacité à transmettre, c'est-à-dire à dépersonnaliser le geste, à le « décontextualiser », afin de le rendre intelligible et transmissible. Il demande aussi à celui qui prend exemple une capacité à interpréter, afin de ne pas seulement refaire à l'identique, mais bien de s'approprier le geste pour mieux le recréer.

L'exemple, par cette prise de distance et cette appropriation, réhabilite l'action intelligente et apprenante. Invitation à revenir aux fondamentaux du compagnonnage et de l'apprentissage tels qu'on les trouve traditionnellement dans les métiers manuels pour les transférer à d'autres types de métiers et de missions dans les entreprises. Refuser de dissocier le faire du dire, c'est aussi valoriser la « façon de faire » et reconnaître la marque de fabrique, la touche de chacun, de chacune, quelle que soit la nature de son travail. S'il est évident qu'il y a une forte personnalisation dans l'art (interpréter une œuvre musicale), dans l'artisanat (façonner un meuble), dans le travail manuel (construire un mur), il est agréable de penser que ce peut être le cas pour des produits ou des *process* plus simples *a priori*, plus standardisés ou dématérialisés. C'est ce qu'a oublié peu à peu le management, dans son désir de performance, en gommant les différences et les aspérités. Cet aspect est patent particulièrement dans les métiers de contact client où les « scripts » (bonjour, bienvenue, que puis-je pour vous ?) se sont substitués à des accueils personnalisés créés de toutes pièces par ces personnes. On apprend par cœur un script, on prend exemple sur quelqu'un, et c'est bien là toute la différence en termes de valeur pour les personnes comme pour l'entreprise.

On observe donc que l'exemple intervient non seulement dans la transmission et le rapport à l'apprentissage, mais aussi dans le rapport à la norme et au standard.

Y.-H. M. – Vous pointez là quelque chose qui me semble essentiel, à savoir la différence entre le mimétisme intelligent « par contagion » et ce qui ne serait qu'une façon bornée de « singer » des comportements stéréotypés. La première figure, comme vous le soulignez, exige une certaine prise de distance en vue de l'appropriation personnelle d'une action intelligente, réfléchie, adaptée à ce que je suis. La seconde, qui exclut toute forme d'inventivité, est simple soumission à des protocoles non critiqués. La première est une composante essentielle de tout apprentissage, la seconde un dispositif de formatage mécanique. Vous prenez l'exemple de certains scripts qui se sont substitués à l'accueil personnalisé, c'est-à-dire de personne à personne. Je pense, pour ma part, à l'insupportable récitation téléphonique de textes préfabriqués, prononcés par des voix impersonnelles auxquelles on pourrait aisément substituer des énoncés préenregistrés. Le pire, c'est que l'impersonnalité du destinateur induit ici l'impersonnalité du destinataire dont on pourrait croire qu'il est traité idéalement non pas comme un sujet, mais comme une structure mécanique adaptée et capable de réagir à des stimulations externes. C'est ce que Jean-Michel Besnier a appelé le « syndrome de la touche étoile ».

Mais pour en revenir à une compréhension aussi fine que possible des enjeux de l'exemplarité, il convient de souligner les limites de la posture mimétique. L'imitation, en effet, peut être superficielle, de pure façade. Imaginons la bêtise d'un jeune commercial qui reproduirait purement et simplement la gestuelle, les intonations et le discours de son mentor en oubliant, d'une part, que ces gestes et intonations ne lui correspondent pas, et, d'autre part, qu'il convient chaque fois de s'adapter à la personne particulière à laquelle il s'adresse. On imagine aisément à quels échecs il s'exposerait.

Une seconde limite tient au fait que l'imitation fonctionne aussi bien quand elle est imitation du médiocre, voire du mal, que quand elle prend le bien ou le bon pour modèle. On connaît tous la trop fameuse justification des conduites douteuses : « Mais enfin, tout le monde fait comme ça ! », formule devenue l'axiome de l'immoralité ordinaire. De la même façon, dans l'ordre pragmatique, si je singe mon « maître » au lieu de prendre exemple sur lui à partir d'une distanciation critique et analytique, je reproduirai avec autant de conviction ses attitudes bonnes, c'est-à-dire pragmatiquement pertinentes, que ses mauvaises attitudes. Bref, la force de l'habitude ne suffit pas à l'intériorisation des vertus et des bonnes pratiques. L'imitation n'ouvre la voie à un développement des compétences qu'à la seule condition d'être imitation humaine, c'est-à-dire gouvernée et contrôlée par la raison. Je préfère l'enfant qui s'enquiert des raisons des règles auxquelles on prétend le soumettre à celui, plus docile, qui les suivra toutes sans se poser de questions, « parce que c'est comme ça ». N'oublions pas que les habitudes sont de simples effets de surface aisément réversibles. Une habitude peut succéder à une autre, un mimétisme à un autre mimétisme. La contagion de l'exemplarité exige moins des individus dociles que des personnalités critiques. Elle exige pour cette raison l'heureuse alliance de l'exemple et du discours, de la pratique et de la théorie.

Une anecdote me revient ici à l'esprit qui pourrait nous aider à comprendre ce qu'est l'*imitation intelligente*. On trouve l'histoire dans les *Récits hassidiques* de Martin Buber. Ce dernier raconte que, dans un village juif d'Europe centrale, au XVIIIe siècle, un rabbin vint à mourir après avoir marqué sa communauté pendant plusieurs décennies. Ainsi, les habitants s'étaient habitués à lui, à sa façon de procéder, d'agir, de gérer le rituel... À sa mort, c'est son fils qui est désigné pour lui succéder, et là, tout change. Les notables du village sont déboussolés par sa façon de remplir ses fonctions. Ils décident donc de constituer une délégation pour lui parler et trouvent le courage de lui reprocher de ne rien faire comme son père. C'est alors que celui-ci leur répond : « Vous vous trompez, en toutes choses, j'ai toujours fait exactement comme mon père ; moi non plus je n'imite personne ! »

Voilà peut-être de quoi nous éclairer, fût-ce au prix d'un paradoxe inconfortable. Le meilleur des disciples est souvent celui qui s'abstient de singer son maître. Le meilleur maître, celui qui sait ouvrir pour son disciple une voie originale, la possibilité d'authentiques commencements. Toujours le fameux débat entre la lettre et l'esprit.

Faut-il questionner les « bonnes pratiques » ?

I. B. – Vouloir prendre exemple ou donner l'exemple implique que certaines personnes ou certaines façons de faire ont valeur d'exemple. C'est-à-dire qu'elles sont plus valorisantes, plus pertinentes, plus performantes que d'autres. Cela n'est envisageable que dans un contexte donné, car cette performance, cette valeur, cette pertinence n'existent que relativement à d'autres façons de faire. L'idée d'une relativité dans la « bonne façon de faire » sous-tend l'exemple. Il faut donc, pour bien prendre exemple, être capable de décrypter ce contexte et de l'envisager dans toute sa dynamique de changement. Le bon exemple d'aujourd'hui sera peut-être périmé demain ou après-demain et pourra même devenir un contre-exemple ou l'exemple à ne pas suivre.

Nous pouvons en donner trois illustrations : l'introduction de la responsabilité sociétale des organisations a périmé des conduites performantes, mais nuisibles pour l'environnement ; la prise de conscience des risques pour le citoyen a disqualifié les recherches de coûts bas générés par les politiques de délocalisation de la production ; les *business models* montrent peu à peu leurs limites et ce qui était érigé en exemple dans les années 1980, 1990 ou 2000 n'a plus de valeur la décennie suivante. Cette importance du contexte interroge la notion de « bonnes pratiques » tellement mobilisée par les entreprises. La bonne pratique n'est ni plus ni moins que la recherche du meilleur exemple que l'on pense devoir suivre, déniant l'enjeu du contexte ou se contentant du mimétisme, au risque de produire des effets très éloignés de ceux attendus. S'il y a des gestes intemporels, dont la transmission et l'exemplarité transcendent les époques (comme dans l'artisanat), la plupart des exemples à prendre sont dépendants du contexte et n'ont de valeur que dans la pertinence avec laquelle ils sont choisis. Ainsi, la politique de l'« employé du mois », que l'on retrouve dans de nombreuses entreprises américaines ou asiatiques, n'a qu'une très faible résonance dans le contexte français, où l'on se méfie de ces façons de faire. Un avatar récent de l'employé modèle est le « champion », figure *made in USA* que l'on retrouve dans certaines entreprises globales, par exemple dans le champ du management de la diversité. Si L'Oréal a ses « champions de la diversité », notons que la pratique reste limitée à quelques très grosses structures et ne recueille que peu d'intérêt dans le contexte français. L'exemple n'est donc pas toujours transposable ou imitable, mais il apparaît bien comme indispensable à la construction de l'organisation.

Quelle est la place de l'exemple dans la culture d'entreprise ?

I. B. – Pour exister, l'entreprise a besoin de cohésion, elle a besoin de l'adhésion – que l'on nomme aussi engagement ou implication – de ses membres. Le bateau-entreprise a besoin que tout le monde rame dans le même sens, vers un cap commun, autour d'un capitaine. Pour que cela soit possible, il faut un minimum de codes partagés, de valeurs, de visions communes. Cet ensemble de règles tacites et partagées constitue alors ce qu'on appelle souvent la « culture d'entreprise », et cette culture d'entreprise se cale beaucoup plus sur l'exemple par imitation que sur l'exemple par questionnement.

Une petite histoire circule, qui permet de mieux comprendre ce qu'est la culture d'entreprise : l'histoire de la cage des chimpanzés. Que raconte-t-elle ? Un manager se retrouve avec un scientifique devant une grande cage peuplée de chimpanzés. L'heure du repas approche, tous ont l'air d'avoir faim. Le manager remarque, suspendu de façon bien visible au beau milieu de la cage, un magnifique régime de bananes fort appétissantes et, installée dessous, une échelle qui permet d'y accéder facilement. Or, aucun des chimpanzés ne fait mine de vouloir y grimper. C'est un comportement bien énigmatique pour le manager, qui interroge le scientifique sur le pourquoi de la chose. Le scientifique explique alors que, au départ, il y avait d'autres chimpanzés dans cette cage, il y avait aussi un régime de bananes et une échelle, mais, chaque fois qu'un chimpanzé essayait d'attraper une banane, toute la cage était arrosée d'une douche glacée. Au point que, peu à peu, plus aucun chimpanzé ne s'aventurait à tenter l'escalade, et si l'un tentait tout de même l'expérience, les autres se chargeaient de l'en empêcher pour éviter le châtiment. On avait retiré petit à petit les chimpanzés ayant connu cette expérience « glaciale » et on les avait remplacés par d'autres, mais les anciens avaient su transmettre l'interdit à leurs nouveaux congénères. Or, à la date de l'observation par notre manager, plus aucun chimpanzé vivant dans la cage n'a connu la douche glaciale ; ils ne connaissent que l'interdit de monter à l'échelle malgré la tentation. Ils font comme cela parce que c'est comme cela qu'on fait, sans se demander pourquoi, sans remise en cause. Le régime de bananes interdit d'accès, c'est souvent cela la culture d'entreprise : des codes, des conventions, des comportements transmis sans qu'on les remette en cause, par imitation, par accord tacite, en prenant exemple sur, en donnant l'exemple, mais un exemple mimétique.

Que pouvons-nous tirer de ce constat ? Que tout groupe humain, même organisé autour d'une rationalité purement professionnelle, a besoin pour sa cohésion de codes communs, transmis par l'exemple. Ce besoin normalise les comportements et permet de dessiner une règle qui servira de repère à l'ensemble du groupe. Si ce comportement s'explique par la psychologie, il recueille aussi le satisfecit de la maximisation économique : en effet, la constitution de codes, d'une compétence communicative fondée sur les ellipses et les raccourcis, permet de fluidifier les échanges et de rendre l'action collective plus efficiente et efficace. Il est démontré que les groupes homogènes dans leurs comportements sont toujours plus efficaces (mais, en revanche, moins créatifs). L'exemple, dans ce qu'il a de ressemblance et de complicité, contribue donc à former le groupe efficace et le projet d'entreprise pérenne et efficient. Il s'agit peut-être alors de poser la question du « pourquoi », afin de questionner les codes promus et légitimés par l'imitation et la répétition. Questionner la place et la valeur de l'exemple dans l'entreprise semble salutaire.

Y.-H. M. – Cette façon de penser une culture d'entreprise comme un ensemble de codes traditionnels transmis par contagion mécanique me semble en réalité contre-productive. Peut-être permet-elle, comme vous le suggérez, d'engendrer des comportements efficaces. Toutefois, je ne comprends pas très bien en quoi un comportement peut-être réellement efficace s'il n'est pas aussi un comportement créatif. Quand l'efficacité se trouve réduite à la force de l'habitude, elle n'est plus rien d'autre qu'une force d'inertie destinée à l'usure. Je crois qu'il faut, ici, distinguer deux choses : le temps de la réflexion et le temps de l'action. Il est toujours dangereux, au moment d'agir, de se laisser retenir par des scrupules, des hésitations, des questions parasites. Comme dans un parti politique, ou une communauté religieuse, il faut, dans une entreprise, une discipline d'action capable de surmonter les désaccords théoriques. Il n'est pas nécessaire que tous soient d'accord pour agir ensemble. Mais il est nécessaire de faire « comme si », non pas pour leurrer qui que ce soit, mais pour donner toutes ses chances à l'action collective efficace.

En revanche, toute entreprise soucieuse de maintenir vivante sa « culture » doit se donner le temps d'en interroger les codes, les valeurs, les procédures, les rites, les usages… Dans l'ordre de la réflexion, la contestation, surtout quand elle est rationnelle, n'est pas un ennemi, mais un allié. On retrouve ici l'idée selon laquelle une exemplarité platement et superficiellement mimétique ne saurait former des personnes investies, inventives et responsables. Toute société a besoin d'individus hors normes, peu aptes à se couler dans des schémas préfabriqués, qui peuvent eux aussi servir d'exemples et rendre possibles certaines réformes nécessaires. Je crois même qu'on reconnaît une société malade, éventuellement une entreprise en mauvaise santé, à ce qu'elle pose la norme codifiée comme l'exemple à imiter : « Soyez normaux ! »

En revanche, une société vivante est toujours une société qui laisse ses chances à une exemplarité intempestive.

Pour le dire autrement, je crois qu'il convient de se méfier d'une exemplarité qui serait simplement condescendante, qui prétendrait devoir se diffuser de haut en bas, des instances de décision vers les instances d'exécution. Chaque niveau organisationnel doit pouvoir faire valoir des exemples imprévus qui contesteront de fait l'exemplarité traditionnelle. Il faut reconnaître à chacun à la fois un droit d'inventaire et une originalité dérogatoire. C'est inconfortable et difficile, sans doute, mais le rôle du manager n'est pas de veiller à l'orthodoxie. Bien sûr, ce n'est pas non plus de provoquer l'hérésie, mais de veiller à la bonne constitution d'un espace interpersonnel susceptible de faire droit aux esprits les plus inventifs. Toute la difficulté consiste à articuler avec souplesse une « discipline de parti » et une « singularité personnelle ». Et cela n'est possible qu'à condition de permettre à chacun d'intégrer les raisons de la pertinence d'un geste. Bref, il ne s'agit pas simplement de se soumettre à des procédures impératives, mais de les comprendre pour les intégrer à soi au lieu de s'y conformer. Et cette exigence en entraîne une autre : celle d'autoriser la contestation, soit pour rendre possible une meilleure compréhension des procédures et des protocoles, soit pour ouvrir la voie à une amélioration possible. Un manager qui aurait peur de la contestation serait un manager si peu assuré de son autorité qu'il percevrait toute critique comme une attaque frontale. En revanche, celui qui sait instituer des lieux et des temps de réflexion commune se donne la double chance d'une meilleure intégration des codes et de leur réforme éventuelle.

I. B. – C'est là tout l'écart entre ce qu'on devrait ou aimerait faire et la vie réelle des organisations, où le manager n'est pas toujours légitime, pas toujours compétent et quelquefois sur un siège éjectable. Pour sauvegarder son emploi, par aveuglement aussi, il peut être amené à ne pas être aussi exemplaire qu'on pourrait le souhaiter. Les managers ne sont pas des héros !

Questionner ou refuser l'exemple : est-ce possible en management ?

I. B. – Prendre exemple n'est pas imiter, c'est s'approprier dans la dimension de la maîtrise et de la re-création, mais est-ce bien réaliste en entreprise ? Pour bien prendre exemple, il faut savoir entrer dans un processus de questionnement et définir une distance critique. Comme on l'a déjà dit, donner l'exemple exige de prendre du recul avec ce que l'on fait, que ce soit un geste, un discours ou un comportement. Prendre exemple doit, de la même façon, passer par la prise de distance critique, la seule méthode pour y parvenir étant le questionnement. Le problème est que notre éducation, depuis notre plus tendre enfance, ne favorise pas le questionnement. La question ennuie, elle déstabilise et met celui qui transmet devant ses propres limites. Le questionnement, d'ennuyeux, peut devenir suspect : on soupçonne l'interrogateur de ne pas comprendre, sinon il ne poserait pas autant de questions ; on le soupçonne de ne pas faire confiance ou de ne pas vouloir se positionner en tant qu'émule ou élève, mais de vouloir inverser les places. Pourtant, les psychologues de l'éducation le montrent bien, l'apprentissage intelligent passe par le questionnement, et l'exemple ne peut véritablement jouer son rôle que s'il est soumis à cette distance critique. Ce paradoxe peut se résumer ainsi : pour mieux prendre exemple, il faut prendre du recul. Et il n'est pas simple à assumer en management. En théorie, c'est celui qu'on appelle le « marginal sécant », celui ou celle qui est en marge, qui permet de produire le recul, le questionnement, la créativité dont doit se nourrir l'organisation ; dans la réalité, il vaut mieux accepter une certaine conformité pour rester dans une entreprise, quelle qu'elle soit.

C'est donc une remise en cause profonde de la transmission et de la norme qui s'opère : il va falloir accepter de « désapprendre », de sortir des habitudes et des façons de faire, avec tout l'inconfort que cela induit. Questionner l'exemple avant de l'accepter semble donc indispensable pour grandir dans l'organisation et la faire grandir.

Une autre attitude pose également problème dans l'entreprise : celle qui consiste à refuser l'exemple, ou à refuser de servir d'exemple. Faire et bien faire, voire exceller dans sa pratique est une chose, en faire valeur d'exemple en est une autre, mais il n'est pas « politiquement correct » en entreprise de refuser de servir d'exemple, de mentor, de tuteur. Peut-on admettre que la transmission intergénérationnelle soit un mythe correspondant plus aux idées que l'on s'en fait qu'aux attentes réelles, tant des jeunes entrants sur le marché du travail que des anciens ? Peut-on admettre que refuser de donner l'exemple ou de prendre exemple puisse constituer une ouverture vers une autre voie d'apprentissage et de reconfiguration de l'entreprise et de son métier ? Cela n'est guère évident par les temps qui courent, mais l'interpellation peut être salutaire.

Analyser l'exemple a donc cette vertu immense de sortir des sentiers trop balisés de certaines pratiques managériales. Il en a une autre : celle de réintroduire l'humain dans le management, car nous allons voir que l'exemple a besoin d'être incarné.

Y.-H. M. – Questionner l'exemple, prendre une distance critique… Je me réjouis de la façon dont nous nous retrouvons sur cette exigence fondamentale d'une exemplarité susceptible de ne pas tourner au conformisme paresseux. De même que dans le domaine des affaires sociales ou privées, il faut reconnaître que le fait qu'on ait toujours agi « comme cela » ne suffit jamais à justifier la valeur des habitudes comportementales. Mais encore faut-il penser ce que peut être un climat favorable à une nécessaire distanciation critique. Et pour cela, on peut écarter trois attitudes managériales qui me semblent peu pertinentes et que j'évoquerai à l'aide de trois figures : le traditionaliste, le tyran et le despote.

Le *manager traditionaliste*, on l'aura compris, est celui qui se cache derrière l'autorité du temps passé, de ce qui s'est toujours fait et qui marchait très bien comme cela. Pour lui, le passé fait loi et toute innovation a de ce fait un caractère subversif. Il est vrai qu'on reconnaît en général de telles résistances au changement plutôt chez des subalternes qui ont incorporé des manières de faire et qui ont du mal à consentir à des changements que leur hiérarchie voudrait promouvoir. Mais dans bien des petites entreprises, il existe aussi des patrons qui ont du mal à sortir du moule dans lequel ils ont été coulés.

Le *tyran* est une figure relativement simple. Il est celui qui, convaincu qu'il sait mieux que les autres ce qu'il faut faire, accueille toute critique comme une injure et toute question comme un acte de désobéissance implicite. Pour lui, l'exemple ne se discute pas, et l'employé exemplaire est celui qui fait exactement ce qu'on attend de lui. S'il croit ainsi pouvoir prévenir tout risque de dissidence, le manager tyrannique interdit par là même toute possibilité d'innovation. Persuadé d'incarner la loi, il ne saurait imaginer que d'autres attitudes soient légitimes et c'est, en définitive, son pouvoir qu'il protège quand il se pose en garant de ses procédures.

Le *despote* ne doit pas être confondu avec le tyran. Si le tyran est un « sale type » jalousement attaché à son pouvoir, le despote peut très bien être un individu sympathique. Étymologiquement, il s'agit du *pater familias*, du patron éventuellement bienveillant, soucieux de ses subordonnés, mais incapable de les traiter comme des adultes. Dans son esprit, ses employés sont comme des enfants immatures et lui seul croit savoir ce qui est bon pour eux. S'il est capable d'accueillir leurs propositions réformistes avec une certaine bienveillance, le plus souvent condescendante, il est incapable de se dire qu'il se pourrait qu'elles aient quelque chose de raisonnable. Il est en effet persuadé d'incarner la droite raison efficace et généreuse.

On comprendra aisément que dans chacun de ces cas, l'exemplarité est une exemplarité close qui favorise les attitudes passives de soumission, par habitude (management traditionaliste), par peur (management tyrannique) ou par affection (management despotique ou « patronal »). On a ici affaire à trois cas d'exemplarité condescendante, de haut en bas. Mais ce que nous pouvons aussi concevoir, c'est qu'il n'y a d'exemplarité authentique et efficiente que dans la libre rencontre rationnelle de deux consciences également soucieuses de ce qui est bon. Quand j'explique à un enfant qu'il ne doit pas insulter ses camarades, parce que toute insulte avilit et humilie, je m'adresse à sa raison non pas pour lui imposer par la force des comportements pertinents, mais pour l'aider à grandir en inventant des gestes fraternels et généreux. De même, si je suis un cadre d'entreprise et que je prends le temps d'écouter les suggestions d'un subalterne, je le traite en cette occasion comme mon égal, non pas parce qu'il a les mêmes responsabilités que moi, mais parce que, comme moi, il est supposé capable de viser le bien de la société et de réfléchir aux conditions requises pour l'atteindre ou le réaliser. C'est à ce titre seulement que l'exemplarité est vraiment contagieuse, quand l'exemple donné est celui de la raison réputée être la même en tout homme, et non pas celui de la force capable d'imposer ses effets. Dans un monde de brutes soumises à leurs passions, l'exemplarité du saint serait bien peu contagieuse. C'est pourquoi toute exemplarité vraie est coascendante. Elle aide à grandir à la fois le maître et l'élève, le chef et son subordonné, le manager et ses subalternes. Elle est la rencontre de deux consciences capables de se regarder avec respect, y compris quand elles s'opposent. Bref, il s'agit là d'inventer des formes coparticipatives d'exemplarité.

L'exemple a-t-il besoin d'être incarné ?

I. B. – Les codes, les normes ne suffisent pas, il faut qu'ils soient incarnés pour que l'on puisse y croire durablement. C'est ainsi que des chercheurs ont pu montrer l'existence, dans toute entreprise, d'un « calibre », c'est-à-dire le portrait type de la personne qui incarne le mieux les salariés de l'entreprise quand on les interroge. Nul ne s'étonnera que, dans la plupart des entreprises en France, il s'agisse d'un homme blanc, marié, au physique avenant, d'une quarantaine d'années. De nombreux comportements ou décisions s'organiseront autour de ce calibre, ne serait-ce qu'en recrutement ou en gestion de carrière, ce qui signifie qu'on a toujours tendance à recruter ou à promouvoir quelqu'un qui nous semble proche, avec lequel on pense avoir des affinités, plutôt que quelqu'un présentant des différences. Nous sommes loin des règlements intérieurs, des règles de vie, des chartes, des contrats, mais bien dans ce qui fait le ciment de la vie collective, même circonscrite à la sphère professionnelle.

Les hommes et les femmes ont donc besoin d'incarner ce qui constitue leur activité professionnelle, ils ont alors recours à l'exemple et peut-être plus encore à l'exemplarité. C'est comme cela que le management a créé ses propres figures de l'exemple à suivre, du modèle. Ainsi Stakhanov, figure communiste de l'idéal ouvrier, se caractérisait par une productivité hors pair et a été l'exemple à suivre pour des générations de travailleurs soviétiques. Mais toute incarnation n'a de sens que dans un contexte donné et Stakhanov n'a plus valeur d'exemple dans un monde où la production manufacturière a quasiment disparu et où la théorie communiste de l'économie a failli. L'exemplaire Stakhanov est même devenu un repoussoir pour les personnes qui l'identifient encore.

Au-delà de ce premier exemple, le management néolibéral et postmoderne qui est le nôtre érige trois figures exemplaires : le *chef*, le *mentor* et le *leader*. Comment pouvons-nous les regarder ?

Y.-H. M. – Avant de vous laisser le loisir d'élucider ces trois figures de l'exemplarité, auxquelles j'ajouterais peut-être celle du *maître*, je voudrais revenir quelques instants sur le statut particulier de Stakhanov qui représente encore, me semble-t-il, une autre figure de l'exemplarité, celle du héros. Or, si cette figure peut sembler *a priori* tout à fait séduisante, elle constitue, je crois, l'antitype le plus courant de l'exemplarité.

Dans l'imagerie traditionnelle, le héros représente la figure sublime du courage dont les exploits ou les hauts faits deviennent des légendes. Or, au sens propre, la légende renvoie à ce qu'il faut dire (*legendum*, en latin), à ce qui définit l'espace d'une narration normative. Le héros importe moins que le récit qui s'en autorise, que ce qu'on dit à son sujet. Il est le point de cristallisation d'un imaginaire narratif qui joue sans doute un rôle essentiel dans la maturation psychique des enfants, mais qui n'est pas nécessairement pertinent dans le monde, supposé adulte, du management. Le héros est l'alibi d'une posture narrative de propagande ou d'exaltation souvent irrationnelle.

Certes, il peut renvoyer à une figure réelle ou, si vous préférez, historique. Mais le problème n'en est qu'augmenté puisqu'il est alors rapidement débordé par sa renommée qui est plus grande que lui. On peut rêver devant la figure de Bayard, le chevalier sans peur et sans reproche, devant celle de Vercingétorix, emblème de la résistance à l'occupant, ou du général de Gaulle. Mais on vide alors ces personnalités de leur réalité historique pour oublier, par exemple, que Vercingétorix a d'abord été un allié de César, que Bayard a bien dû parfois éprouver la peur et que de Gaulle est aussi l'homme de 1968, peu apte à prendre la mesure d'une mutation qui allait l'emporter dans la tourmente. C'est qu'on ne saisit plus l'homme derrière l'acte héroïque, parce que celui-ci se trouve réduit à une sorte d'avatar, une essence abstraite presque ectoplasmique. La pureté de l'essence héroïque n'est que le symptôme de la vacuité réelle de la figure qu'elle est sommée d'incarner.

Ainsi, le héros ne saurait constituer une figure concrète de l'exemplarité en raison même de cette réduction narrative. Il n'est plus qu'un personnage de fiction, autant dire une figure fictive. Tel Achille, Lancelot ou Zorro, il se résout dans une figure idéalisée qui contribue sans doute à la formation d'un imaginaire héroïque, autant dire d'un héroïsme imaginaire, sans contribuer pour autant à la formation effective d'une conscience morale, puisque même les salauds ont aimé suivre les exploits de Zorro. Même une compétence pragmatique ne saurait s'enseigner ainsi : il ne suffit pas de chanter les louanges de Stakhanov pour prendre plaisir à se tuer au travail, de même qu'il ne suffit pas d'héroïser la figure de Zidane pour mieux jouer au football !

Le problème du héros, en définitive, c'est précisément qu'il est hors norme et, à ce titre, inapte à servir d'exemple. Zorro ou Zidane, ce sont précisément deux figures de l'inimitabilité. De la même façon, il faut sans doute se défier des figures héroïques de notre temps, ces grandes figures de l'entreprise incarnées par Steve Jobs ou Mark Zuckerberg. On voudrait les donner en modèles, les exhiber comme des incarnations de la réussite entrepreneuriale. Mais voilà, aussi réels soient-ils, leur réussite, ne l'oublions pas, a quelque chose d'exceptionnel. Et il faudrait être bien peu sage, sans doute, pour donner l'exception en exemple à suivre. Ce n'est pas en admirant Zidane qu'un enfant progressera au football, mais en suivant les recommandations de son entraîneur, probablement bien moins prestigieux que son héros. Ce n'est pas en idolâtrant Steve Jobs qu'un jeune entrepreneur réussira à monter son entreprise, mais en prenant exemple sur des schémas de réussites plus modestes et ordinaires. L'exemple, ce ne peut être que ce que chacun peut suivre.

Le *chef*, le *mentor*, le *leader*

I. B. – Je reviens sur les trois figures de l'exemplarité dans une vision managériale : le *chef*, le *mentor*, le *leader*.

Le *chef*, c'est le supérieur hiérarchique, il incarne celui ou celle qui pilote au quotidien une équipe d'hommes et de femmes. Cette liaison hiérarchique est institutionnalisée par le contrat de travail, l'organigramme, les entretiens d'évaluation, et place les subordonnés dans un lien de dépendance plus ou moins fort suivant le contexte organisationnel. Le cadre est ainsi posé, mais dans ce cadre, le salarié reste entièrement libre de considérer que son supérieur hiérarchique est un exemple pour lui. Il s'agit d'un choix personnel, loin des consignes qui peuvent être données. On retrouve dans cette liberté la capacité de l'exemple à bousculer l'*establishment* managérial. Finalement, prendre son chef pour exemple, considérer que son chef est exemplaire est une option, seulement une option. Ce phénomène se manifeste d'ailleurs plus souvent en tout début de vie professionnelle, au moment où il est important d'avoir un référent, de se constituer des repères.

Le management a aussi créé la figure du *mentor*. Le mentor est quelqu'un d'expérimenté, qui accompagne un salarié ayant besoin d'être soutenu. On retrouve les mentors dans l'intégration des jeunes, surtout s'ils viennent de situations familiales difficiles, auprès des femmes qui peinent à adopter les codes masculins pour gravir les échelons hiérarchiques, dans les passages de témoin intergénérationnels, dans des métiers où le geste est valorisé. Le disciple prend alors exemple sur le maître, qui va lui montrer ce qu'il faut faire et comment le faire. Les phénomènes de mentorat (ou *mentoring*), beaux sur le papier, ne sont pas si simples à mettre en place et offrent souvent des résultats contre-productifs. En effet, ce n'est pas parce qu'on est expérimenté que l'on souhaite passer le relais : cela procède de dispositions tout autres. Les études montrent aussi que le mentorat délivre un message implicite et ravageur de « mise à niveau ». Si cela peut sembler assez acceptable pour des populations débutantes et néophites dans la compétence attendue, cela est beaucoup plus problématique quand l'écart supposé repose sur la différence de sexe ou d'origine sociale. On installe alors le « mentoré » dans une situation d'infériorité, avec l'hypothèse implicite qu'il n'est pas capable d'avancer seul, ce qui diffuse des messages tout à fait négatifs et allant à l'encontre du projet initial.

La dernière figure d'exemple en management est celle du *leader*, celui qui a une vision pour son entreprise, qui mène ses équipes vers l'horizon stratégique ainsi dessiné, celui qui se distingue du manager par son charisme. Les experts définissent le *leader* comme quelqu'un que les gens suivent et pour qui ils œuvrent sans avoir besoin de directives précises de sa part. Les *leaders* sont les héros des temps managériaux hypermodernes : ce sont des hommes « par excès », comme les nomme Castel. Ils sont exemplaires et nombre de personnes en entreprise cherchent à prendre exemple sur eux : on peut citer dans cette catégorie, de façon fort évidente, Bill Gates, Steve Jobs ou encore Carlos Ghosn. Ils incarnent le courage, l'envie d'entreprendre, l'audace, la prise de risque, et bien sûr la réussite. Je vous rejoins sur le fait que leur seul tort est d'être inatteignables ou quasi inatteignables. Comme vous, je me demande ce que vaut un exemple qui ne peut, à coup sûr, être suivi. Peut-on encore parler d'exemple quand le fossé reste infranchissable ? Cela semble problématique, compte tenu de la dimension « action » que nous avons retenue. Nous en concluons qu'une figure, aussi exemplaire soit-elle, qui ne pourrait inciter à l'action perd sa valeur d'exemple.

Devant l'échec de ces trois figures à représenter des exemples légitimes en management, il est donc temps de se demander ce qu'est un exemple ou plutôt une personne jugée exemplaire dans le monde de l'entreprise et du management.

Y.-H. M. – Je suis entièrement d'accord avec la façon dont vous vous défiez des figures du tuteur et du *leader*. Ce dernier correspond tout à fait à ce que je disais de la figure du héros comme inimitable figure de l'excès. Quant au tuteur (le mentor), un philosophe ne peut s'empêcher de le relier à la critique kantienne de l'état de tutelle exposée dans cet opuscule auquel je reviens une fois encore : *Qu'est-ce que les Lumières ?* Aussi bienveillant et généreux puisse-t-il paraître, il est celui qui maintient ceux qu'il prétend soutenir dans une situation que vous qualifiez d'infériorité et que Kant désigne comme un état de minorité, ce qui est la même chose. Et le drame de cette situation, c'est qu'elle peut éventuellement satisfaire aussi bien le mentor, qui exerce ainsi sa domination symbolique, que le « mentoré », trop heureux de laisser à un autre le soin de décider. Permettez-moi ici de revenir à une citation qui me semble très éclairante : « Il est si commode d'être sous tutelle. Si j'ai un livre qui a de l'entendement à ma place, un directeur de conscience qui a de la conscience à ma place, un médecin qui juge à ma place de mon régime alimentaire, etc., je n'ai alors pas moi-même à fournir d'efforts. » Il suffit de remplacer les termes « livre », « médecin » ou « directeur de conscience » par le mot « mentor » pour comprendre que la situation dénoncée par le philosophe est d'une brûlante actualité. La figure de l'exemplarité est une figure complexe et, je le rappelle, coparticipative et coascendante.

Mais il est une autre figure sur laquelle je vous propose de réfléchir, celle du *maître*. Le maître n'est ni un *leader* ni un tuteur. Il ne prétend pas faire la leçon à qui que ce soit, ni se substituer à son élève pour lui dire ce qu'il doit faire, penser ou croire. D'ailleurs, les maîtres authentiques n'ont souvent aucune conscience de leur statut, ce qui nous oblige à nous méfier du couple traditionnel maître-disciple. Je crois que le maître authentique est sans disciple. Il est un point de convergence de la pensée et de la vie qui suscite chez certains le désir de vivre mieux et de penser mieux.

Il est un exemple qui me touche beaucoup et qu'on peut découvrir au début des *Pensées pour moi-même* de l'empereur Marc Aurèle, qui était aussi un penseur stoïcien. Notons que le titre de cet ouvrage n'a rien à voir avec un repli narcissique de la pensée sur elle-même.

C'est plutôt, pour le philosophe-empereur, une façon de dire que son rôle n'est pas de faire la leçon aux autres, mais de saisir en lui-même ce qui peut élever son existence à hauteur d'homme. Or, dès le livre I, Marc Aurèle dresse une liste des personnes qui ont été ses maîtres. Il ne s'agit pas d'une liste de grands philosophes dont il aurait été le disciple, ni d'intellectuels brillants, mais de proches qui lui ont donné l'exemple de certaines vertus. Le mot « maître » n'est écrit nulle part. Mais chaque fois, il tient à signaler ce qu'il leur doit. Par exemple : « De mon grand-père Vérus : la bonté coutumière, le calme inaltérable » (I, 1), « De ma mère : la piété, la libéralité, l'habitude de s'abstenir non seulement de mal faire, mais de s'arrêter encore sur une pensée mauvaise » (I, 3) ou, plus loin, « De mon frère Sévérus : l'amour du beau, du vrai, du bien » (I, 14).

On se doute bien qu'aucun de ces personnages n'a jamais eu conscience d'avoir été le maître du futur empereur, et qu'il ne viendrait pas à l'idée de celui-ci de se présenter comme leur disciple. C'est que le maître n'est pas une figure exceptionnelle à rechercher loin de nous, comme s'il fallait gravir les plus hautes montagnes ou quitter les lieux de son quotidien pour découvrir ceux qui nous apprennent à nous lever chaque matin pour faire notre métier d'homme (V, 1). C'est sagesse déjà que de savoir reconnaître nos maîtres auprès de nous, dans des visages familiers.

Notons aussi qu'aucun des maîtres de Marc Aurèle n'est un héros sublime et irréprochable. Si chacun d'eux lui a offert l'exemple de certaines vertus, aucun d'eux ne les possédait toutes. On comprend ainsi que tous nos proches peuvent être nos maîtres si nous savons voir en eux l'exemple qu'ils peuvent nous donner. Même dans une entreprise, nos maîtres ne sont pas nécessairement nos chefs. Ce peut être cet ouvrier modeste, prompt à offrir son aide, cette secrétaire souriante qui s'attache à bien faire son travail, ce syndicaliste généreux qui oublie de servir ses intérêts personnels. Toutes ces figures nous aident à comprendre que la communauté des hommes n'est pas un troupeau de moutons conduits par un *leader* tutélaire. Elle est une communauté d'individus fragiles, mais capables de se reconnaître les uns aux autres de vraies grandeurs susceptibles de servir d'exemple.

À la recherche d'exemples plus modestes, mais plus réels

I. B. – Vous allez voir qu'on retrouve cette notion de communauté dans l'entreprise du XXIe siècle. Quand on interroge, dans l'entreprise, les personnes pour savoir qui a valeur d'exemple pour elles ou sur qui elles souhaitent prendre exemple, il semble que toutes les options soient ouvertes et que leur choix se porte sur des personnes assez familières qui présentent une caractéristique : l'alignement entre le dire et le faire, entre l'intérieur (ce qu'elles croient) et l'extérieur (ce qu'elles font). Ce peut être un N+1, un collègue expérimenté, une DRH appréciée, un formateur dynamique. Ces exemples ont en commun une forme d'authenticité, voire de modestie : on est loin de l'irréprochable ou de l'inatteignable.

Il est vrai qu'une des grandes injonctions du discours managérial à l'endroit des managers est de savoir « montrer l'exemple », surtout quand on s'inscrit dans le champ des savoir-être. Conscientes des limites de ces prescriptions, même données de façon impérieuse et incitative, les gouvernances chargent leurs managers de donner du sens et de la chair à « ce qu'il faut faire ». Il s'agit bien évidemment que ces exemples respirent l'authenticité, la liberté d'engagement, car l'adhésion, véritable moteur de la performance, est à ce prix. Il s'agit là d'un exemple « viral », s'illustrant de façon plus modeste, mais plus réelle que les grand-messes mettant en scène des héros, certes séduisants mais intouchables, et auquel on ne peut s'identifier.

Il n'y a plus que la publicité pour mobiliser des figures mythiques, qui relèvent plus de l'icône que de l'exemple ; on pense aux grands champions sportifs pour des accessoires de sport, aux *stars* de la chanson ou du cinéma pour des vêtements ou des montres de luxe... Le marketing viral qui s'appuie sur des *leaders* d'opinion s'attache à les identifier comme des référents crédibles et authentiques. C'est bien cette crédibilité qui authentifie les exemples les plus efficaces et les plus désirables.

À chacun donc de choisir ses exemples ou de vouloir en devenir un, modestement, librement et dans le respect de son interlocuteur, faisant de l'exemple et de l'exemplarité une coconstruction choisie.

Y.-H. M. – Oui, c'est un vrai problème quand les figures classiques de l'exemplarité sont réduites à des figures mythiques, des supports faciles de communication, qui n'ont d'autre exemple à donner que celui de leur insolente réussite. Car enfin, si telle *star* du sport ou de la chanson est un exemple manifeste de réussite, cela ne saurait suffire à faire d'elle une personnalité exemplaire. De tels modèles ne nous aident pas à nous construire, à envisager ce qui en l'homme est vraiment digne de l'homme. Au mieux, ils nous consolent illusoirement de notre médiocrité. Au pire, ils nous désolent et nourrissent notre envie, sans susciter en nous de véritables dynamiques d'action.

On pourrait d'ailleurs se demander comment nos sociétés ont pu substituer à des modèles exemplaires des idoles qui, loin de donner l'exemple, ne font souvent que s'offrir avec plus ou moins de bonne grâce à l'adoration de leurs fidèles, qu'on appelle aujourd'hui des fans. Mais il n'est guère difficile de comprendre le mécanisme de l'idolâtrie. L'idole satisfait notre besoin de proximité. Loin d'être infiniment dérobée dans un ciel transcendant, elle est là, tout près de nous, presque comme nous. On peut la découvrir, du moins sur des photos souvent volées, en train de faire ses courses, de promener ses enfants, de faire la fête avec ses amis... Elle est assez semblable à nous pour rendre possible une identification fantasmée. Mais comme elle n'est qu'une sorte d'ectoplasme sans existence réelle, sans chair et sans esprit, elle n'offre à nos imitations rien de plus que des apparences. Imiter telle *star* de la chanson n'est alors plus rien d'autre qu'adopter son *look*.

Bien sûr, il arrive à la *star* de redescendre dans le monde des hommes pour donner l'exemple d'un acte de charité savamment médiatisé. Car la *star* a du cœur ! Elle aime le montrer sur les plateaux télévisés du Téléthon ou dans des pays ravagés par la misère. Elle nous donne ainsi une jolie leçon en nous expliquant qu'il faut être généreux. Mais voilà, cette générosité-là n'est pas la nôtre, elle n'est pas l'engagement quotidien et ordinaire des petites gens, qui essaient de bien faire leur travail. L'idole nous offre le spectacle d'un exemple aussi vide qu'emphatique. Alors je ne peux qu'approuver votre dernière remarque. Il ne s'agit pas de rêver des exemplarités mythiques et fantasmées, mais d'ouvrir des chemins d'exemplarité modeste, quotidienne et concrète. Ce que vous désignez sous l'expression « coconstruction choisie » en est sans doute la condition, aux antipodes d'une condescendance idolâtre, mythique et subie.

I. B. – Donner l'exemple, prendre exemple, être exemplaire sont finalement trois façons de revenir aux fondamentaux du management. Les notions d'exemple et d'exemplarité se révèlent être des décodeurs paradoxaux du fonctionnement des organisations : décodeurs, car ils permettent de revisiter des problématiques du management ; paradoxaux, car ils semblent *a priori* bien installés et hautement alignés avec les préceptes managériaux, les justifiant même. L'exemple serait consubstantiel à la vie des organisations que sont les entreprises !

Pourtant, quand on gratte la croûte du discours, l'exemple et l'exemplarité bousculent deux piliers du fonctionnement des organisations : la transmission et le rapport à la norme. Ce que nous retiendrons de ce voyage au pays de l'exemple, c'est qu'il nous ramène à des principes d'authenticité et de crédibilité, trop souvent négligés en management. Il nous ramène aussi à l'importance du geste et de l'humain dans un monde professionnel où les procédures, les règles, les logiciels ont souvent pris le pas.

L'exemple renvoie aussi à la liberté de chacun de faire ou de ne pas faire, en son âme et conscience : « Tout exemple n'est pas forcément à suivre » (Camus). Ce devoir de questionnement et d'interpellation doit être inscrit dans la pratique managériale. Donner l'exemple implique donc de comprendre pleinement ce que l'on fait, prendre exemple exige une prise de distance critique, et l'exemplarité n'existe pas en soi, c'est une coconstruction entre ceux qui font et ceux qui cherchent à apprendre. C'est bien dans l'interaction que les meilleurs exemples se mettent en place. Ils sont véritablement au service du développement de chacun des individus, comme de leur organisation.

Y.-H. M. – Nous avons beaucoup joué avec plusieurs figures de l'exemplarité dont nous nous sommes efforcés de montrer les limites. Nous avons évoqué le *leader*, le héros, le mentor, le despote, le tuteur... Il en est une que nous n'avons pas prise en compte, sans doute parce qu'elle a quelque chose de dérisoire dans notre monde largement sécularisé : je veux parler de la figure du *saint*.

Je reconnais volontiers que l'idéal de sainteté n'est sans doute pas de nature à motiver le plus grand nombre, et qu'il correspond bien peu à ce que l'on attend des modalités d'exemplarité dans une entreprise. Pourtant, je crois qu'on gagnerait à le prendre au sérieux. En effet, la figure du saint est souvent caricaturée. Pour les uns, elle est une figure un peu ringarde, pathétique, et pour tout dire périmée. Pour d'autres, elle est peut-être sublime, mais représente une perfection inatteignable. On oublie alors que le saint n'a jamais été présenté par la tradition chrétienne comme une figure mièvre ou comme un exemple de perfection morale. Les saints aussi ont leurs humeurs, leurs colères et leurs pauvretés. Ce sont des hommes et non des anges.

Leur exemplarité n'est pas l'exemplarité désincarnée des grands mythes, mais manifeste une certaine façon de se déprendre de soi, de ne pas demeurer rivé à ses seuls intérêts particuliers, de ne pas chercher d'abord sa propre gloire ou la fortune pour soi. À ce titre, la figure du saint est celle d'une exemplarité modeste, précisément parce qu'elle ne prétend pas à l'exemplarité. Mais c'est ainsi qu'elle peut, paradoxalement, nous donner l'exemple. De la même façon, je dirais volontiers que l'exemplarité du chef ne doit pas être forcée, sous peine de tourner à la posture, quand ce n'est pas à l'imposture. Exiger des autres qu'ils nous prennent en exemple n'est sans doute pas le plus grand signe de sagesse. Certes, on ne demande pas au manager efficace d'être un saint. Mais comme les saints, il doit être capable d'éveiller en chacun une capacité à reconnaître l'exemplarité, toujours limitée, des autres, à reconnaître que seul est grand ce qui est plus haut que nous et nous ouvre ainsi un espace de croissance possible.

La *modestie*. Il est sans doute temps de lui donner tout ce qu'elle mérite. Elle est ce qui nous apprend, souvent à contretemps, qu'il s'agit moins de prétendre donner l'exemple que d'être assez humble pour l'accueillir, pour prendre exemple. Il faut une belle humilité pour reconnaître dans des gens ordinaires des vertus à imiter, des qualités à cultiver. Ce qui est vrai pour la vie quotidienne, avec ses grandeurs et ses fragilités, est vrai des relations interpersonnelles dans le milieu des entreprises. Il ne faut pas prendre exemple sur ceux qui prétendent être exemplaires, mais sur ceux de nos collègues assez modestes et généreux pour nous aider à cultiver en nous le goût du travail bien fait, sans orgueil ni forfanterie.

*

* *

POUR ALLER PLUS LOIN

Christophe Dejours, *Travail vivant*, tome 2 : *Travail et émancipation*, Payot, 2009, et coll. « Petite Bibliothèque Payot » n° 896, 2013.

Robert Castel, *La Montée des incertitudes : travail, protections, statut de l'individu*, Le Seuil, 2009.

Jean-Claude Monnet, *Un sociologue chez Renault. De Pierre Bourdieu à Carlos Ghosn (1984-2005)*, Armand Colin, 2013.

Walter Isaacson, *Steve Jobs, la vie d'un génie*, Le Livre de Poche, 2012.

Marc Aurèle, *Pensées pour moi-même*, livre I (nombreuses éditions disponibles).

7

Question de respect : aucun homme n'est réductible à sa fonction

Le respect : le nouveau mot de passe de nos sociétés ?

Isabelle BARTH – Le respect est devenu un véritable mot de passe de notre société : il est employé et exigé avec une intensité qui tend à éroder peu à peu ce qu'il représente. Le respect est à la fois une attente et une exigence, exprimées de façon quasi systématique et quelle que soit la situation. Quand on ne demande pas le respect des personnes, c'est le respect du matériel ou encore celui de l'adversaire. Un des *leitmotive* des banlieues, ces dernières années, est bien cette demande de respect. « Il m'a manqué de respect » fournit souvent l'explication de bagarres ou de disputes qui peuvent devenir violentes.

On remarque vite que le droit au respect reste assez unilatéral ; la carence se situe dans le respect qu'on va avoir pour les autres, qui reste une préoccupation de second ordre. Quoi qu'il en soit, le respect semble une denrée rare et précieuse dans notre société. Et qu'il y ait « grand nombre de nécessiteux » (Chateaubriand) est-il une raison pour le rationner ?

On peut se demander si la banalisation du terme explique que le discours du management ne le mobilise guère. Ce serait une toute première hypothèse ; une autre pourrait renvoyer à l'aspect formel du respect : il est plus dû au rang ou à la fonction qu'à la personne même. Les entreprises étant des organisations hiérarchiques, le respect serait une évidence et ne susciterait pas d'attente particulière.

Pourtant, on a pu observer récemment une montée en puissance de l'irrespect, nommé pudiquement incivilité, qui suscite des problèmes importants pouvant être lourds à gérer. Cette dégradation du respect se traduit par la multiplication de conflits interpersonnels, de débordements qu'on peut qualifier de déviances comportementales, touchant tout le monde dans les organisations, même s'il est plus facile de pointer du doigt les plus jeunes si commodément catalogués « génération Y ». Ce phénomène se retrouve aussi dans une dégradation de la relation clients, particulièrement dans des secteurs de service où le nombre de personnes au contact du client est important ; c'est le cas, par exemple, dans le transport de voyageurs, les administrations, la banque-assurance, l'hôtellerie-restauration.

Si, du fait de ces phénomènes émergents dans les entreprises, le management commence à s'intéresser au respect, il ne semble pas faire défaut aux salariés, si l'on s'en tient aux enquêtes de bien-être au travail ou aux diagnostics de climat social. En revanche, l'aspiration est à la reconnaissance. En effet, toutes les études montrent que les salariés, quelle que soit leur fonction, attendent de la reconnaissance. Le respect leur est dû, mais ils ont soif de reconnaissance, reconnaissance de ce qu'ils font, et surtout de ce qu'ils sont ; ils veulent une reconnaissance vraie, authentique, dans le respect de leurs différences.

Yann-Hervé MARTIN – Je suis tout à fait d'accord avec vous, le mot « respect » est devenu une sorte de mot-valise, de terme fourre-tout invoqué dans des situations où l'on voit parfois assez mal ce qu'il vient faire. Il est devenu un terme étrangement polysémique, dont le sens varie considérablement en fonction du contexte et de la chose censée devoir être respectée. On parle en effet communément de respecter ses parents, ce qui veut dire en gros leur obéir. Mais quand il s'agit de respecter « les gens », il suffit pour cela d'être poli. On va même parfois jusqu'à prétendre qu'il faut respecter le matériel, formulation qui, je vous l'avoue, me laisse perplexe. Il s'agit simplement en ce cas de prendre soin de ce qui pourrait servir à d'autres, et c'est au mieux par respect pour mes collègues que je me dois de faire attention au matériel que j'utilise. Dans le langage ordinaire, on dit aussi « respecter une procédure », et derrière une expression telle que « Alors là, respect ! », on devine aisément qu'il est plutôt question d'admiration.

Ce parcours rapide nous permet déjà de dégager toute une série d'antonymes du mot respect, dont la liste ressemble un peu à un inventaire à la Prévert : la désobéissance, l'impolitesse, le manque de soin, le flottement procédural, le mépris, l'intolérance, l'indifférence… Une telle confusion sémantique ne peut manquer de rendre la notion peu claire. On sent confusément qu'il y a là une valeur peu négociable, une sorte d'impératif moral qui nous fait obligation de respecter... mais quoi au juste ? Ou plutôt qui ? Ceux qui nous sont proches ? Ceux qui nous sont « supérieurs » ? Tous les hommes sans exception ?

Je me souviens d'un dessin publié dans un grand magazine où l'on voyait, il y a plusieurs années de cela, un jeune garçon manifestement issu de l'immigration s'adresser à un vieil homme pour lui dire : « Toi, je te respecte, parce que tu es comme moi. » Et le vieil homme de lui répondre : « Cela, fiston, ce n'est pas du respect, c'est du racisme ! » C'est que, si le respect est conditionné par une communauté de valeurs, d'ethnie, de culture ou de statut social, il est déjà autre chose que du respect, plutôt un principe de discrimination. Le respect ne serait donc conforme à son concept qu'à condition, précisément, d'être inconditionnel et universel. Mais cela ne nous dit rien quant à ce qui est « respectable », c'est-à-dire digne de respect. Pour le dire autrement, à quoi est censé aller le respect ? Aux biens ? On a vu qu'il y avait sans doute là un usage abusif ou galvaudé du terme. Aux personnes ? Mais lesquelles ? Le respect qui va à ses supérieurs hiérarchiques n'est pas toujours du même ordre que celui qui va à nos parents. À des qualités ? Mais ne risque-t-on pas alors de le confondre avec l'estime ou l'admiration ?

On le voit bien, on a affaire à un terme complexe, à la signification flottante, et cette difficulté, me semble-t-il, est redoublée par une autre confusion fréquente, celle qui conduit à identifier « respecter » et « tolérer ». On a parfois l'impression qu'une certaine vulgate politiquement correcte tend à considérer comme équivalentes des expressions telles que « il faut être tolérant » et « il faut être respectueux ». Leur plus petit dénominateur commun semble alors se réduire à ceci : « Il faut laisser les autres être ce qu'ils sont. » Or, dans ce cas, ce mot d'ordre bien intentionné devient aussi universel que vide de tout contenu. Il faut être tolérant ? Admettons-le. Mais tolérer quoi ? Jusqu'où ? Jusqu'à considérer que toute singularité est tolérable-respectable ?

Les mots « tolérance » et « respect » semblent devenus dans notre société une sorte d'alibi pour une bonne conscience qui ne s'interroge parfois plus guère sur les limites du respectable ou du tolérable. Et poser le problème de cette façon, c'est bien rencontrer celui de la limite, de l'espace dans lequel circonscrire le terme qui nous occupe ici pour essayer d'en saisir le sens, c'est-à-dire d'en faire un concept, et non plus seulement une idée généreuse, mais vague.

Que respecte-t-on en management ?

I. B. – Si l'on fait une observation rapide et extensive du mot respect grâce à Internet, on peut constater facilement qu'il est associé, dans le monde professionnel, à quelques sujets qui reviennent de façon récurrente et qui ne souffrent pas d'exception.

On peut identifier quatre grands sujets :

1. Le respect des lois, des codes, des règlements : les enfreindre conduirait l'entreprise à être en infraction avec la loi et à subir toutes les sanctions possibles, ce qui porterait un préjudice irrémédiable à son développement et à sa pérennité.

2. Le respect des personnes, selon deux approches : la première est le respect des droits du travailleur ; il

renvoie à un aspect juridique fondé sur un socle irréductible : tous les travailleurs sont égaux en droit et leurs droits doivent être respectés par l'entremise de nombreux dispositifs légaux, réglementaires ou issus de négociations collectives. La seconde approche est le respect de la dignité des personnes dans le monde du travail. Au-delà des protections que nous venons d'évoquer, le respect de cette dignité exclut tout comportement déviant qui relèverait de l'abus de pouvoir, du harcèlement, de l'humiliation, du mépris. Il est clair que le discours managérial ne badine pas avec le respect, reste à voir comment ce discours est transposé par l'action au plus près du quotidien.

3. Le respect des engagements, des règles de l'organisation, des procédures, des codes de l'entreprise : cela renvoie à une *soft law* qui va au-delà des aspects légaux et réglementaires déjà évoqués. C'est le respect de la parole donnée vis-à-vis d'un client ou d'un collaborateur ; c'est le respect des règles de vie de l'organisation (sa culture propre), qui peut intégrer le code vestimentaire, la communication interne par écrit ou par oral, les façons de vivre ensemble dans des moments plus informels.

4. Le respect de l'environnement au sens de l'environnement physique et de l'ensemble des parties prenantes externes de l'organisation. L'entreprise s'inscrit alors dans l'idée du durable et de la responsabilité sociétale. Le respect de l'environnement physique se traduira par la conception de produits pensés comme recyclables, le non-rejet de déchets polluants, des réflexions autour de la traçabilité, de la non-nocivité des ingrédients... Le respect des parties prenantes externes s'adresse aux clients, à qui l'on doit le respect de la promesse faite lors de la vente du produit ou du service : cela se traduit par

l'amabilité, l'information, des délais optimisés, un service après-vente performant. C'est aussi le respect dû aux fournisseurs ou aux sous-traitants : on le retrouve notamment dans les réflexions du commerce équitable, qu'il soit lointain (café ou chocolat équitables, à titre d'exemples très connus), ou très proche (cas de la grande distribution et des producteurs de fruits et légumes locaux).

Ces quatre grands champs ont un dénominateur commun, ils sont reconnus par le discours du management, installés, légitimés, institutionnalisés. Qui pourrait officiellement envisager une remise en cause du respect dû aux lois, aux personnes, à la parole donnée, à l'environnement ? Personne officiellement, et pourtant la fréquentation même occasionnelle du monde du travail, la lecture des médias montrent sans peine que ce respect subit tous les jours des entailles.

Y.-H. M. – C'est vrai, ces quatre grandes occurrences ont quelque chose de significatif. Respecter des lois, des personnes, des engagements ou un environnement, c'est veiller à préserver ce qui a de la valeur, ce sur quoi il convient de veiller. La notion de valeur est sans doute ici une notion essentielle. On ne doit le respect qu'à ce qui vaut. Et ce qui vaut, ce n'est pas ce à quoi on peut attribuer une certaine valeur, éventuellement marchande ou économique. C'est toujours au contraire ce qui, valant en tant que tel, ne saurait être évalué comme ayant tel ou tel prix. Disons-le autrement, ce qui a vraiment de la valeur n'a pas de prix, et cela seul est vraiment digne de respect.

Mais d'un autre côté, on ne saurait mettre tous les éléments de la liste que vous proposez sur le même plan. Bien sûr, il est important de respecter l'environnement physique, de respecter des codes explicites ou implicites, de tenir parole... Mais on conçoit aisément que toutes ces occurrences convergent vers la quatrième que vous avez mentionnée : *le respect dû à la personne*. C'est elle et seulement elle qui est l'objet ultime d'un respect bien compris. Quand on respecte des lois, ce n'est pas parce que les lois valent pleinement par elles-mêmes et pour elles-mêmes, c'est parce qu'elles servent la dignité des personnes. C'est la loi qui est faite pour l'homme, et non pas l'homme pour la loi. De la même façon, respecter des engagements, c'est reconnaître que celui ou celle vis-à-vis de qui je me suis engagé a une valeur inconditionnée, et ne saurait par conséquent être réduit par moi à un moyen de m'enrichir. Il en va de même pour l'environnement physique qu'il convient de préserver pour inscrire nos entreprises dans la durée. Le préserver, c'est rendre possible à l'avenir que d'autres personnes puissent poursuivre notre œuvre, c'est reconnaître à ceux qui viendront après nous un droit non négociable à vivre et à agir dignement dans un espace préservé. On retrouve là une thèse importante de Hans Jonas, un philosophe allemand qui, dans *Le Principe responsabilité,* a longuement développé ce qu'il appelle les « droits des générations futures ».

On voit donc bien que le respect n'est pas d'abord dû aux moyens, mais à cela qui existe comme une fin en soi, c'est-à-dire à la personne humaine. Quand on demande à des collégiens de respecter le matériel, par exemple d'éviter les graffitis sur leur tables de classe, ce n'est pas parce qu'une table est digne de respect, mais parce qu'il convient de penser à la personne qui viendra s'y asseoir après vous, ou à celle qui sera chargée de la nettoyer. Je crois qu'on touche ici quelque chose d'essentiel, au sens le plus propre du terme, c'est-à-dire à l'essence même du respect, telle que Kant a essayé de la dégager dans la fameuse deuxième formule de l'impératif catégorique : « Traite ta personne et celle d'autrui toujours en même temps comme une fin, et jamais seulement comme un moyen. » Traiter autrui comme une fin, c'est reconnaître en lui une liberté inaliénable, un droit absolu à être traité dignement, c'est-à-dire à ne jamais se trouver réduit à un outil, à un instrument, à un simple moyen au service de mes intérêts ou de mes finalités. C'est d'ailleurs exactement cela le respect, la reconnaissance de la liberté, de la dignité, bref, de la personnalité d'autrui.

Il va de soi qu'il ne faut pas entendre ici le mot « personnalité » dans son sens courant de « caractère singulier ». Il s'agit bien de reconnaître en lui une personne, un sujet qui n'est pas seulement un élément d'un tout, mais une conscience en acte capable de se donner à elle-même ses propres fins et de reconnaître ce qui est bon pour elle en tant qu'être humain, et pas seulement en tant que manager, employé, boucher, enfant, chômeur, professeur, homme, femme ou que sais-je encore… La personne est, en chacun de nous, ce qui demeure absolument irréductible à une fonction. C'est pourquoi elle est le lieu essentiel de la reconnaissance de l'égalité. On peut bien entendu consentir à toutes sortes de hiérarchies fonctionnelles avec tout le cortège des inégalités qui s'y trouvent impliquées (inégalités de statut, de salaire, d'avantages…). Mais regarder l'autre comme une personne, qu'il soit mon supérieur ou un subordonné, c'est reconnaître en lui ce qui en fait mon égal, ce qui vaut en tant que tel, ce qui n'a pas de prix et qui, par conséquent, ne saurait être réduit à ce qu'il vaut sur le marché, qu'il s'agisse du marché du travail ou de celui du football, par exemple.

Une telle reconnaissance indique à la fois une nécessaire proximité et une nécessaire distance. Il faut assez de proximité avec autrui pour y reconnaître « mon prochain », non pas un ami ou un parent, mais une personne au plus proche de moi par l'essentielle dignité que nous avons en partage. Mais il faut pour cela même prendre assez de recul pour ne pas l'enfermer dans un statut social ou affectif. Bref, le respect est en cela bonne distance, ni trop près ni trop loin. On retrouve d'ailleurs cette idée dans l'expression « tenir quelqu'un en respect », c'est-à-dire suffisamment loin pour écarter le danger potentiel qu'il pourrait représenter, et suffisamment près pour qu'il ne risque pas de m'échapper. Il y a une façon d'être trop proche de quelqu'un, par exemple en se mêlant en permanence de sa vie privée, qui revient à lui manquer de respect. Il en est une autre qui consiste à être trop loin de lui, jusqu'à l'indifférence. À cet égard, j'ai toujours été surpris par cet usage qui consiste, pour certains agents des forces de l'ordre, à tutoyer les jeunes qu'ils interpellent alors qu'ils considéreraient comme un manque de respect d'être tutoyés en retour. La juste distance implique une certaine réciprocité. Si mon patron exige d'être vouvoyé par moi, il va de soi qu'il doit lui aussi me vouvoyer. Le tutoiement peut évidemment ne pas être un manque de respect, à condition, je crois, dans la plupart des cas, d'être réciproque, ou au moins de ne pas être l'indice d'une « infériorité » humiliante.

Le respect de la norme : de sa construction à sa diffusion

I. B. – Avant de nous pencher sur cette dégradation du respect, il semble important de comprendre comment se forme la règle ou la norme et comment elle s'impose aux organisations et à leurs salariés.

Le respect s'adresse donc à ce qui est institutionnalisé. Il porte sur la dignité, il est une vertu sociale qui ne se monnaye pas ni ne se module : si l'estime peut porter sur la valeur individuelle ou collective, le respect est dû. André Comte-Sponville, membre du conseil d'administration de la Fondation du football, dit ainsi que le respect est dû à tous les footballeurs, même les plus médiocres ; en revanche, on peut réserver son estime pour les meilleurs. « Le respect est une vertu, l'estime ou l'admiration sont des plaisirs. » Et, ajoute-t-il : « La morgue ou la haine sont des fautes. » Nous aurons l'occasion d'illustrer cette face obscure du respect, soit dans sa négation (l'irrespect), soit dans sa marque ostentatoire (le mépris et la morgue).

Le respect renvoie donc à la construction de la norme. Il semble intéressant de faire un détour par une meilleure compréhension de la construction de la norme dans les organisations, car, finalement, un des leviers du respect est l'adhésion à la norme, d'où la question : peut-on respecter une règle, une norme sans y adhérer *a minima* ?

Essayons de comprendre comment se construit et s'impose une norme. Si l'on suit la théorie de la régulation sociale construite par Jean-Daniel Reynaud, il y a trois types de règles : les règles élaborées avec une vision de contrôle (les règles sont imposées par l'extérieur : les lois par exemple), les règles élaborées de façon conjointe (participations d'individus ou de groupes à leur construction comme les *lobbys*, les syndicats, les associations), et les règles élaborées de façon autonome (souvent en réaction à la règle de contrôle). Ce qui caractérise une règle, c'est son caractère contraignant, le caractère obligatoire de la règle n'empêchant pas son contournement (déclarer ses impôts est obligatoire, mais il est possible de tricher). C'est là où l'adhésion intervient, il faut un minimum de volontarisme pour respecter une règle, aussi contraignante soit-elle : je peux ainsi m'affranchir du respect de la limitation légale de vitesse sur des zones que je sais non contrôlées. La vie en société et la vie au travail fourmillent de règles non obligatoires, mais que chacun va respecter pour rester membre du groupe (on peut citer par exemple la langue de travail de l'entreprise). Une règle n'est donc pas, de façon tranchée, soit obligatoire soit volontaire ; son respect dépend d'une appréciation très individuelle et très contextuelle.

Comment les règles se diffusent-elles dans les organisations ?

I. B. – Di Maggio et Powell ont identifié trois types de diffusion : la coercition, qui impose la règle ou la façon de faire ; le processus normatif, qu'on observe dans les métiers qui se professionnalisent en mettant en place des règles communes ; et le mimétisme ou la recherche de « bonnes pratiques ». Ces processus pouvant parfaitement être imbriqués. L'imposition progressive de la RSE (responsabilité sociale [ou sociétale] des entreprises) illustre parfaitement cette imbrication de règles volontaires, de dispositifs légaux, d'élaboration de règles professionnelles, de mimétisme par les échanges de bonnes pratiques. Et, sans ce fin maillage d'imposition, d'allers-retours, d'approbation, qui conduit à l'appropriation, il y a peu de chances que les règles soient respectées de façon pérenne.

Un autre phénomène pèse sur le respect des règles : leur profusion ; dans un contexte franco-français qui pousse à l'inflation des lois, des normes et des règlements, le problème se pose de pouvoir les connaître et les appliquer tous. Ainsi, pour pouvoir se développer ou même simplement fonctionner, l'entreprise est presque systématiquement en infraction.

Le respect concerne donc les règles et les pratiques, quelle que soit la façon dont elles ont été instaurées et imposées, et quelles que soient les sanctions potentielles en cas de manquement.

Y.-H. M. – La différence entre le respect et l'estime est en effet capitale et je suis tout à fait d'accord avec la formule d'André Comte-Sponville, qui distingue le respect comme vertu et l'estime comme plaisir. Effectivement, il peut y avoir un devoir de respect, mais il ne saurait exister de devoir d'estimer. Je dois respecter mon chef parce qu'il est mon chef, mais je ne suis pas tenu de l'estimer si je ne trouve en lui rien de remarquable.

Mais en tenant de tels propos, nous devons remarquer que nous avons glissé subrepticement vers une autre signification du mot « respect », moins morale et plus sociale. Si je dis que je dois respecter mon supérieur hiérarchique parce qu'il est mon supérieur hiérarchique, mon respect ne va plus à la personne en lui, mais bel et bien à la fonction qu'il incarne. Reconnaissons clairement que cet usage est bien reçu dans notre tradition de pensée aussi bien que dans le vocabulaire commun. Mais il n'en importe pas moins de distinguer entre le respect comme devoir moral et le respect comme devoir social.

Il se trouve qu'un petit traité de Pascal, que nous avons déjà rencontré dans notre chapitre sur l'autorité, une lettre adressée au jeune duc de Luynes en 1660, est à cet égard tout à fait instructif. Il est connu des philosophes sous le nom de *Deuxième discours sur la condition des grands*. Pascal commence par distinguer deux sortes de grandeurs, les unes qu'il désigne comme des grandeurs naturelles, les autres qu'il nomme « grandeurs d'établissement ». Les grandeurs naturelles correspondent aux qualités réelles d'une personne, à laquelle on peut reconnaître quelque supériorité dans certains domaines, en raison par exemple de son talent de footballeur, de son sens de l'organisation, de son dévouement, de son courage ou de sa générosité. Pascal est ici très précis quand il explique au jeune duc que « les grandeurs naturelles sont celles qui sont indépendantes de la fantaisie des hommes, parce qu'elles consistent dans des qualités réelles et effectives de l'âme ou du corps qui rendent l'une ou l'autre plus estimables, comme les sciences, la lumière de l'esprit, la vertu, la santé, la force ».

Les grandeurs d'établissements correspondent à des fonctions hiérarchiques, c'est-à-dire instituées : Untel est proviseur, un autre est directeur général ou duc, député, maire... Le respect qui leur est dû est un respect de convention qui n'a rien à voir avec leurs qualités réelles. Je peux être ministre et, en même temps, escroc et menteur. On me doit alors le respect en tant que je suis ministre, mais nul ne saurait être tenu de m'estimer. Et le respect dont il est ici question ne va pas à la personne, mais à une fonction établie accompagnée de protocoles sociaux : « Il faut parler aux rois à genoux ; il faut se tenir debout dans la chambre des princes. » Ce sont là de simples conventions qui ne signifient rien d'autre qu'un certain ordre socialement nécessaire. Nous dirions aujourd'hui qu'il faut vouvoyer ses professeurs et frapper avant d'entrer dans le bureau de son chef. Cela n'implique certes pas notre estime, qu'on a parfaitement le droit de leur refuser. Mais cela n'implique pas la légitimité d'un refus de respecter ces règles simplement conventionnelles qui ont un sens social, et non pas une signification morale. Ce serait, écrit encore Pascal, « une sottise et une bassesse d'esprit que de leur refuser ces devoirs ».

Le concept de « respect » commençant à se compliquer, il est sans doute utile de prendre le temps d'y mettre un peu d'ordre.

D'une part, nous avons distingué le respect comme vertu morale, qui va à la personne, et le respect comme vertu sociale, qui va à la fonction. À l'un et à l'autre correspondent des devoirs, mais là encore, il importe de ne pas confondre nos devoirs moraux, qui exigent le respect inconditionnel de la dignité de tout homme regardé comme mon égal, quels que soient ses titres, et nos devoirs « sociaux » tels que vouvoyer nos supérieurs, se tenir debout dans la chambre des princes.

D'autre part, nous avons distingué aussi le respect et l'estime. On respecte quelqu'un soit pour la fonction qu'il incarne, soit pour la personne qu'il est, mais on ne l'estime que pour ses qualités réelles : il joue au football mieux que les autres, il est plus attentif à ses subordonnés, c'est un vrai pédagogue, un grand général, un directeur particulièrement perspicace... Si tout homme est fondé à revendiquer le respect, nul ne saurait légitimement exiger l'estime. Quand un chef exige l'un et l'autre de ses subordonnés, il se comporte précisément en dictateur ou en tyran, ce qui ne signifie bien évidemment pas qu'on ne puisse tout à la fois respecter et estimer certaines personnes.

Extension du domaine de l'irrespect ?

I. B. – Nous constatons que le respect ne va plus de soi en ce début de XXIe siècle. La perte de respect est un lieu commun de nos sociétés, les plus anciens rappelant à l'envi qu'il n'en était pas de même dans leur jeune temps. Vue de l'esprit mâtinée de nostalgie ou réalité ? Une observation objective de la vie des entreprises semble indiquer une sérieuse dégradation du respect, qui se manifeste par une montée en puissance des incivilités et de ce qu'on nomme aussi des « comportements déviants », déviants par rapport à la norme implicite ou explicite en vigueur.

Si nous reprenons nos quatre domaines de respect dans l'espace du management et de l'entreprise, l'irrespect des lois et des règles comme celui de l'environnement n'est peut-être pas plus important, mais il est rendu plus visible par la transparence qu'imposent les réseaux sociaux. On peut citer, au cours de ces dernières années, de nombreux scandales qui ont à la fois traumatisé et déstabilisé notre société : l'affaire du sang contaminé, qui impliquait la responsabilité politique ; les détournements de fonds dans la recherche contre le cancer, qui ont jeté le soupçon sur les associations caritatives ; la crise des *subprimes*, qui a mis au jour l'insondable cupidité humaine et la dépersonnalisation de la gouvernance financière ; la crise de la vache folle et, plus récemment, de la viande de cheval, qui ont contribué à saper notre confiance dans la traçabilité alimentaire ; le scandale des médicaments ou des prothèses mammaires, qui a pointé la collusion entre domaines politique, médical et marchand.

Gardant en tête ces crises qui, sous leur aspect macro-économique et sociétal, relèvent toujours d'une action humaine rompant avec le respect des lois et des règles, intéressons-nous plus particulièrement à l'irrespect croissant dans les relations interpersonnelles au sein de l'entreprise. Deux secteurs sont particulièrement touchés : la gestion des personnes en interne et la relation clients pour les personnes dites « au contact ».

En ce qui concerne les relations de travail, l'inflation des chiffres recensant les cas de violence, de harcèlement, de *burn out* ne s'explique pas uniquement par le phénomène de loupe médiatique. Selon le pays, le secteur et la méthode utilisée, la violence affecte de 5 à 20 % des travailleurs européens (enquête Eu-Osha 2011) ; un salarié sur six estime être l'objet de comportements hostiles dans le cadre de son poste de travail. Avec des conséquences sur un plan personnel : insatisfaction, démotivation, mal-être, dépression ; et sur un plan organisationnel : désengagement, démotivation, absentéisme, *turn over*.

S'agissant de la relation clients, le phénomène est aussi en pleine expansion. On peut définir un client déviant comme un « client ayant une mauvaise conduite dans une situation de consommation avec des comportements qui violent les normes généralement admises ». Ces comportements incluent le vandalisme (destruction des sièges de train ou de métro), la vengeance (agression de personnel de banque ayant refusé un prêt ou un découvert) et la violence (insultes ou coups dans des administrations, mais aussi plaintes illégitimes). Cette déviance comportementale peut aussi distiller la peur et impliquer la destruction de valeur pour les autres clients. Cela peut aller de l'inconfort ressenti lors d'une séance de cinéma, à cause de voisins qui grignotent bruyamment du pop-corn ou qui téléphonent pendant la projection du film, à la peur des agressions verbales ou physiques à l'encontre de vendeurs ou de personnes au contact. Cet irrespect des normes de conduite et de courtoisie les plus élémentaires peuvent relever de comportements volontaires (sabotage) ou pas (on parlera alors de négligence).

Y.-H. M. – Vous venez d'utiliser toute une série de termes extrêmement forts puisque vous parlez de scandale, de traumatisme, de mal-être, de déviance comportementale, de sabotage, de dégradation... C'est bien entendu une façon de dénoncer l'irrespect à partir de ses conséquences néfastes, notamment pour ce qui concerne l'estime de soi de la personne qui en est victime. On comprend ainsi que manquer de respect à quelqu'un, c'est autre chose que de ne pas lui rendre les honneurs qui lui sont dus ou, pour le dire autrement, que le respect n'est pas une simple affaire de conventions et qu'il touche quelque chose de très profond dans la personne humaine.

À ce titre, il nous offre, me semble-t-il, un critère plus que pertinent pour fixer les limites de l'intolérable : est intolérable tout comportement qui porte atteinte à la dignité d'une personne que l'on ne respecte pas. Vous évoquez la cupidité financière et le harcèlement, qui réduisent la personne à une variable aléatoire et secondaire ; il y a en effet quelque chose d'intolérable dans de telles conduites et parfois dans la façon de prétendre les justifier cyniquement sous prétexte qu'« on ne fait pas d'omelettes sans casser des œufs » ou qu'« on ne changera pas le monde ». Mais ce critère nous aide aussi à distinguer deux notions trop souvent confondues, le respect et la tolérance.

Tolérer c'est, étymologiquement, supporter, prendre sur soi d'accepter un comportement que l'on pourrait empêcher, sinon il ne s'agirait que de faiblesse. Si je tolère le bruit que fait mon voisin, c'est que je supporte son tapage en renonçant, par exemple, à me plaindre ou à prévenir les gendarmes parce que je considère que, après tout, il a bien le droit de faire la fête de temps en temps. Mais si c'est par peur que je m'abstiens de réagir, je ne tolère rien du tout ! Je subis une situation que je suis incapable d'empêcher. La tolérance est donc bien une vertu, c'est-à-dire une force qui me rend capable de supporter des situations qui me déplaisent, mais contre lesquelles je renonce à me dresser.

On voit bien que tolérance et respect ne sont en rien superposables. Je dois respecter tout homme en raison de son humanité et ce devoir a quelque chose d'inconditionnel. En revanche, je peux tolérer la sonnerie intempestive d'un téléphone portable lors d'une réunion ou dans une salle de cours, ce qui signifie que je sais que cette tolérance n'est pas due. Elle est de ma part une certaine largesse, et c'est à chacun qu'il appartient, en fonction de la situation, de juger de ce qu'il pourra ou non tolérer. Mais cela ne veut pas dire que les limites du tolérable sont simplement relatives à chacun. Si la tolérance est une vertu, elle devient une faute quand elle tolère l'intolérable, par aveuglement, par sottise ou par lâcheté. Et si chacun peut juger des limites de ce qu'il tolère à titre personnel, la raison en nous peut reconnaître comme absolument intolérable toute attitude par laquelle on manque au respect dû à chacun. Le harcèlement moral d'un chef pervers et tyrannique, qui jouit de la façon dont il humilie un employé, est absolument intolérable. Et laisser faire ce genre de choses, quand on en a connaissance, c'est devenir complice d'irrespect, au sens le plus fort du terme.

Encore une fois, il faut garder en tête que le respect, en ce sens, est bien plus qu'une valeur sociale. Il est une valeur morale. Manquer de respect à quelqu'un, ce n'est pas seulement se montrer peu tolérant ou le traiter avec une certaine légèreté négligente. C'est, pour reprendre un lexique kantien, manquer aux exigences de la loi morale en moi qui m'oblige inconditionnellement à regarder tout homme comme une liberté en acte, capable de se donner à elle-même ses propres fins. Alors que l'intolérance, qui peut bien entendu s'avérer très grave, touche à certaines attitudes ou croyances, l'irrespect touche à quelque chose de beaucoup plus profond : la dignité constitutive de toute personne humaine capable d'agir, non seulement par inclination, mais aussi par devoir. Je crois que Kant a vu là quelque chose d'essentiel : alors que tout vivant agit par tendance, par inclination, mû par la loi de ses désirs ou de ses besoins, le vivant humain est celui-là seul qui peut agir par devoir moral, éventuellement contre ses tendances spontanées. Et des relations humaines, qu'elles soient d'amitié ou de travail, ne sont humaines qu'à intégrer cette dynamique du devoir. Le respect n'est pas seulement ce que je peux consentir à ceux que j'apprécie ; il est ce que je dois à chacun, du seul fait de son humanité.

Sauf votre respect, c'est de reconnaissance que nous avons besoin

I. B. – Devant autant de destructions de valeurs, et particulièrement de valeur humaine, les chercheurs comme les managers travaillent à identifier les raisons de cette dégradation et à tracer des pistes de remédiation.

Une des explications les plus intéressantes est celle d'un manque de reconnaissance ressenti de façon de plus en plus prégnante. Beaucoup de ces comportements prennent sens dès lors qu'on les aborde sous l'angle de la reconnaissance ou du manque de reconnaissance. En effet, de nombreuses études montrent que les salariés se sentent dévalorisés, stigmatisés ou tout simplement invisibles ; ils ont littéralement soif de reconnaissance.

Pour définir la reconnaissance, il est peut-être plus simple de regarder ce qu'elle n'est pas. Elle ne peut pas être seulement limitée à la récompense, avec laquelle elle est souvent confondue. Récompenser n'est pas reconnaître, même si les récompenses sont tout de même en lien avec la reconnaissance : les incitations monétaires, les promotions, les renforcements de toutes sortes dispensés par l'organisation participent du retour attendu du salarié sur son travail. Il est évident que les récompenses sont autant de mesures incitatives. Si elles sont une forme particulière de reconnaissance, elles ne se substituent pas à la reconnaissance, qui va bien au-delà.

La reconnaissance est une forme de rétribution, qui sort des sentiers officiels de rémunération directe et qui vise à créditer, de manière tangible ou intangible, les performances individuelles et collectives. Elle montre que les réalisations, les façons de travailler et la personne elle-même sont appréciées à leur juste valeur.

La reconnaissance côtoie la confiance ; et la confiance, dans une relation de travail, revient à reconnaître à un collègue ou un collaborateur sa capacité à faire les bons choix et à agir, c'est-à-dire à mettre en œuvre de façon performante les actions adéquates.

On peut alors distinguer, comme l'a fait Axel Honneth, entre la reconnaissance affective, qui se caractérise par des liens interpersonnels (capacité d'écoute, disponibilité, absence d'atteinte à l'intégrité morale) ; la reconnaissance juridique, qui repose sur la raison et relève du cognitif (cette facette de la reconnaissance rejoint alors le respect) ; et l'adhésion à un groupe solidaire, soit la reconnaissance de la contribution de l'individu à l'organisation (elle rejoint alors la récompense).

Pour résumer, la reconnaissance est essentiellement intersubjective, c'est-à-dire qu'elle se passe entre des êtres humains. Ce qui veut dire qu'il y a la vision substantialiste de la reconnaissance (ce qu'elle est en soi) et la réception que l'on peut en faire : le sentiment de reconnaissance est alors essentiel à explorer, nous allons y venir.

Les enjeux de la reconnaissance

I. B. – Il est important de redire que la non-reconnaissance est un facteur essentiel de stress et de dégradation du bien-être au travail, avec son cortège de destructions de valeur et de performance. *A contrario,* les études montrent que la reconnaissance est un déterminant de l'engagement organisationnel. En ce sens, elle augmente le rendement, la rétention du personnel, le sens du travail, et favorise la motivation et la satisfaction au travail. Présente de façon latente dans les théories de la motivation, elle est souvent considérée comme un antécédent de la motivation. Frederick Herzberg inclut ainsi la reconnaissance dans les facteurs « motivants » qu'il définit « non pas [comme] de la gratitude, mais [comme] la constatation d'un accomplissement », sachant que cela limite la reconnaissance au travail exécuté et non à la personne elle-même. Dans cette veine, Herzberg parle de « reconnaissance négative », qui porte sur une évaluation négative du travail exécuté. Le concept de reconnaissance est situé au sein d'un continuum allant de la « non-considération relationnelle » à la « rétribution systématique ». Cette vision est intéressante, car elle permet d'affirmer que la reconnaissance peut être à l'origine d'une évaluation négative et qu'elle est habillée de l'exigence : exiger plus et mieux, c'est aussi de la reconnaissance.

La reconnaissance participe de l'enjeu de la construction identitaire de chaque personne. Elle est alors vue comme le résultat d'un échange symbolique, qui atteste et approuve notre capacité à agir et conforte par-là notre identité. Le travail est un lieu de construction identitaire ; nous cherchons à exister socialement dans la vie au travail et toutes les situations sont des opportunités de prouver, à nous-mêmes et aux autres, que nous sommes « quelqu'un qui compte ».

La notion d'identité ou de processus identitaire est fondamentale. Rappelons qu'identité vient du latin *identitas* qui signifie « qualité de ce qui est le même ». Elle caractérise donc ce qui est permanent chez l'individu, ce qui reste à l'identique. L'individu construit donc ce qui est distinctif et permanent chez lui par les multiples interactions qu'il vit dans son activité professionnelle. Cette vision de l'identité comme une construction sociale renvoie alors, inéluctablement, à la notion de reconnaissance.

Des approches proposent des liens entre travail, reconnaissance et identité. Ainsi, Christophe Dejours rappelle l'importance de la « construction de sens au travail par la reconnaissance en gratifiant le sujet par rapport à ses attentes vis-à-vis de l'accomplissement de soi ».

Quel est le processus de mise en œuvre de la reconnaissance ?

I. B. – La reconnaissance est tout à la fois une politique de gestion des ressources humaines (GRH) et une « pratique » managériale, ou encore mieux : un « état d'esprit ». Il y a aussi une dimension fortement contextuelle aux politiques de reconnaissance : on ne pratiquera pas la même politique de reconnaissance selon que le pouvoir est du côté des salariés (cas d'une expertise distinctive ou d'une situation hautement concurrentielle autour de qualifications) ou du côté de l'entreprise (faible concurrence, main-d'œuvre sans qualification). Cela dépend aussi du type de gouvernance. Ainsi, si celle-ci est financière, il y a un faible enjeu de la reconnaissance. De même, les petites entreprises éprouvent de profondes difficultés à faire des investissements sociaux.

On peut distinguer entre les formes de reconnaissance d'ordre matériel (primes, augmentation) et celles d'ordre plus symbolique (félicitations, remerciements). La rétroaction verbale, la consultation personnelle, l'autonomie dans le travail, la valorisation des résultats et de l'expertise de chacun, les opportunités de développement sont autant de pratiques de reconnaissance au travail. L'écoute est indispensable, ce qui implique des relations individualisées pour bien identifier les attentes, les craintes, réduire les frustrations, les mauvaises interprétations.

Il va falloir faire appel à des registres de discours très différents, qui mobilisent la recherche d'efficacité, la conformité des standards, l'esprit civique (le respect des normes), mais aussi l'appartenance à une équipe. Sylvie Saint-Onge identifie sept catégories de reconnaissance : la communication, les comportements, les symboles honorifiques, la visibilité, les biens, les services et les primes ponctuelles, les conditions de travail et la rémunération variable. Ce peut être un journal interne parlant des salariés de l'entreprise, des *stock-options* étendues à tous les salariés, ou encore l'accompagnement de carrière. La notion de *feedback* est très importante : elle caractérise l'ensemble des informations permettant au salarié de voir la qualité de son apport confirmé par l'organisation et, de ce fait, de se sentir compétent. Cette notion de *feedback* recouvre des informations venant des supérieurs, des collègues, des clients. On retrouve la notion d'*ego involvement* développée par Vroom, relative au retour que l'individu peut avoir de la qualité de sa performance au travail, indépendamment des conséquences immédiates de celle-ci pour lui. Il y a un enjeu fort à ne pas réduire la reconnaissance au psychoaffectif, mais admettons que, dans ce domaine, il est impossible de séparer affectif et rationalité, coût et sentiments, efficacité et idéologie.

En effet, il ne suffira pas de mettre en œuvre des dispositifs ou des comportements visant à la reconnaissance des salariés pour que ceux-ci se sentent reconnus. Aller plus loin est bien un des plus grands défis que pose la reconnaissance. Pour bien comprendre comment fonctionne le « sentiment de reconnaissance », on peut recourir à la théorie de la justice, telle qu'Adams la propose. Que nous dit cette théorie ? Que tout individu calcule un score pour lui-même et un score pour autrui, afin de déterminer s'il y a justice sociale. Trois conceptions de la justice sont alors possibles : la *justice distributive,* selon les moyens qui s'adressent aux salaires, aux primes, aux avantages sociaux : « Je me sens reconnu dans mon entreprise grâce aux primes individuelles » ; la *justice procédurale,* qui porte sur l'évaluation du processus (la politique, les règles) : « Pour moi, une entreprise reconnaissante, c'est une entreprise qui m'offre la possibilité de suivre des formations » ; et la *justice interactionnelle,* qui s'intéresse aux interactions personnelles durant la mise en œuvre du processus organisationnel : « Selon moi, la reconnaissance, c'est se saluer au sein de l'entreprise », « Pour mon responsable hiérarchique, j'existe au-delà du travail que j'effectue. » Ou, au contraire : « J'ai souvent l'impression que pour mon responsable hiérarchique je ne suis rien ou pas grand-chose. »

On constate un décalage entre le développement de la mise en place de modes de reconnaissance et le sentiment croissant des salariés de ne pas être reconnus. Il faut dire que des formes traditionnelles de reconnaissance ont disparu en raison de l'allègement de la pyramide hiérarchique, de la fin des progressions de carrière automatiques, des contrôles plus stricts sur la masse salariale.

Y.-H. M. – Reconnaissance ! Encore un terme que nous avons souvent rencontré et qui mérite qu'on s'y attarde. On peut bien entendu l'entendre dans un sens courant, assez galvaudé, qui désigne le fait de se sentir traité à hauteur de ses mérites et qui renvoie donc à l'idée d'une certaine justice : accorder à chacun ce qui lui revient de droit. C'est ainsi qu'on se sent reconnu « grâce aux primes individuelles ». La reconnaissance vaudrait ici comme principe de différenciation. Traiter chacun selon ses mérites, c'est en effet ne pas accorder à tous la même chose. Il semble en effet juste de donner plus, par exemple, à celui qui a travaillé davantage ou qui s'est montré plus productif. À cet égard, on peut sans doute déconseiller aux responsables d'entreprises de se comporter comme l'intendant de la célèbre parabole des ouvriers de la onzième heure (Mt 20, 1-16) qui, embauchés plus tard que les autres, touchent le même salaire.

Toutefois, je ne suis pas sûr que la légitime reconnaissance due à ceux qui méritent davantage soit une question de respect. Encore une fois, c'est une question de justice, et ce n'est pas rien. Et il est sans doute sage de flatter l'amour-propre de ceux qui travaillent d'autant plus ou d'autant mieux qu'ils espèrent ainsi « être reconnus ». Mais cela n'a pas grand-chose à voir avec le respect, que ce soit dans le sens fondamental de reconnaissance de la dignité de tout homme, ou dans celui des « grandeurs d'établissement ». En effet, dans le premier cas, le principe de respect vaut comme principe indifférencié : on ne doit pas davantage de respect à ceux qui sont plus méritants, s'il est vrai que le respect va à l'homme en tant qu'homme. Rappelons ici que c'est l'estime qui va à la personne en fonction de ses qualités. Dans le second cas, le respect va de bas en haut, des subordonnés aux supérieurs hiérarchiques. Il ne saurait donc valoir comme principe de juste rétribution.

Pourtant, je veux bien reconnaître avec vous qu'un enjeu fondamental du respect concerne bien la reconnaissance. Mais il faudra alors entendre cette notion dans un sens radical. Je vais vous donner l'impression de partir de très loin, mais je crois cette prise de distance indispensable à ce que je vais essayer d'établir.

L'homme a ceci de particulier qu'il ne naît pas homme, mais le devient. Pour le dire autrement, son humanité ne lui est pas conférée du seul fait de sa naissance. S'il grandissait « naturellement », il ne développerait aucune qualité proprement humaine. Il devient donc homme d'être accueilli en humanité par le jeu du langage, de l'affectivité et de la culture. C'est parce qu'il est reconnu comme humain que le petit d'homme, progressivement, accède à l'humanité. L'appeler par son prénom, lui sourire, l'intégrer dans le jeu du langage, l'élever culturellement, c'est reconnaître en lui une vocation à l'humain, sans laquelle il lui serait impossible de prendre conscience de son humanité. Claude Lefort pouvait donc à juste titre affirmer que « l'humanité, c'est essentiellement la reconnaissance d'un homme par un autre homme ». Il faut être au moins deux pour grandir en humanité. Robinson, dans le roman de Michel Tournier *Vendredi ou les limbes du Pacifique*, perd peu à peu conscience, sur son île, de son humanité du seul fait de ne pas disposer d'un « autrui » susceptible, en lui, de s'adresser à elle. De même, bien des récits tragiques relatifs aux camps d'extermination nazis nous font découvrir la difficulté pour celui qui n'est plus regardé comme un homme, mais comme un rebut, de se reconnaître encore comme humain. C'est dans le regard et la parole d'autrui que je me découvre homme, et cette découverte va de pair avec celle de ma dignité.

Ainsi, respecter quelqu'un, ce n'est pas seulement reconnaître ses talents ou ses mérites. Encore une fois, ce serait plutôt une question d'estime. C'est surtout le regarder comme un homme, irréductible à un statut ou à une fonction. Regarder une personne handicapée seulement comme un handicapé, c'est déjà lui manquer de respect. Même chose quand on regarde quelqu'un seulement comme une femme, un subordonné, un élève… pire encore, quand on ne voit plus en lui ou en elle qu'un « raté » ou un « rebut ». Le jeu de la reconnaissance est le sésame sans lequel vous est fermée la porte de l'humanité. J'existe comme homme parce qu'un autre que moi, en qui je vois un homme, me regarde comme un homme et, par ce regard, m'accueille et me convoque.

Vous pourriez trouver cela très abstrait, et sans rapport avec les préoccupations du management. Pourtant, vous pourriez y retrouver assez aisément certaines formulations que vous avez jugées bon de relever. Quand on vous dit : « Pour mon responsable hiérarchique, j'existe au-delà du travail que j'effectue », je crois qu'il s'agit exactement de cela. Cette personne se sent reconnue moins parce que ses mérites sont valorisés que parce qu'elle est reconnue en tant que personne, précisément. Il est important pour chacun, dans le cadre du travail, de se sentir exister au-delà de sa fonction. Le domaine du management n'est celui des « ressources humaines » que si on prend au sérieux le fait qu'on a bel et bien affaire d'abord et avant tout à des hommes et à des femmes irréductibles à leur fonction.

Un management par la reconnaissance : le management de la diversité

I. B. – Certaines entreprises, conscientes des enjeux, œuvrent depuis maintenant plus d'une décennie à la mise en place d'un management par la reconnaissance des personnes, le refus du mépris et de la discrimination : le *management de la diversité.*

Le management de la diversité est un concept proprement managérial. Autant les discriminations ont fait l'objet d'études par les autres sciences sociales et le droit, autant la notion de diversité leur est un terme étranger. Pourtant, après avoir collaboré pendant des décennies, au côté des institutions, à la lutte contre les discriminations et à la promotion de l'égalité des chances, le monde des entreprises a élaboré un projet dépassant le cadre du seul respect des lois et des règlements pour aller vers un management dit « inclusif ». Le management de la diversité est fondé sur une hypothèse forte, démontrée souvent de façon seulement contingente et partielle, et qui relève peut-être plus de la conviction : la différence entre les êtres humains est une richesse pour chacun d'entre eux et pour les organisations dans lesquelles ils évoluent. Reformulons la proposition en l'illustrant : une entreprise sera plus performante, plus efficace, plus efficiente, plus innovante si elle fait travailler ensemble des personnes qui sont différentes les unes des autres, renonçant à des pratiques de clonage (recruter des hommes, recruter des X-Ponts, recruter des gens de moins de 35 ans…), toutes pratiques qui ont su, par ailleurs, faire leurs preuves, il faut le dire aussi.

La loi de modernisation sociale du 17 novembre 2001 a structuré le cadre dans lequel se coule actuellement le management de la diversité, en identifiant dix-sept critères (qui sont maintenant dix-neuf) comme potentiellement discriminatoires, s'ils sont utilisés pour renoncer à des recrutements, nuire à des progressions de carrière, interdire l'accès à la formation continue. L'objectif, pour les promoteurs d'un management de la diversité, est d'aller au-delà de cet impératif légal : il s'agira non seulement de garantir l'égalité femmes-hommes dans l'entreprise, d'ouvrir les portes du recrutement à des jeunes ayant des formations moins conformes, de permettre à des personnes en situation de handicap d'occuper des fonctions en adéquation avec leurs compétences, de ne pas stigmatiser des salariés pour leurs opinions publiques ou syndicales, mais bien aussi d'affirmer et de mettre en œuvre l'idée que chaque individu est reconnu dans toutes ses différences et que lui sera garanti un soutien organisationnel pour sa période professionnelle au sein de l'entreprise.

Le management de la diversité avance donc sur une *soft law*, qui ne peut relever que d'un projet stratégique fort, bénéficiant de l'appui constant de la gouvernance, afin que chaque arbitrage en allocation de ressources ou décisions soit fait en sa faveur ou en alignement avec ce projet.

C'est bien l'idée d'un management de la reconnaissance que porte le management de la diversité. Le grand défi étant, à terme, de gérer dans la plus grande indifférenciation les différences spécifiques. Il est aussi de faire en sorte que chaque personne puisse intégrer suffisamment le message pour être au clair avec sa différence et l'assumer, sans en faire un étendard prosélyte (on voit les risques de *lobbying* se profiler) ou un alibi pour conquérir des avantages spécifiques (obtenir des congés du fait de l'appartenance religieuse ou pour enfants en bas âge), et sans non plus être condamnés à la performance du fait de cette différence (comme le disait Françoise Giroud, l'égalité femme-homme existera vraiment le jour où des femmes incompétentes occuperont des postes de pouvoir). Un des enjeux du management de la diversité est que tous puissent vivre leurs différences sereinement, tranquillement, dans l'indifférence la plus totale.

Y.-H. M. – La question de la différence est une question en partie piégée dans un monde qui a parfois tendance à l'exalter de façon abstraite, comme si toute différence valait par et pour elle-même. On retrouve alors une façon de porter sa différence en étendard, comme vous dites, de la revendiquer non seulement comme un droit, mais comme une valeur. Du coup, le « respect de la différence » devient rapidement une idée assez vide, par laquelle je me retrouverais sommé de me réjouir de toutes les formes de singularité, ou au moins de les trouver très bien. Je crois qu'il faut être clair, nulle différence ne vaut en soi. Qu'il y ait dans une entreprise des hommes et des femmes, des musulmans, des chrétiens et des athées, des *gays*, des lesbiennes ou des « hétéros » n'est ni une force ni une faiblesse. C'est, au mieux, un fait. Mais il y a bien quelque chose d'irrespectueux à imposer sa différence à la reconnaissance d'autrui. Comprenez bien ce que je cherche à dire. Que mon collègue soit juif ou homosexuel, c'est son affaire, et j'ai parfaitement le droit d'y être totalement indifférent. Bien sûr, je dois le reconnaître, mais ce n'est pas la même chose de le reconnaître comme collègue, ou mieux, comme une personne, que de le reconnaître en sa particularité sexuelle ou religieuse. J'irais même plus loin encore, dans l'ordre du respect, je n'ai pas à reconnaître autrui autrement qu'en tant que personne.

On voudrait parfois nous faire croire que respecter autrui, c'est accueillir avec bienveillance sa différence. Cela est peut-être largesse d'esprit ou générosité, mais n'a rien à voir avec le respect. J'insiste sur cette idée selon laquelle le respect va à l'homme en tant qu'homme, abstraction faite de ses différences de classe, de race, de sexe ou de sexualité, de religion, etc. De la même façon, c'est manquer de respect à son entourage que de lui imposer sa différence comme quelque chose à prendre en compte dans son attitude.

En revanche, un respect bien compris libère sans doute le jeu possible de certaines différences légitimes, pour ne pas dire utiles. Si je regarde mon collègue non pas en sa différence, mais en cette humanité commune à lui et à moi, je libère pour lui la possibilité de construire et d'assumer des différences éventuellement porteuses. Prenons un exemple simple. Si je suis le *coach* d'une équipe de football et que je me donne pour principe de respecter chacun de la même façon, c'est-à-dire inconditionnellement, abstraction faite de la diversité des talents, j'ouvre la possibilité pour les moins talentueux de se sentir plus à l'aise, de prendre confiance en eux et de développer certaines singularités utiles à l'équipe. On se fiche alors de savoir qui est homo ou hétéro, catholique ou athée. Ce qui compte, c'est de savoir qui est un bon passeur, un bon défenseur, un bon buteur, un bon capitaine. Le respect n'est donc pas un principe de négation des différences. Il est celui de leur relativisation. Il nous aide à comprendre qu'une différence ne vaut pas absolument et pour elle-même, mais qu'elle vaut dans un contexte où elle a quelque chose à apporter, une plus-value.

C'est pourquoi je suis heureux de vous entendre affirmer qu'« un des enjeux du management de la diversité est que tous puissent vivre leurs différences sereinement, tranquillement, dans l'indifférence la plus totale ». J'ai en effet le droit d'être parfaitement indifférent à des différences qui ne comptent pas dans le projet qui nous rassemble, et cela, sans manquer le moins du monde au respect que je dois à chacun.

Comment mener une conduite du changement pour un management inclusif ?

I. B. – S'il est très convaincant de prôner la diversité, la mise en œuvre effective se révèle très complexe. Il faut comprendre qu'il s'agit d'une conduite du changement qui remet en cause beaucoup de repères dans l'organisation. Bien évidemment, on va « réingénierer » tout ce qui est pilotage des ressources humaines : la façon de recruter va être remise à plat, de façon à permettre l'intégration de personnes ayant les compétences, mais sur lesquelles l'organisation aurait porté un regard désapprobateur (trop jeune, trop vieux, trop *gay*, trop typé) ; les politiques de gestion de carrière, c'est-à-dire les promotions, mais aussi les systèmes de rémunérations, de primes comme les soutiens de carrière (accès à des formations internes ou externes, à des groupes privilégiés) vont aussi être révisées pour éviter ce qu'on appelle le « plafond de verre », qui, alors que le champ des possibles est officiellement ouvert, restreint l'accès à la pyramide hiérarchique pour les femmes ou les personnes n'étant pas dans le moule. Lors de plans de licenciement, pour des retraites anticipées, les mêmes remises en cause vont se jouer, afin que la règle de l'égalité s'applique en lieu et en place des complicités fondées le plus souvent sur les accointances, qui vont souvent de pair avec les ressemblances.

Le management de la diversité, parce qu'il exige l'égalité de traitement, va amener à la transparence et à l'élaboration de règles opposables pour tous. Il va donc générer nombre de résistances, car il touche à des équilibres acquis, qui mettent en péril les personnes qui correspondaient à ce que l'entreprise attendait. On assiste, avec la mise en œuvre du management de la diversité, à la déconstruction de préjugés (« les gros sont sympas, mais ne travaillent pas beaucoup », « les femmes passent leurs journées à gérer l'organisation des enfants », « les *gays* ne sont pas assez virils pour être de bons managers ») et donc des stéréotypes qui permettaient à l'organisation de se construire une forme de pérennité et contribuaient à des complicités facilitant les échanges, la confiance et souvent aussi la performance. Si les groupes divers sont réputés plus créatifs (on ne voit pas les choses de la même façon, d'où des confrontations génératrices de sens et d'idées), les groupes homogènes sont clairement plus directement performants (langage commun, confiance, vision commune).

Le management de la diversité va ainsi toucher au « calibrage anthropologique » de l'organisation, c'est-à-dire à la figure typique dans laquelle s'incarne l'entreprise au sein de laquelle on se retrouve. Et avant que de nouveaux consensus se fondent, il y aura de nombreuses zones de perturbations, engendrant conflits, pertes de repères et déstabilisation des personnes.

Clairement, la reconnaissance et le management qui va avec ne vont pas de soi. La reconnaissance n'est pas spontanée dans le monde du travail, elle est même perturbante, car elle oblige chacun à se remettre en cause, à se repositionner dans un groupe dont le centre de gravité a changé, à aller vers les autres, différents, malgré toutes les difficultés de communication que cela peut poser.

Y.-H. M. – Les difficultés que vous évoquez là mettent en évidence la facilité avec laquelle nous nous dispensons d'une attention réelle à autrui quand il est si simple de substituer à cette attention exigeante des stéréotypes convenus. Il est en effet bien plus simple d'affirmer que « les gros sont sympas mais ne travaillent pas beaucoup », ou que « les *gays* ne sont pas assez virils pour être de bons managers » que de prendre le temps de regarder chacun pour ce qu'il est, dans la diversité des conditions des uns et des autres. Ce que vous appelez management de la diversité renvoie donc au souci de chacun pour ce qu'il est, à l'aptitude à porter sur lui un regard bienveillant, c'est-à-dire, littéralement, un regard qui veille sur lui, attentif à ce qui est bon pour lui. Seul un tel regard est vraiment respectueux, puisqu'il reconnaît en autrui un homme, et non pas d'abord un gros, un *gay* ou une femme... Or, reconnaître autrui en tant qu'être humain, c'est reconnaître en lui des différences irréductibles qui en font tel homme singulier et original, et non pas seulement un membre d'une espèce (femme, gros, *gay*...).

On retrouve ici un sens du terme « respect » qui n'invalide nullement ceux que nous avons déjà analysés, mais qui les éclaire d'une lumière nouvelle. Ce sens est particulièrement patent dans la langue allemande, celle de Kant, encore une fois, où respect se dit *Achtung*. Ce substantif vient lui-même du verbe *achten* qui signifie « faire attention », « prendre soin », « veiller sur ». L'idée de respect renvoie alors à celle de vigilance, une capacité à rester en état de veille pour éviter l'anesthésie des lieux communs, des stéréotypes et des idées toutes faites. Mais cette nécessaire vigilance se joue sur deux plans, à la fois différents et solidaires, puisqu'il s'agit tout autant d'être vigilant vis-à-vis de soi (*se* respecter) que d'être vigilant vis-à-vis d'autrui (*le* respecter).

Se respecter, au sens de rester en état de veille vis-à-vis de soi-même, c'est, nous l'avons compris, s'efforcer de résister au confort rassurant des idées simples, des lieux communs et des préjugés pour se mettre en situation de regarder chacun en sa singularité propre. Ce respect de soi est donc la condition du respect d'autrui comme aptitude à le regarder pour ce qu'il est vraiment, non seulement une personne différente (culturellement, sexuellement, religieusement, socialement, physiquement), mais une personne que nous n'avons pas à réduire à sa différence. Il est certes plus facile de voir en Untel un gros ou un handicapé que de voir en lui une personne singulière irréductible à une « espèce ». Mais le respecter pour ce qu'il est, c'est reconnaître aussi en lui une personne capable de différer de sa différence, une personne irréductible aux catégories générales dans lesquelles il est si simple de l'assigner à résidence.

Le management de la diversité est donc bien une question de regard, de respect, d'attention, de vigilance… d'*Achtung*. Mais le détour que nous avons fait par la langue allemande ne doit pas nous empêcher d'être attentifs au terme français qui nous dit quelque chose d'analogue. Le mot « respect » vient du latin *respicere*, qui dérive lui-même du verbe *spectare,* lequel signifie observer, regarder. Il s'agit donc bien de *regarder autrui,* non pas en ce qu'il a de spectaculaire, un handicap, un surpoids ou, au contraire, des qualités manifestes qui « sautent aux yeux », mais en ce qu'il a de fragile. La mère qui veille sur son enfant le fait parce qu'elle le sait exposé au danger. Et nous devons sans doute une attention particulière à ceux d'entre nous qui sont plus fragiles. Respecter autrui, ce n'est, toutefois, le réduire ni à ses fragilités ni à ses qualités hors norme. C'est ne pas le réduire du tout. C'est le reconnaître dans l'intégralité de sa personne, avec ses forces et ses faiblesses, ses grâces et ses disgrâces. Mais c'est reconnaître aussi, pour filer la métaphore oculaire, qu'il me regarde comme je le regarde. « Il me regarde », cela veut dire, bien entendu, que c'est mon affaire, que je suis concerné par ce qu'il est (ça me regarde !) et que l'indifférence serait déjà irrespectueuse. Je le regarde en tant qu'il me regarde et, en jouant à peine avec les mots, on comprend alors que le re-garder, c'est ne pas cesser de le tenir en ma garde.

Dans le livre biblique de la Genèse, Caïn rétorque à Dieu, qui lui demande où est Abel (qu'il vient de tuer), qu'il n'est pas le gardien de son frère. C'est là le principe de l'immoralité ordinaire. Respecter autrui, c'est reconnaître qu'il nous regarde, que nous l'avons en notre garde, bref, que nous sommes bel et bien son « gardien ». Mais cette garde ne doit pas être condescendante. Les faiblesses d'autrui ne peuvent me regarder que dans la mesure où elles me renvoient l'image de mes propres faiblesses. C'est à ce niveau que le respect trouve tout son sens, quand il ne va ni du subordonné au supérieur (respect d'établissement), ni du supérieur au subordonné (condescendance paternaliste), mais qu'il se joue entre égaux, reconnus à la fois en ce qui fait leur force et en ce qui fait leur faiblesse. Respecter mon patron, c'est aussi admettre qu'il puisse, comme moi, faire des erreurs, prendre de mauvaises décisions. Respecter ses subordonnés, c'est admettre… la même chose. C'est à ce niveau que le respect devient, si vous me permettez un néologisme, coascendant, parce qu'il aide à grandir aussi bien la personne respectée que celle qui lui fait la grâce de ce respect. C'est à ce niveau qu'il est une vertu authentique qui a aussi sa place dans les entreprises. On travaille mieux quand on se sait respecté. On manage mieux quand on sait respecter.

La reconnaissance : une notion de distance

I. B. – Vous l'avez dit pour le respect, la reconnaissance est aussi une question de distance. La reconnaissance comme regard porté sur la personne, incluant à la fois sa prise en compte et l'évaluation de ses missions, implique une juste distance entre les personnes concernées. Trop de distance traduit l'indifférence ou bien encore la tolérance, c'est-à-dire une acceptation teintée de désapprobation et de mépris. La prise de distance est aussi à la naissance du communautarisme, les groupes s'organisant par affinités (les filles avec les filles, les jeunes avec les jeunes, les *gays* avec les *gays*) et évitant les contacts avec d'autres groupes. On retrouve ce risque dans la gestion du fait religieux dans les entreprises (non soumises à la laïcité), au moment des repas à la cantine ; on peut ainsi observer, lorsque le management a laissé faire, des tables séparées selon les interdits alimentaires des religions respectives.

Une distance trop faible peut illustrer un travestissement du respect, très fréquemment observable dans le monde du travail : la flagornerie, la complaisance vis-à-vis du supérieur hiérarchique. Ces attitudes relèvent d'une vision dégénérée du respect et nient la reconnaissance. Elles sont bien sûr à proscrire, mais force est de reconnaître qu'elles apparaissent de façon spontanée et fréquente.

La différence doit s'apprivoiser, elle n'est pas homogène et il n'existe pas une seule façon de la gérer. Dans certains cas, il faut savoir accentuer la distance : ainsi, les seniors doivent savoir prendre du recul vis-à-vis des plus jeunes et ne pas encombrer la relation de leur propre expérience. Dans d'autres cas, il faut savoir réduire cette distance : les valides doivent apprivoiser le handicap ou la maladie qui font peur, les personnes de cultures ou d'origines ethniques différentes doivent faire preuve de curiosité et d'information réciproque sur leurs codes et leurs us et coutumes.

La question de l'éducation à la reconnaissance, à la prise en compte de l'autre dans le respect de ses différences se pose alors. La formation qui consiste à dire la loi et l'interdit ne suffit pas, même s'il est incontournable de bien connaître le cadre juridique. Les approches moralisantes marquent également vite leurs limites.

On constate que ce sont les approches favorisant le « cerveau gauche », mobilisant les sens, l'émotion, les images, favorisant l'introspection, bousculant les stéréotypes, qui sont les plus efficaces. On peut alors mobiliser à cet effet le théâtre, les mises en situation (comme passer quelques heures en fauteuil roulant) ou encore la peinture ou la vidéo.

Accepter la différence, construire la reconnaissance participe alors du bien-vivre-ensemble, qui conditionne la pérennité d'une organisation sereine, lui évitant d'être affaiblie par le mépris, le rejet de l'autre, l'intolérance, toutes attitudes qui pénalisent la motivation, l'implication et l'engagement. Cette approche va de pair avec l'exigence vis-à-vis des personnes ; en effet, la reconnaissance est tout le contraire de la complaisance. Elle refuse les « arrangements » fondés sur la recherche d'avantages qui confèrent du pouvoir à celui ou celle qui les octroie « à la tête du client ». Elle refuse aussi la reconnaissance qui donnerait avantage « au nom de la différence ».

Pour éviter les collusions problématiques et contre-productives, il est indispensable d'élaborer la règle opposable à tous, en mobilisant le principe d'égalité. Pour illustrer notre propos, jouons au jeu du « mercredi après-midi ». Plusieurs de vos collaborateurs vous demandent leur mercredi après-midi, le premier pour garder son enfant en bas âge, la deuxième pour s'occuper de son vieux père malade, le troisième parce que le mercredi est un jour sacré pour sa religion, le quatrième pour entraîner au football des jeunes du quartier… Face à ce défi, l'équité, la hiérarchie des motifs ne sont pas de mise ; deux impératifs à prendre en compte : un service qui doit tourner et un principe d'égalité ; le tour de rôle est donc à l'ordre du jour…

Cette règle opposable fondée sur l'égalité nous permet de revenir au respect. Une reconnaissance sans respect semble difficile à organiser. Mais un respect sans reconnaissance reste insuffisant pour répondre aux attentes de plus en plus prégnantes des salariés.

Y.-H. M. – On retrouve ici ce que j'avais évoqué lorsque j'analysais l'expression « tenir en respect », et vous avez raison d'insister sur ce fait : le respect est la vertu de la juste distance, ni trop près ni trop loin. Si l'on reprend l'exemple d'un collègue handicapé, on comprendra aisément qu'il y a deux façons de ne pas le respecter. La première est de le réduire à son handicap, c'est-à-dire d'être sans distance par rapport à ce qui nous frappe chez lui. En quelque sorte, fasciné par ce handicap, je ne peux m'en détacher et je deviens incapable de voir l'homme. Peut-être suis-je bienveillant, généreux... mais mes gestes et mes paroles risquent de blesser. La seconde est de ne rien voir de ce handicap ou de le voir beaucoup trop loin, au risque de ne plus le regarder, au risque de ne plus pouvoir me laisser regarder par lui.

Bien sûr, la bonne distance est toujours extrêmement difficile à trouver, parce qu'elle dépend de la singularité de chacun. Untel acceptera sans difficultés d'être tutoyé, tel autre pas. C'est pourquoi, précisément, la « juste distance » exige l'attention à ces singularités. Mais vous avez aussi raison de souligner que ces singularités ne doivent pas devenir tyranniques, ce qui serait tout aussi irrespectueux. Le « jeu du mercredi après-midi » présente le problème de façon amusante. Une chose est de demander à être reconnu en sa façon particulière d'incarner l'humanité, autre chose est d'exiger un traitement par lequel sa différence se trouverait érigée en absolu non négociable, car il est vrai que, dans une entreprise, la tâche qui nous est commune doit l'emporter sur les particularités qui nous distinguent. C'est pourquoi il faut toujours dialoguer. Le problème n'est pas dans le fait que tel collègue demande son mercredi après-midi pour soigner son vieux père, entraîner les jeunes de son quartier ou pratiquer un rituel religieux. Il y a problème quand la dérogation est supposée de plein droit, comme si ma différence valait par elle-même comme droit dérogatoire. Dressant alors ma différence contre l'en-commun, je suis celui qui manque de respect à ses collègues en exigeant ce qui n'est pas dû. Encore une fois, le respect des uns et des autres, le respect dans la reconnaissance des singularités passe par l'attention, l'écoute et le dialogue. Il exige la réciprocité des attentions et des vigilances. Il n'y a pas de pire irrespect que d'exiger pour soi une attention que l'on refuse aux autres. Et le nom de cette réciprocité respectueuse est précisément « reconnaissance », c'est-à-dire connaissance réciproque de nos différences sur fond de ce qui nous unit en une commune humanité.

Attention à la reconnaissance au rabais

I. B. – Le respect est très présent dans les entreprise, il s'adresse à toutes les personnes, égales en droit et en dignité, il concerne aussi les procédures, les codes, les engagements mobilisés en interne comme à l'endroit des parties prenantes externes (les clients, les fournisseurs, les actionnaires…). Le respect est une vertu sociale incontournable, mais qui semble pourtant se dévaluer depuis quelques années avec la montée en puissance de comportements déviants, d'incivilité entre collègues ou dans la relation clients.

Cette dégradation des comportements déstabilise les organisations en générant de l'inconfort, du mal-être, de la souffrance, voire de la peur. L'irrespect détruit aussi un moteur puissant des organisations, la confiance, car la remise en cause du respect, c'est l'imprévisibilité des comportements et l'entrée dans l'incertitude. Le respect est donc indispensable à la vie en société (et dans les microsociétés que sont les entreprises).

Rappelons-nous qu'il requiert un minimum d'adhésion et de volontarisme de la part des personnes. Une façon de le susciter est certainement un mode plus collaboratif d'élaboration des règles, des procédures, des codes.

Quoi qu'il en soit, le respect ne suffit pas à l'être humain. Chaque individu attend, de façon quasi évidente, d'être respecté, mais il a surtout soif d'être reconnu : reconnu pour ce qu'il est, pour ce qui fait sa différence en tant que personne. Chacun attend des autres un regard lui prouvant qu'il ou elle existe comme être humain et comme contributeur valorisant pour la société, et plus particulièrement pour l'organisation dans laquelle il ou elle travaille.

On est loin de l'exhibitionnisme et du voyeurisme, courants aujourd'hui sur les réseaux sociaux où l'on quête une reconnaissance au rabais mesurée en nombre de *like*. On est bien, en revanche, dans l'idée d'un respect de la dignité des hommes et des femmes, ce lien intersubjectif par lequel les autres nous envoient un message bienveillant : « Je sais qui tu es, je te reconnais ; tu comptes pour moi, tu peux compter sur moi. »

Y.-H. M. – Oui, il est important de rappeler ici l'inaliénable dignité de tout homme et de toute femme, quand tant de voix la remettent en cause, y compris parfois dans les milieux de la philosophie, au motif, par exemple, que le terme *dignité* serait vague et imprécis et qu'on ne saurait par conséquent fonder sur lui une morale. Je pense en particulier ici à certaines thèses de Ruwen Ogien. Mais il faut tenir bon et poser au contraire que la dignité n'est pas un concept vague, mais la reconnaissance en tout homme d'une liberté orientée vers ce qu'il y a de meilleur pour lui, vers un ordre des fins qui lui permet de se réaliser comme personne irréductible à ses fonctions sociales. Reconnaître la dignité d'un homme, c'est-à-dire reconnaître son droit absolu d'être respecté, ce n'est pas lui reconnaître des qualités rares, des capacités hors norme ou un statut social éminent. C'est simplement le regarder comme un homme, comme une liberté en acte, comme fondé à se donner à lui-même ses propres fins. Celui que je respecte, c'est ainsi celui que j'arrache aux limites de sa condition particulière. Peut-être est-il fragile. Peut-être ses compétences sont-elles limitées. Peut-être ne m'est-il pas très sympathique. Peut-être même est-il un sale type. Mais le respecter, comme des juges respectent un criminel au cours de son jugement, c'est faire l'effort toujours difficile de ne pas le réduire à ses fragilités, à ses incompétences, à ce qu'il peut y avoir de pénible dans son caractère.

Entendons-nous bien, ce n'est pas là de la complaisance. Il ne s'agit pas de faire croire à quelqu'un de médiocre qu'il est hautement estimable, ce qui serait le tromper. Mais il s'agit, sans jamais renoncer à la vérité, de se comporter vis-à-vis de tout homme en reconnaissant en lui quelque chose de plus grand que lui. J'aime beaucoup cette formule de Pascal qui dit que « l'homme passe l'homme, infiniment » (Pensée 131-434). En effet, je crois profondément que la grandeur de l'homme n'est pas un vain mot, et cela malgré ses misères, ses pauvretés, ses échecs. Il ne s'agit pas de se bercer d'illusions, mais de reconnaître qu'un homme, quel qu'il soit, vaut infiniment plus que ses capacités, son rôle social, l'épaisseur de son portefeuille. Bien plus aussi que ses actes, ce qui me conduit à refuser la proposition sartrienne selon laquelle « l'homme est la somme de ses actes ». Le secret de la dignité de l'homme est si bien caché qu'il ne saute pas aux yeux et qu'il peut passer inaperçu dans le jeu des affaires courantes. Mais quand chacun de nous s'arrête un peu pour se regarder tel qu'en lui-même, il se rend bien compte que sa valeur est inestimable, ce qui veut dire aussi qu'il vaut bien plus que ses lâchetés et ses petitesses de toutes sortes.

Puisqu'en management, on a bien affaire à des hommes, il convient dès lors de les prendre tels qu'ils sont. Cela ne veut pas dire, redisons-le, qu'il faut fermer les yeux sur leurs lacunes ou leurs erreurs, mais qu'il faut savoir ne pas les y réduire. Seul peut s'améliorer celui à qui on a fait comprendre qu'il est capable de faire mieux. Traitez un homme comme un sot ou un minable, vous en ferez un sot et un minable. Considérez-le avec respect, ce qui veut dire aussi comme quelqu'un capable d'entendre les critiques qu'on a à lui adresser, et vous ouvrirez pour lui les voies d'un progrès possible.

Respecter un homme, en définitive, c'est le renvoyer à sa responsabilité, c'est-à-dire, littéralement, à la façon dont il doit répondre de lui-même en tant qu'homme. Mais si toute réponse suppose un appel, il faut bien que cet appel que vous lui adressez touche en lui la conscience la plus haute de sa dignité. Regarder tout homme comme un homme, c'est toujours reconnaître notre responsabilité à son égard, puisque nous avons nous aussi à répondre de lui. Le plus grand tort de Caïn était bien de croire que nul n'est le gardien de son frère.

*

* *

POUR ALLER PLUS LOIN

André Comte Sponville, *Petit Traité des grandes vertus*, PUF, 1995.

Jean-Daniel Reynaud, *Les Règles du jeu. L'action collective et la régulation sociale*, Armand Colin, 1997.

Sylvie Saint-Onge, *Gestion de la performance*, Chenelière Éducation, 2012.

Frederick Herzberg, *Le Travail et la Nature de l'homme*, EME, 1975.

Isabelle Barth, *Le Management de la diversité. Enjeux, fondements et pratiques*, Christophe Falcoz (coord.), L'Harmattan, 2007.

Axel Honneth, *La Lutte pour la reconnaissance*, Gallimard (coll. « Folio Essais »), 2013.

Emmanuel Kant, *Fondements de la métaphysique des mœurs*, Vrin, 1980.

Blaise Pascal, *Trois Discours sur la condition des grands* (nombreuses éditions disponibles).

CONCLUSION

Pour un management durable

Yann-Hervé MARTIN – Le lecteur n'aura sans doute pas manqué de remarquer la convergence des propos, des convictions, des analyses et des idées de ceux qu'il aura accompagnés dans leur dialogue. Cette convergence, nous tenons à le dire, n'était pas « jouée d'avance ». Pour le dire autrement, ce n'est pas parce que nous étions *a priori* conscients de la convergence de nos perspectives que nous avons entrepris ce travail. Au contraire, c'est en dialoguant, en nous rencontrant, en nous montrant attentifs aux propos de l'autre que nous nous sommes peu à peu aperçus que le point de vue de la manager et celui du philosophe pouvaient se rejoindre en une sorte de point focal qui n'appartient en tant que tel ni à la sphère des idées pures, ni à celle de l'économie de marché, puisqu'il s'agit de l'homme lui-même, reconnu en son essentielle dignité.

Isabelle BARTH – Au départ, le projet était un pari. Il est tellement simple de soliloquer sur l'autre en tant qu'objet d'analyse ! Nous voulions, au contraire, la confrontation paisible des idées entre deux disciplines *a priori* fort éloignées l'une de l'autre. Le défi était double et comme en miroir : montrer que la philosophie a des choses à dire à un champ de l'activité humaine réputé pour être dans le faire et la recherche d'efficacité, et donc hermétique à la pensée et à la réflexion. Il y avait aussi l'envie de montrer que le management a progressé dans son discours. En effet, si l'acte de manager existe depuis que l'homme est homme, la discipline elle-même ne date que de quelques décennies. Il nous fallait donc sortir d'une posture piège dans laquelle l'entreprise n'aurait été qu'un lieu de divertissement pour une philosophie restée, par méconnaissance, figée sur une image datée du management.

J'aime beaucoup cette phrase de l'« épistémologue volant » Hanson, évoquant la diversité des disciplines et de leurs chercheurs : « Ils regardent la même chose mais ils ne voient pas la même chose. » Je pense que nous avons regardé ensemble l'entreprise et nous y avons vu, finalement, la même chose : des femmes et des hommes, qui ne sont pas simplement regroupés dans un lieu, qui ne sont pas seulement reliés entre eux par un contrat, qui ne sont pas uniquement animés par le gain et le profit. Nous avons vu des personnes avec leurs forces et leurs faiblesses, leurs joies et leurs peines, leurs envies et leurs désillusions, leur engagement et leur démobilisation… Nous avons vu tous les deux des personnes qui s'organisent pour mettre en œuvre des projets collectifs – projets qui ont du sens pour chacune d'entre elles comme pour le groupe – tout en aspirant à bien vivre ensemble au travail, sans renoncer pour autant à la performance, considérée comme vitale et consubstantielle à la vie des entreprises et des organisations.

Y.-H. M. – Notre perspective est, à ce titre, celle d'un *humanisme assumé et revendiqué*. Mais ce terme à la mode demande lui-même à être précisé. L'humanisme authentique n'est ni philanthropie facile ni engagement humanitaire. Il est une façon de reconnaître en l'homme une grandeur irréductible à ses fragilités. Mieux que cela, il est une façon de mettre l'homme au centre de toutes choses, de reconnaître que lui seul est une fin, c'est-à-dire que tout ce que l'homme est capable de réaliser doit, finalement, servir l'homme. On pourrait multiplier les façons d'exprimer cette idée. « Ce n'est pas l'homme qui est fait pour le *shabbat*, mais le *shabbat* qui est fait pour l'homme », proclamait il y a vingt siècles l'Évangile de Marc (2, 27). Sur le même modèle, nous pouvons affirmer que ce n'est pas l'homme qui est fait pour le travail, mais le travail qui est fait pour l'homme, et que si une entreprise peut et doit légitimement viser le profit, elle ne doit jamais perdre de vue que ce profit n'est humain que s'il est au service de l'homme. Il y a aussi une hiérarchie des fins, et chaque fois qu'un manager croit pouvoir sacrifier l'humain au profit, c'est la perspective même de ce profit qu'il met en danger.

I. B. – Nous nous rejoignons dans cette vision d'un management humaniste, en rappelant que ce choix de management est tout le contraire du laisser-faire ou de la démagogie. Donner sa place à l'homme, au centre même du projet de l'entreprise, signifie au contraire consentir à des exigences et à des règles opposables à tous. La question de la généralisation est au centre de l'éthique.

Une des plaies du management est la dissonance entre projet et valeurs du salarié et projet et valeurs de l'entreprise. Cette dissonance est source de beaucoup de malaise et de mal-être, ce qui fait le lit de problèmes psychosociaux destructeurs de valeurs. Un des vœux que nous pouvons formuler est que, par nos échanges, nous ayons pu contribuer à la prise de conscience de ces dissonances et de leurs effets, et peut-être même à leur réduction.

Y.-H. M. – La confusion des idées, à ce sujet, procède parfois de fausses alternatives, comme s'il fallait choisir entre l'homme et le profit, l'entreprise et la société, les finalités économiques et les finalités éthiques. Mais un humanisme authentique, pour reprendre une belle expression du philosophe Jacques Maritain, est toujours un humanisme intégral, c'est-à-dire un humanisme de l'homme dans l'intégralité de ses dimensions, économique, sociale, politique, morale, affective et, osons le dire, métaphysique. C'est pourquoi il n'y a pas lieu de choisir entre les objectifs économiques et le respect de l'humain, entre devoirs professionnels et exigences humaines. Il faut un certain cynisme pour réduire l'homme, fût-ce dans l'exercice de ses fonctions, à une variable aléatoire qui ne constituerait en définitive qu'un outil, un moyen, une « ressource » neutre. Et ce cynisme, on le sait bien, a déjà fait la preuve de sa nocivité. Oublier l'homme en l'homme, la personne derrière la fonction n'est jamais le meilleur moyen de garantir des objectifs de performance.

I. B. – Je vous remercie de laisser à la manager l'occasion de citer une assertion célèbre de Protagoras : « L'homme est la mesure de toutes choses. » En effet, dans l'entreprise, dans le monde du travail, dans le discours du management, l'homme doit être la mesure. C'est en ce sens que la philosophie peut et doit aiguillonner et interpeller régulièrement le management.

Y.-H. M. – Il en va peut-être de ce que nous pourrions appeler un « management durable », capable d'inscrire dans le long terme la relation de la personne à son environnement de travail pour le plus grand bénéfice de l'une et de l'autre.

Table

CET OUVRAGE A ÉTÉ COMPOSÉ
EN PALATINO CORPS 12
PAR NORD COMPO
À VILLENEUVE-D'ASCQ (NORD).

ACHEVÉ D'IMPRIMER
PAR L'IMPRIMERIE SOREGRAPH
À NANTERRE, EN DÉCEMBRE 2013,
SUR PAPIER BOUFFANT CLAIREFONTAINE,
POUR LE COMPTE DU PASSEUR ÉDITEUR.

Dépôt légal : janvier 2014.
N° d'imprimeur : 13536.
Imprimé en France.

L'imprimerie Soregraph est titulaire de la marque
Imprim'vert® depuis 2004.